Von Ephraim Kishon sind als
Bastei Lübbe Taschenbücher erschienen:

12016	Kishon für alle Fälle
12032	Kishon für Steuerzahler
12265	Der Fuchs im Hühnerstall
12299	Drehn Sie sich um, Frau Lot!
12331	Mein Freund Jossele und andere Satiren
12432	Der seekranke Walfisch
12452	Nichts zu lachen
12466	Wie unfair, David!
12554	Ein Apfel ist an allem schuld
12742	Total verkabelt
12786	Paradies neu zu vermieten
12824	Kishons beste Reisegeschichten
12877	Es war die Lerche
12936	Kishon für Kenner – ABC der Heiterkeit
12957	In Sachen Kain und Abel
14248	Mein Kamm
14324	Beste Tiergeschichten
14350	Beste Familiengeschichten
14474	Beste Autofahrergeschichten
14356	. . . und was machen wir am Nachmittag?
14623	Auch die Waschmaschine ist nur ein Mensch
14628	. . . und die beste Ehefrau von allen
14697	Beinahe die Wahrheit
14779	Wer's glaubt, wird selig

Von Sarah Kishon ist als Bastei Lübbe Taschenbuch
erschienen:

14389	Mein geliebter Lügner

Ephraim KISHON

Kein Applaus für Podmanitzki

Ins Deutsche übertragen
von Friedrich Torberg

BASTEI LÜBBE TASCHENBUCH
Band 14872

1. Auflage: März 2003

Vollständige Taschenbuchausgabe

Bastei Lübbe Taschenbücher ist ein Imprint der Verlagsgruppe Lübbe

© 1973 by Langen Müller in der
F. A. Herbig Verlagsbuchhandlung GmbH, München Berlin
Lizenzausgabe: Verlagsgruppe Lübbe GmbH & Co. KG,
Bergisch Gladbach
Umschlaggestaltung: Tanja Østlyngen
Titelbild: Brian Bagnall
Satz: Filmsatz Schröter GmbH, München
Druck und Verarbeitung: Ebner & Spiegel, Ulm
Printed in Germany
ISBN 3-404-14872-X

Sie finden uns im Internet unter
http://www.luebbe.de

Der Preis dieses Bandes versteht sich einschließlich
der gesetzlichen Mehrwertsteuer.

Inhalt

Eine geschlossene Anstalt 11
Der Zug nach St. Petersburg 14
Mittelweg ohne Gold 20
Über das Streichen von Textzeilen 22
Shakespeare 25
O Solo mio 28
Exit 34
Kollektive Führung 40
Die Kunst ist ein Nebenberuf 46
Fünf Tage im Leben eines mittelmäßigen Schauspielers 48
Ein literarischer Marathon 54
Sklavenmarkt 56
Hypnotisches Zwischenspiel 59
Podmanitzki ist pleite 67
Ein weitblickender Theaterleiter 69
Die Kritiker 75
Wie du dir, so ich mir 79
Die Leberwurst-Affäre 85
Probeweise 90
Gratis um jeden Preis 92
Aasgeier 96
Anhaltende Ovationen 103
Glückwunschologie 107
Wer kümmert sich um Kritiken? 113
Der Erfolgsmesser 119
Kunstetters Ende 124
Neues von der Kunstbörse 127

Über die Universalität des Theaters   130
Qui peut français? Je!   135
Des Fiedlers Fluch   139
Der Broadway ist off   148
Hinter den Kulissen   154
Das Idol   158
Wohltun geht auf die Nerven   171
Das drahtlose Theater   177
Die Sieger   187
Das Geisterkommando   191
Sequenz und Konsequenz   199
Früh übt sich oder Die Abschlußfeier   208
Desdemona oder Das blonde Gift   215
Die Probenbremse   219
Ohne Mundek geht's nicht   221
Der Löw' ist los   227
Ein Fest für Auge und Ohr   232
Taktische Probleme   238
Lamento für einen jungen Schauspieler   240
Wie avant ist die Garde?   247
Podmanitzki hat endlich Erfolg   254
Dialog unter Fachleuten   260
Anleitungen zur Bühnenlaufbahn   264

Dieses Buch ist ein fröhlicher Nachruf. Sein Anlaß weilt noch unter den Lebenden. Es handelt sich um das Theater. Man darf ruhig sagen, daß das Theater zu den ältesten Institutionen der Menschheit gehört. Schon die Vertreibung aus dem Paradies wies alle Anzeichen einer Theatervorstellung auf, wobei die beiden Hauptdarsteller einen geradezu unglaublichen Dilettantismus an den Tag legten und der Engel mit dem Flammenschwert ein völlig überflüssiges Pathos. Sehr überzeugend wirkte hingegen die Schlange, zumal im pantomimischen Teil ihrer Rolle; aber Schurken zu spielen ist ja immer sehr dankbar.
Seither befindet sich die Menschheit auf Tournee, und das Niveau ihrer Darbietungen ist nach wie vor erbärmlich.
Die eigentlichen Schwierigkeiten begannen, als der Mensch entdeckte, daß er Publikum braucht. Irgendwann in grauer Vorzeit hatte ein Affe, der in einer halbdunklen Höhle hockte, die Hände gegeneinander geschlagen und damit den Applaus erfunden. Eine wahre Kettenreaktion war die Folge. Der Mensch beschloß den Bau einer sogenannten »Bühne«, eines nach drei Seiten abgeschlossenen und nach vorn geöffneten Raums, in dem er sich unnatürlich bewegte. Er beschloß ferner, die Worte, die er sprechen wollte, vorher festzulegen, aber gleichzeitig so zu tun, als wären sie ihm eben erst eingefallen. Der Enthusiasmus, mit dem er dieser Vorstellung oblag, übertrug sich auch auf die Zuschauer, die ihrerseits so taten, als ob sie an diesen absurden Vorgang glaubten. Witwenschänder und Unterdrücker von Waisenkindern vergossen bittere Tränen, wenn auf der Bühne eine Witwe geschändet oder ein Waisenkind unterdrückt wurde. Sogar die Witwen und Waisen selbst fanden Gefallen daran. »Ganz wie im Leben«, sagten sie. »Genauso geht's in Wirklichkeit zu.« Es war, alles in allem, kein schlechter Start.
Nach und nach entwickelte sich die Gepflogenheit, daß

die Zuschauer, um zuschauen zu dürfen, Eintrittsgeld zahlten und daß die Schauspieler berühmt wurden, teils um ihres Könnens und teils um ihrer Trunksucht willen, welche organisch zum Schauspielerberuf gehört. Erwachsene Menschen begannen für das Theater zu schreiben, Könige verlangten immer mehr von den blutigen Gewalttaten zu sehen, die ihre verkleideten Gegenstücke auf der Bühne aufführten (und hofften dabei etwas zu lernen), auch der Adel wollte dabei sein, wenn die Könige im Theater saßen, und die breiten Massen folgten nach. Das Theater blühte und gedieh.

Eines Tags erfand Edison das Kino. Er erfand es nicht mit dem Ziel, das Theater abzuschaffen, aber alles deutete darauf hin – vollends als sich erwies, daß man für die Darbietung eines Stücks keinen nach drei Seiten abgeschlossenen Raum brauchte und daß man es in Konservenform aufbewahren konnte. Noch wichtiger war die Entdeckung, daß man keinen Babysitter mehr engagieren mußte, um einer Vorstellung beizuwohnen. Man bekam sie jetzt durch den Äther direkt ins Eigenheim geliefert und konnte während dessen ein Fußbad nehmen oder Popcorn kauen.

Das Ende des Theaters ist unabwendbar. Ein paar Musicals bringen noch Geld ein, ein paar Regierungen halten ihre Nationalbühnen noch durch Subventionen am Leben, aber den Durchschnittsbürger, der während seines Fußbads Popcorn kauen will, interessiert das nicht. Während die Kilowattstärke der modernen Scheinwerfer auf 80000 stieg, sank die Anzahl der Zuschauer auf fatale Weise. Das Theater liegt im Sterben.

Allerdings stirbt es nur in seinem nach vorn geöffneten Teil, im immer spärlicher besetzten Zuschauerraum. Auf der anderen Seite der Barrikade, hinter der Rampe und in den Kulissen, geht der Betrieb weiter wie eh und je. Es ist ein wirkliches Wunder. Es gibt immer noch die gleiche Anstrengung für die gleichen Aufführungen, es herrscht immer noch die gleiche Aufregung bei der gleichen Anzahl von Schauspielern – egal, ob sie durch das Loch im Vorhang ein überfülltes Parkett sehen oder nur den Kritiker I. L. Kunstetter und ein Dutzend Freikartenbesitzer.

Dieses Buch ist dem noch lebenden Teil des sterbenden Theaters gewidmet, den Bezirken hinter dem Vorhang, den Probenräumen und Garderoben, den Direktionskanzleien und Kantinen. Ich habe die erforderlichen Materialien und Dokumentationen gesammelt, wo immer ich sie finden konnte, ich habe aus meiner eigenen Beziehung zum Theater, aus der Erfahrung langer Jahre und vieler Durchfälle geschöpft. Zu besonderem Dank bin ich Herrn Ephraim Kishon verpflichtet, aus dessen früher erschienenen Büchern ich ganze Partien übernommen habe.

Und jetzt stürzen wir uns kopfüber in dieses unrealistische, lächerliche, wunderbare Abenteuer, welches »Theater« heißt und zu den großartigsten Erfindungen gehört, die dem menschlichen Geist jemals mißglückt sind.

Eine geschlossene Anstalt

Wir passieren den Bühneneingang und kümmern uns nicht um die zornigen Rufe des Portiers:
»He, Sie da! Wohin? Halt!«
Nachdem wir eine knarrende Treppe erklommen haben, gelangen wir in einen mäßig erleuchteten Korridor, in dem mehrere erwachsene Menschen auf und ab gehen. Einige von ihnen mögen sogar über eine gewisse Schulbildung verfügen, die man ihnen aber jetzt nicht ansieht. Sie sind fast durchwegs in Lumpen gekleidet und murmeln während des Aufundabgehens dumpfe Worte vor sich hin, die jemand anderer vor hundert oder zweihundert Jahren geschrieben hat. In kleinen, vom Korridor durch Türen abgetrennten Ausbuchtungen, den sogenannten »Garderoben«, sitzen andere Erwachsene und schmieren sich eine unappetitlich fettige Masse ins Gesicht, verlängern oder verbreitern ihre Nasen durch weiches Wachs oder stopfen Kissen in ihre Hosen.
Ein halbwegs normal Gekleideter, glatzköpfig und schielend, dringt in eine der Garderoben ein und wendet sich an die vor dem Spiegel sitzende Hermelinträgerin:
»Du mußt schneller sterben, mein Kind! Hör endlich auf, dich zu krümmen und die Augen zu rollen! Und das Gesicht drehst du gefälligst zum Schafott, nicht zum Publikum! Verstanden?«
Nachdem er der Königin Marie-Antoinette noch rasch einen freundlichen Klaps versetzt hat, stürzt er hinaus und stößt mit einem keuchenden jungen Mann zusammen, der soeben den Korridor entlanggesaust kommt und dessen Stimme sich im Diskant überschlägt: »Dritter

Aufruf! Alles auf die Bühne! Dritter Aufruf! Haben Sie nicht gehört?«

»Mich kannst du im Arsch lecken, Schlesinger«, antwortet König Ludwig XVI. und schlürft ruhig seinen Kamillentee weiter. Mit dem letzten Schluck beginnt er zu gurgeln, grr, grr, grr...

Kein Zweifel, wir befinden uns in einem Irrenhaus. Und hier sind auch die Wärter verrückt.

Hinter dem entgegengesetzten Eingang ist ein Verschlag angebracht, in dem eine ausgemergelte Frauensperson sitzt und jedem, der an das kleine Fenster tritt, mit flackernden Augen und gepeinigter Stimme versichert:

»Jawohl, in der Mitte. Ein sehr guter Platz. In der Mitte, in der Mitte, in der Mitte.«

Ein hagerer, nervös um sich blickender Mensch steht in der Vorhalle, winkt einen noch nervöseren Menschen zu sich heran und flüstert ihm zu:

»Miserabler Besuch. Eine Katastrophe. Der Balkon ist halb leer. Man muß etwas machen. Rufen Sie das Garnisonskommando an, sie sollen einen Zug Rekruten herschicken...«

Hoch über der Bühne hantiert ein unrasierter Arbeitsmann am Schaltbrett, ohne den Blick von der Sportzeitung zu wenden, die er in der linken Hand hält.

In der Kulisse, schräg seitlich vom Schafott, wartet ein hoher kirchlicher Würdenträger, vielleicht ein Kardinal, weißhaarig, gebückt von der Last seiner Jahre und seines Amtes.

Mit leiser Stimme spricht er auf den neben ihm stehenden Priester ein:

»Borg mir zwanzig Shekel, Jossele, ich brauch sie dringend. Morgen bekomm ich Vorschuß und geb sie dir sofort zurück.«

»Wenn ich zwanzig Shekel hätte«, lautet die priesterliche Antwort, »würde ich nicht mit dir reden. Laß mich in Ruh'.«

Jetzt wird es Zeit, etwas Konkretes zu unternehmen. Respektvoll nähere ich mich dem Kardinal.

»Herr Jarden Podmanitzki?«

»Jawohl, mein Freund.«

Mich befällt ein unwiderstehlicher Drang, ihm etwas Nettes zu sagen. Aber in welchem Stück habe ich ihn gesehen?

»Sie waren großartig in Ihrer letzten Rolle, Herr Podmanitzki. Ich mußte weinen wie ein kleines Kind. Alle Umsitzenden haben zu mir herübergeschaut.«

»So? Dann haben die anderen also *nicht* geweint.«

»Doch, doch. Und wie. Den ganzen zweiten Akt hindurch.«

»Im zweiten Akt trete ich nicht auf.«

»Vielleicht war das der Grund, warum sie geweint haben.«

Der Kardinal ist wütend. Am Ende wird er mich jetzt noch fragen, ob ich vielleicht an jene Szene denke, in der die letzten seiner Gefolgsleute ihm ewige Treue geloben, auch für den Fall, daß es ihm nicht gelingt, die Nonne zu retten, die seinetwegen...

Eilige Flucht ist geboten. Man muß diesem Irrenhaus entrinnen, bevor man selbst zum Patienten wird. Denn die hier grassierende Krankheit ist ansteckend.

Der Zug nach St. Petersburg

Es war ein verhängnisvoller Fehler, ein Gespräch mit Jarden Podmanitzki zu beginnen. Damit hatte sich im Schatten des Schafotts eine Beziehung angebahnt, von der ich bis ans Ende meines Lebens oder mindestens bis zum Ende dieses Buchs nicht mehr loskommen sollte.
Schon wenige Tage später, an einem sonnigen Vormittag, erfolgte auf der Dizengoff-Straße mein nächstes Zusammentreffen mit dem namhaften Menschendarsteller; er selbst führte es herbei:
»Wir müssen unser interessantes Gespräch von neulich unbedingt fortsetzen«, sagte er und packte mich am Arm. »Habe ich Sie im ›Segel am Horizont‹ wirklich so sehr beeindruckt?«
»Was für eine Frage, Herr Podmanitzki! Sie waren großartig.«
»Wie meinen Sie das?«
Da ich das Stück nicht gesehen hatte, beschränkte ich mich auf eine knappe Erläuterung:
»Ich meine, daß Sie großartig waren.«
»Hatten Sie einen guten Platz? Haben Sie gut gehört?«
»Jedes einzelne Wort. Bei Ihrer Sprechtechnik, Herr Podmanitzki, versteht sich das von selbst.«
»Kommen Sie. Setzen wir uns. Trinken Sie etwas.«
Ohne meine Zustimmung abzuwarten, zerrte er mich in das Kaffeehaus, vor dem wir standen. Ich versuchte ihm begreiflich zu machen, daß ich eine Verabredung mit einem gewissen Salzmann hätte, was sogar den Tatsachen entsprach – aber Podmanitzki fegte meinen Widerstand mit einer grandiosen Gebärde beiseite.

»Salzmann kann warten«, entschied er.
Meine Verabredung mit Salzmann war auf 12 Uhr mittag festgesetzt. Die Uhr zeigte drei Minuten vor zwölf. Podmanitzki bestellte russischen Tee und kam auf einige Probleme zu sprechen, die gerade im Mittelpunkt des Weltinteresses standen – wie etwa sein kommendes Auftreten am Freitag abend vor einem reinen Gewerkschaftspublikum.
»Es ist wirklich ein Jammer, daß ich jetzt gehen muß.« Ich erhob mich. »Meine Verabredung ist leider sehr wichtig.«
»Einen Augenblick.« Jarden Podmanitzki umklammerte meine Hüften. »Auch ich habe eine wichtige Verabredung und leiste Ihnen trotzdem Gesellschaft. Aber sprechen wir nicht länger von mir. Sprechen wir von Ihnen. Haben *Sie* mich im ›Verblühten Nußbaum‹ gesehen?«
»Noch nicht«, sagte ich. »Nächste Woche hole ich es bestimmt nach. Und jetzt muß ich gehen. Salzmann verreist heute nachmittag und wartet auf mich.«
»Dabei ist die Rolle, die ich im ›Verblühten Nußbaum‹ spiele, gar nicht so groß. Aber ich, Jarden Podmanitzki, mache selbst aus dem kleinsten Auftritt eine Hauptrolle. Und was für eine. Warten Sie, ich lese sie Ihnen vor.«
Damit zog er aus seiner Brusttasche ein mehrmals zusammengefaltetes Papier.
»Vielleicht ein andres Mal«, sagte ich. »Salzmann wartet, und –«
»Dritter Akt, zweite Szene. Ein gutgekleideter Herr tritt von rechts auf. Entschuldigen Sie, Madame, wann geht der Zug nach St. Petersburg? Katharina Nikolajewna: Morgen vormittag, Monsieur. Der gutgekleidete Herr, sanft: Wie schade, Madame. Wie schade. Geht links ab. Nun?«

»Nun? Sie wollten mir doch Ihre Rolle vorlesen?«
»Das ist sie. Wie gefällt sie Ihnen? Aufregend, was?«
»Hm. Klingt nicht schlecht. Man wird ja sehen. Aber jetzt müssen Sie mich wirklich entschuldigen. Ich –«
»Mein ganzer Text im ›Verblühten Nußbaum‹ besteht aus diesen wenigen Worten. Erst durch mich, Jarden Podmanitzki, wird aus diesen wenigen Worten eine Rolle. Stanislawski sagte mir einmal: ›Merken Sie sich, Podmanitzki – es gibt keine schlechten Rollen. Es gibt nur schlechte Autoren.‹ Natürlich hätte ich in diesem Stück auch die Hauptrolle bekommen können. Aber das wahre schauspielerische Genie, zum Beispiel meines, beweist sich am besten in Nebenrollen.«
»Sehr richtig. Und jetzt muß ich zu Salzmann.«
»Sicherlich interessiert es Sie, wie ich die Rolle auffasse. Stanislawski hat mich gelehrt, daß man zuerst den Hintergrund jeder Rolle analysieren muß, ehe man sie überhaupt spielen kann. ›Es genügt nicht, lieber Freund‹ – so sagte er mir –, ›es genügt nicht, den Text auswendig zu lernen. Man muß den Charakter des ganzen Menschen kennen, den man darstellen will. Seine Träume, seine Enttäuschungen, seine Mentalität. Man muß sogar wissen, ob er an Schlaflosigkeit leidet oder nicht. Man muß eins werden mit der Rolle, muß mit ihr verschmelzen, lieber Freund. Wenn Sie das nicht können, werden Sie nie ein Schauspieler.‹ Nach diesen Worten Stanislawskis habe ich mich mein Leben lang gerichtet. Und als ich die Rolle des gutgekleideten Herrn im ›Verblühten Nußbaum‹ übernahm, begann ich sie sofort zu analysieren. Was ist's mit Ihnen, Sie gutgekleideter Herr? fragte ich. Wer sind Sie. Woher kommen Sie? Wohin gehen Sie?«
»Zu Salzmann«, antwortete ich hastig. »Wenn ich ihn jetzt verfehle, muß ich wieder zwei Wochen –«

»Vielleicht ist dieser gutgekleidete Herr innerlich weniger vornehm als außen. Vielleicht ist er robust, vielleicht ein Invalide, vielleicht ein Verbrecher. Langsam, langsam begann er vor meinem geistigen Auge Gestalt anzunehmen. Ich gestehe, daß ich nahezu eine Woche völlig im dunkeln tappte. Aber eines schönen Mittags erwachte ich, setzte mich im Bett auf und hörte mich ausrufen: Er ist klein und gedrungen! Er *muß* klein und gedrungen sein, es geht gar nicht anders. Er ist mindestens einen Kopf kleiner als ich. Jetzt wollen Sie wahrscheinlich wissen, wie ich das machen werde? Nun, Stanislawski sagte mir einmal: ›Nicht jeder Versteller ist ein Schauspieler, aber jeder Schauspieler ist ein Versteller.‹ Begreifen Sie? Wenn ich will, kann ich auf der Bühne wie ein Zwerg wirken, und wenn ich will, wie eine chinesische Porzellanfigur. Außerdem trägt er einen Zwicker. Das war bei den gutgekleideten Herren jener Zeit üblich. Er ist weitsichtig. Nicht sehr, höchstens zwei oder drei Dioptrien – aber er braucht den Zwicker zum Sehen. Schließlich ist er nicht mehr der Jüngste. Das Haar an seinen Schläfen ist grau meliert. Vielleicht spiele ich auch eine kleine Andeutung von Ischias. Ganz diskret, ich chargiere nicht gern. Und eine Spur Rouge Nr. 3 auf der Nase. Man kennt ja den Typ. Er ist mir unlängst leibhaftig begegnet, im Autobus-Bahnhof. Das ist er! sagte ich mir sofort. Das ist mein gutgekleideter Herr! Und ich folgte ihm in den Bus, ich fuhr mit ihm bis nach Haifa, ich ließ kein Auge von ihm, ich saugte seine Persönlichkeit förmlich in mich auf. Glauben Sie, daß er wohlhabend ist?«

»Wie soll ich das wissen? Ich komme nur selten nach Haifa.«

»Nein, mein Lieber, er ist *nicht* wohlhabend! Das überrascht Sie, was? Er ist mit irdischen Gütern keineswegs

gesegnet, sage ich Ihnen. Seine gutgekleidete Erscheinung ist eitel Schaumschlägerei. Vielleicht bewohnt er eine Zweieinhalbzimmerwohnung, vielleicht hat er sogar einen Ventilator – aber das ist alles. Und er weiß es. Er *weiß* es!«
»Meister, jetzt muß ich aber –«
»Selbstverständlich. Jetzt müssen Sie wissen, warum er Katharina Nikolajewna nach dem Zug fragt. Ja glauben Sie denn wirklich, daß dieser läppische Zug ihn interessiert? Keine Spur. Er muß ganz einfach etwas fragen, muß mit irgendeinem Menschen in diesem Augenblick über irgend etwas reden, sonst wird er verrückt. Das ist es. Hier reiße ich ihm die Maske vom Gesicht und zeige den Gram, der ihn durchfurcht, das ewige Leiden, die große Einsamkeit. Wie lange erträgt ein Mensch diese Einsamkeit auf einer Bahnstation?«
»Bis zwölf –«
Drei oder vier Monate zuvor hat er sich scheiden lassen. Seither ist er ein gebrochener Mann. Nicht nach außen hin, o nein. Da läßt er sich nichts anmerken. Innerlich. Eine Saite seiner Seele ist gerissen. Er hat dieses Weib angebetet – ach, nicht wegen ihrer Schönheit, so schön war sie gar nicht, aber sie war eine Frau. Eine echte, heißblütige Frau. Und als er an jenem schicksalsschweren Abend aus der Botschaft nach Hause kam...«
»Um Himmels willen, das alles ist in der Rolle drin?«
»...hörte er Stimmen aus dem blauen Salon. Er schlich auf Zehenspitzen näher und sah Margaret in Stanislawskis Armen. Wie vom Schlag gerührt stand er da, unfähig, einen Laut hervorzubringen. Sein ganzes Leben zog blitzartig an ihm vorüber. Sein Heimatdorf, der alte Friedhof, der Schmied, der bucklige Schneider –«
»Salzmann –«

»Salzmann, der Schuster, seine erste Liebe, die Müllerstochter, die Überschwemmung... Dann wandte er sich ab und ging davon, auf Zehenspitzen, wie er gekommen war. Vierzehn Tage später wurde die Ehe geschieden. Der kleine Wladimir blieb bei der Mutter. Er wuchs als komplexbeladenes Kind heran, litt an chronischer Appetitlosigkeit, starrte aus großen blauen Kinderaugen ins Leere –«
»Hören Sie, Podmanitzki –«
»Ich bin fertig. Und Salzmann ist sowieso schon längst weggegangen. Aber jetzt verstehen Sie die Worte, die er an Katharina Nikolajewna richtet. Wie schade, Madame, wie schade. Geht links ab. Wem gilt sein Bedauern? Der Frau? Dem Zug? ›Was ist ein Zug?‹ hat Stanislawski mich einmal gefragt. Nein. In diesem einen Satz liegt sein ganzes Mitleid mit der Kreatur, liegt alles Aufbegehren gegen die Tyrannis des Schicksals. Warten Sie, ich spiele Ihnen die Szene vor...«
Jarden Podmanitzki stand auf, trat ein paar Schritte zurück, zerraufte sein Haar, ließ sich plötzlich zu Boden fallen und begann auf allen vieren zu kriechen. Ich nützte die unverhoffte Chance und sprang mit kühnem Satz über ihn hinweg. Sofort nahm er die Verfolgung auf, aber diesmal half ihm nichts. Im zweiten Stock eines nahegelegenen Hauses fand ich Asyl bei einer barmherzigen Familie.

Mittelweg ohne Gold

Es kann nicht länger geleugnet werden: Jarden Podmanitzki ist keiner von den Giganten des zeitgenössischen Theaters. Anderseits ist er auch nicht direkt schlecht. Er ist – und etwas ähnlich Beklagenswertes gibt es nicht – ein mittelmäßiger Schauspieler. Er hat das Gehabe und die Ambitionen eines Stars, ohne sein angeborenes Glück, ohne das dazugehörige Talent. Ich setze »Glück« an die erste Stelle, weil man mit Talent allein noch kein Star wird. Mit Glück ohne Talent kann man es werden.
Podmanitzki hat sich seine eigene Privatwelt aufgebaut, eine Art freiwilliges Ghetto. Dort lebt er mit seinem Genius und den wenigen Bekannten, die sich auf der Straße von ihm aufhalten lassen.
Er spielt nicht immer kleine Rollen. Manchmal spielt er auch große, allerdings nur auf kleinen Bühnen. Am Nationaltheater, wo er ständig engagiert ist, besetzt man ihn mit dem zweiten zornigen Volkstribun oder mit einem historisch nicht näher definierten Regionalfürsten oder mit einem Regimentstrompeter, der atemlos auf die Bühne stürzt, um zu melden, daß die Schlacht verloren ist und der Feind sich im Anmarsch auf Rom befindet. Daraufhin packt ihn Eleasar G. Bulitzer, der Kaiser, am Kragen, schüttelt ihn und brüllt:
»Solch eine Botschaft wagst du mir zu bringen, du Hund? Wache! Führt ihn hinaus und schlagt ihm den Kopf ab!«
Nacht für Nacht wird Podmanitzki am Ende des ersten Aktes hingerichtet und muß dann in einem nahegelege-

nen Kaffeehaus zwei Stunden auf den Schlußvorhang warten, um sich endlich verbeugen zu können. Er verbeugt sich in der dritten Reihe, zusammen mit der ganzen Prätorianergarde, elf Jammergestalten insgesamt. Seit fünfunddreißig Jahren steht Jarden Podmanitzki auf der Bühne. Aber er hat sie noch nie allein für sich gehabt.
In seinem Herzen weiß er längst, daß er ein mittelmäßiger Schauspieler ist. Dafür gibt es untrügliche Merkmale. Vor allem die Gage. Podmanitzki bezieht einschließlich aller Zuschläge im Monat ungefähr die Hälfte dessen, was Seine Kaiserliche Hoheit Eleasar G. Bulitzer in der Woche bezieht.
Aber das Geld ist ja nicht das Entscheidende. Worunter Podmanitzki wirklich leidet, sind die Striche. Selbst in den wenigen Zeilen, aus denen sein Text besteht, findet sich immer noch etwas zum Streichen. Manchmal ist es der ganze Text.

Über das Streichen von Textzeilen

Es gilt, zuerst den Begriff »Zeile« zu definieren. Der Schauspieler hat, wie man weiß, bestimmte Sätze zu sprechen, die im Bühnenmanuskript enthalten sind und deren Gesamtheit seinen »Text« ausmacht. Im gleichen Augenblick, in dem der Regisseur aus irgendwelchen Gründen entscheidet, einen bestimmten Satz aus dem Text des Schauspielers zu streichen, zeigt sich, daß die ganze Rolle mit diesem einen Satz steht und fällt. Infolgedessen kämpft der Schauspieler mit allen Mitteln gegen das Recht der Regisseure, Änderungen im Text vorzunehmen.

Dauer und Heftigkeit dieses Kampfs richten sich nach dem Rang des betreffenden Schauspielers und nach der Kritik, die Kunstetter über den Regisseur geschrieben hat. Als beispielsweise aus dem Text des Schauspielers Jarden Podmanitzki ein Satz gestrichen wurde – und zwar der eine Satz, der nicht nur für die Rolle, sondern für das ganze Stück entscheidend war –, ging es folgendermaßen zu:

REGISSEUR: »Halt! Podmanitzki, den Satz mit dem Zug und der Madame brauchen wir nicht. Er fällt weg. Verstanden?«

PODMANITZKI: »Jawohl. Ich verstehe. Vielen Dank.« (Er streicht den Satz in seinem Rollenheft durch.)

Und wie spielt sich das ab, wenn diese entscheidende Zeile einem etwas wichtigeren Schauspieler weggenommen wird?

REGISSEUR: »Hör zu, Schmulik. Du hast hier einen sehr wirkungsvollen Auftritt. Er wäre vielleicht noch wir-

kungsvoller, wenn wir deine Frage, wann der Zug nach St. Petersburg geht, weglassen. Was hältst du davon?«
DER ETWAS WICHTIGERE SCHAUSPIELER: »Warum nicht. Geht auch. So etwas ist für mich kein Problem. Ich gehöre noch zur alten Garde, und wenn der Regisseur aus dem Text von Schmul Guttermann einen Satz streichen will, dann streicht Schmul Guttermann den Satz, ohne auch nur eine Silbe darüber zu verlieren. Im vorliegenden Fall habe ich allerdings den Eindruck, daß es vom rein gefühlsmäßigen Standpunkt besser wäre, wenn der Satz nicht gänzlich wegfällt. Vielleicht sollte ich einfach sagen: Nach Petersburg, wie, Madame?«
REGISSEUR: »Meinetwegen. Sag in Gottes Namen: Petersburg, wie? Aber leise.«
DER ETWAS WICHTIGERE SCHAUSPIELER: »Wie du willst.« (Er sagt es laut.)
Und jetzt zum Star des Ensembles.
REGISSEUR: »Bitte einen Augenblick! Meine Damen und Herren, Sie müssen verzeihen, daß ich die Probe an einer so packenden Stelle unterbreche, aber mir ist soeben etwas sehr Sonderbares geschehen. Als Herr Bulitzer den Satz sprach: Entschuldigen Sie, Madame, wann geht der Zug nach St. Petersburg? – Als er diese Worte sprach, wurde mir heiß und kalt vor Aufregung, so heiß und kalt, daß ich mich kaum noch konzentrieren konnte. Einem alten Hasen wie mir passiert so etwas nur sehr selten, und es ist kein Wunder, daß es mir gerade bei Herrn Bulitzer passiert. Wer sollte derart gewaltige Wirkungen hervorrufen können, wenn nicht ein Bulitzer. Das muß man gar nicht ausdrücklich betonen. Trotzdem, oder vielleicht gerade deshalb, habe ich den Eindruck, daß der Ablauf dieser Handlungsphase eine solche Erschütterung nicht verträgt. Daß das Publikum ihr einfach nicht ge-

wachsen wäre. Natürlich kommt es mir nicht zu, einem Eleasar G. Bulitzer vorzuschreiben, was er sagen und was er nicht sagen soll. Ich äußere hier nur meine ganz unmaßgebliche, persönliche, aus einer tiefen Emotion herrührende Ansicht. Die Entscheidung hat selbstverständlich Herr Bulitzer zu treffen. Wie denken Sie darüber, lieber Bulitzer? Scheint es Ihnen nicht auch, daß Ihr Auftritt an Wirkung womöglich noch gewinnen würde, wenn man ihn ganz auf Ihre Persönlichkeit abstellt und ihn durch keinen Text verwässert? Sollte dieser kleine Satz nicht besser wegfallen?«
DER STAR: »Nein.«
REGISSEUR: »Der Satz bleibt. Bitte weiter.«

Shakespeare

Da der Text in den meisten Fällen von einem Autor stammt, kann dieser nicht völlig ignoriert werden. Während der Proben allerdings ist der Autor ungefähr so wichtig wie der Gatte während der Entbindung. Er macht auch eine annähernd gleiche Figur.

Es muß hier endlich einmal mit aller Klarheit gesagt sein, daß der Autor ein Schmarotzer ist, dessen Hauptbeschäftigung darin besteht, die Proben zu stören. Er lümmelt in einer der hinteren Reihen, stürzt von Zeit zu Zeit auf den Regisseur zu, um mit schriller Stimme auf ihn einzusprechen, und hetzt in den Probenpausen die weiblichen Ensemblemitglieder gegen den Direktor auf, von dem er behauptet, daß er homosexuell sei.

Nehmen wir zum Beispiel einen Dramatiker, der die besten Beziehungen zu den Theaterkritikern unterhält: William Shakespeare. Kein Zweifel, daß er etwas für das Theater geleistet hat. Statistischen Berechnungen zufolge wurden in Shakespeares Dramen mehr Aristokraten liquidiert als in der ganzen Französischen Revolution. Er hat aus Romeo und Julia ein Ehepaar gemacht und war taktvoll genug, ihnen den Weg zum Scheidungsanwalt zu ersparen, indem er sie letal abgehen ließ. (Ich frage mich übrigens, warum der traditionelle Vorrang des weiblichen Geschlechts, wie er etwa in der Anrede »Meine Damen und Herren« seit jeher festgelegt ist, in den Titeln von Theaterstücken so völlig mißachtet wird. Warum es nicht »Julia und Romeo«, »Isolde und Tristan«, »Sympathie und Tee« heißt?) Davon abgesehen, hat Shakespeare lange vor Marx die Grundsätze der proletarischen

Diktatur ausgearbeitet, und zwar unter dem Titel »Richard III«.
Und trotz all dieser unvergleichlichen Leistungen ist es nicht einmal sicher, ob der große William wirklich gelebt hat. Wir besitzen keinen einzigen zuverlässigen Beweis für seine Existenz. Seit Jahrzehnten wird darüber ebenso heftig wie ergebnislos diskutiert. War Shakespeare Shakespeare? Stammt sein dramatisches Œuvre überhaupt von ihm? Sein oder nicht sein, das ist hier die Frage. Vielleicht verdanken wir diese gewaltigen Tragödien, diese Gipfel der dramatischen Weltliteratur, irgendeinem unbekannten Scharlatan, einem Dilettanten, der nichts vom Theater verstanden hat?
Die internationale Presse tut gut daran, den Fall immer wieder aufzugreifen. Ich selbst schlage die führenden Gazetten jedesmal mit der prickelnden Erwartung auf, etwas Neues über die Causa Shakespeare zu erfahren. Und ich werde selten enttäuscht. Wie es scheint, neigt der Londoner »Observer« nunmehr endgültig der Meinung zu, daß Christopher Marlowe Shakespeare war. Demgegenüber setzt die »New York Times« auf Sir Walter Raleigh, der »Osservatore Romano« favorisiert Columbus, und die »Jerusalem Post« hat kürzlich angedeutet, daß der vielseitige Bürgermeister von Jerusalem etwas mit der Sache zu tun haben könnte. Jedenfalls sind die Nachforschungen noch lange nicht beendet.
Was mich betrifft, so bin ich aufgrund langjähriger Quellenstudien überzeugt, daß Shakespeare die Theaterstücke, die unter seinem Namen laufen, tatsächlich nicht geschrieben hat, sondern daß sie von einem andern Autor stammen, der – wie der Zufall will – desgleichen den Namen Shakespeare trug. Dieser andere Shakespeare hat außerdem das Globe Theatre geleitet, die dankbarsten

Rollen in den von ihm verfaßten Stück gespielt und sich überhaupt so benommen, als ob er Shakespeare wäre.

Ich halte meine These für genauso gut wie alle übrigen, wenn nicht für besser. Denn sie beweist, daß die Person des Autors unwichtig ist. Wenn *er's* nicht macht, dann macht's eben ein anderer.

O Solo mio

Unser verehrter Kollege Shakespeare, wer immer er gewesen sein mag, besaß auf jeden Fall ein Talent, um das ihn seine sämtlichen Nachfahren beneiden: Dadurch, daß er die Hauptrollen in seinen eigenen Stücken übernahm, ersparte er sich eine schwere Menge von Unannehmlichkeiten.

Das heutige Theater steht im Zeichen des Stars. Er beherrscht es unumschränkt, er kann jeden beliebigen Druck ausüben, er erpreßt, er stellt Bedingungen, er ist eine Lobby auf zwei Beinen. Ich habe das am eigenen Leib zu spüren bekommen.

Eines Tags bat mich der Intendant eines unserer Musiktheater zu sich und wollte mit mir über ein Musical sprechen. Ich teilte ihm unverzüglich mit, daß ich noch nie im Leben ein Musical geschrieben habe, und daß es mir außerdem in der Seele zuwider ist, wenn Menschen auf der Bühne plötzlich ohne die leiseste Veranlassung zu singen oder zu tanzen beginnen.

Auf meinen Gesprächspartner machte das keinen Eindruck.

»Jeder Mensch«, sagte er, »kann ein Musical schreiben. Es ist das Einfachste auf der Welt. In der Oper pflegt mindestens einer der beiden Liebenden am Schluß zu sterben. Das Musical beruht auf dem Prinzip, daß beide gerettet werden. Versuchen Sie's. Es wird Ihnen bestimmt gelingen. In die Wahl des Sujets will ich Ihnen nicht dreinreden, aber es wäre wünschenswert, daß die Geschichte in Puerto Rico spielt, weil Puerto Rico ›in‹ ist...«

An dieser Stelle unseres Gesprächs erschien der persönliche Referent des Intendanten mit einer Botschaft von Mme. Schinowski, des Inhalts, daß sie, Felicitas Schinowski, sofort aus der geplanten Produktion ausscheiden würde, wenn man ihr das Solo im zweiten Finale entzöge, denn dieses Solo sei eigens für sie geschrieben worden.
»Entschuldigen Sie«, fragte ich, »von welchem Finale ist hier die Rede?«
»Vom Finale des Musicals, das Sie für uns schreiben«, lautete die Antwort.
»Und was ist ein Solo?«
»Ein Solo ist, wenn der Gesangsstar allein auf der Bühne steht und allein den ganzen Applaus einheimst, während seine Kollegen in der Kulisse vor Neid grün und gelb werden.«
Nach diesem kurzen Einführungskurs in die Grundlagen des Musiktheaters begab ich mich nach Hause und entwarf das gewünschte Libretto. Es handelte von einem jungen israelischen Buchhalter, der sich während eines Besuchs in Puerto Rico in eine polynesische Bauchtänzerin verliebt, deren Onkel, ein angesehener Honorarkonsul, mit der Heirat jedoch nicht einverstanden ist, weil die Bauchtänzerinnen seiner Familie aus Traditionsgründen nur norwegische Prinzen heiraten dürfen. Daraufhin gibt der Buchhalter vor, ein norwegischer Prinz zu sein, aber gerade als es nach einem Happy-End auszusehen beginnt, wird ihm klar, daß die Bauchtänzerin nicht den Mann in ihm liebt, sondern den Buchhalter, denn sie hat mittlerweile entdeckt, daß er ein Buchhalter ist. In Wahrheit ist er aber kein Buchhalter, sondern ein norwegischer Prinz, wenn auch nur ein unehelicher, während die Bauchtänzerin, wie sie jetzt gesteht, aus einem

Kibbuz kommt. Die beiden heiraten und übernehmen eine Hühnerfarm. Vorhang.

Gebannt lauschte der Intendant meiner Geschichte und fand sie hervorragend. Er bat mich lediglich, den Charakter der Hauptfiguren etwas mehr an die Musical-Atmosphäre anzugleichen. Der junge Mann sollte kein Buchhalter sein, sondern besser ein Konteradmiral. Es sei nämlich sehr wichtig, daß er bei seinem Auftritts-Solo gut aussehe, und die Uniform eines Buchhalters wäre nun einmal nicht so eindrucksvoll wie die eines Konteradmirals.

»In Ordnung«, sagte ich. »Er ist Konteradmiral.«

Im selben Augenblick entstand draußen großer Lärm, der Erste Tenor stürzte ins Zimmer, gab uns brüllend bekannt, daß er alles gehört hätte und nicht daran dächte, als Konteradmiral aufzutreten, wo doch jedes Kind wisse, daß nichts auf Erden so unweigerlich abstinkt wie das Auftritts-Solo eines Konteradmirals. Er wünsche als Großadmiral zu erscheinen, ohne jedes Konter, oder er verlasse das Ensemble, das Theater und das Land. Damit verschwand er und schlug die Türe hinter sich zu.

Ich zitterte am ganzen Körper. Der Intendant hingegen blieb bemerkenswert kühl und wies mich an, den Tenor in den Rang eines Großadmirals zu befördern.

»Was macht das schon für einen Unterschied«, meinte er. »Auch ein Großadmiral kann mit dem Fallschirm über dem Flughafen von Lod abspringen.«

»Fallschirm? Lod?« Ich zitterte immer stärker. »Wozu das alles?«

»Damit eine meiner ältesten Schauspielerinnen zu ihrem Solo kommt: ›Flieg, mein kleiner Vogel / Fliege hin und her / Über Land und Meer / Denn ich lieb dich sehr.‹

Ohne dieses Solo fängt sie erst gar nicht zu probieren an.«
»Na schön. Dann sieht also der Großadmiral in Lod eine Tänzerin –«
»Eine Hostess.«
»Gut, eine Hostess.«
»Fünf Hostessen.«
»Warum fünf?
»Weil ich fünf Primadonnen habe und keine von ihnen weniger als eine Hostess sein kann, wenn eine von ihnen eine Hostess ist.«
Der persönliche Referent kam herein und teilte dem Intendanten mit, daß Mme. Schinowski ihr Spielkartensolo zurückgebe, weil es nur aus drei Strophen bestünde und nicht, wie vereinbart, aus vier. Der Intendant ließ Mme. Schinowski durch seinen persönlichen Referenten wissen, daß sie entlassen sei und, falls sie das wünsche, bei der Gewerkschaft eine Beschwerde einbringen könne.
»Verzeihung«, warf ich ein, »was ist ein Spielkartensolo?«
»Richtig. Darüber habe ich Sie noch gar nicht informiert. In Ihrem Musical wird kurz vor dem Finale eine Pagode aufgebaut, die aus Bridgekarten in natürlichen Farben besteht. Vor diesen Karten singt Mme. Schinowski ihr Solo. Im Rumba-Rhythmus.«
»Könnten wir nicht ... vielleicht ... ohne Bridgekarten...?«
»Ausgeschlossen. Das Solo steht. Der Refrain lautet: ›Karte – Kärtchen – bum / Karte – Kärtchen – bum.‹ Im Rumba-Rhythmus. Es ist zu spät, das zu ändern.«
Der persönliche Referent brachte die Nachricht, daß Mme. Schinowski sich am Strick des Pausenvorhangs erhängt hatte.

»Gut«, sagte der Intendant. »Dann schließt der zweite Akt mit dem Besuch des Diplomaten bei den Kurden.«
»Was für eines Diplomaten?«
»Des Ersten Tenors.«
»Aber der ist doch ein Großadmiral?«
»Gewesen. Wir brauchen ein politisches Solo. Ich hatte vergessen, daß Wahlen bevorstehen.«
»Und warum muß er Kurden besuchen?«
»Weil ich ein Ballett aus Kurdistan engagiert habe. Mit zwei Solotänzern.«
Mme. Schinowski hätte sich's überlegt und möchte ihr Solo zurückhaben, meldete der persönliche Referent.
Der Intendant nickte zum Zeichen seines Einverständnisses und wandte sich an mich:
»Der zweite Akt fängt natürlich mit den Elefanten an.«
»Mit welchen Elefanten?«
»Mit den acht Elefanten, die ich gemietet habe, um zum Solo des Komikers überzuleiten, der den Maharadscha spielt.«
Der Komiker, der den Maharadscha spielte, kroch unter dem Tisch hervor, wo er sich während der letzten vierundzwanzig Stunden versteckt gehalten hatte, warf sich zu Boden und begann zu schluchzen:
»Keine Elefanten! Bitte keine Elefanten! Ich fülle die Bühne ganz allein ... die Elefanten stehen mir nur im Weg ... entweder die Elefanten oder ich, Herr Direktor!«
»Ich nehme Ihre Kündigung zur Kenntnis. Hier ist die Anweisung für Ihre Probengage, gehen Sie zur Kassa und lassen Sie sich hier nicht mehr blicken.«
Der Komiker richtete sich zur vollen Größe auf, verließ gemessenen Schritts den Raum, ging zur Kassa, nahm das Probenhonorar in Empfang und schloß sich in seiner Garderobe ein, um sein Solo zu studieren.

Der Intendant atmete auf:
»Alles in Ordnung. Bis auf das eine, daß Ihr Stück zu lang ist. Wir müssen ungefähr eineinhalb Stunden kürzen.«
Abermals wurde unser Gespräch durch das Erscheinen des persönlichen Referenten unterbrochen.
»Was gibt's?« fragte der Intendant.
»Die Elefanten verlangen ein Solo.«
Das war selbst für die Engelsgeduld des Intendanten zu viel:
»Zum Teufel«, schrie er, »ich kann doch nicht jedem Elefanten ein Solo geben!«
»Sie müssen«, entgegnete ungerührt der persönliche Referent. »Die Elefanten haben erklärt, daß sie sonst nicht als Ballett auftreten. Sie beschweren sich ohnedies, daß sie auf der Bühne immer verdeckt sind...«
Von draußen hörte man die schmetternde Stimme des Zweiten Tenors:
»O Solo mio!« sang er. Er befand sich seit einer Woche im Hungerstreik, um seiner Forderung nach einem zweiten Solo Nachdruck zu verleihen. Jetzt drohte er, von draußen, daß er andernfalls das Theater in Brand stecken würde.
Der Intendant und ich wählten den Ausgang durch das Fenster, um dem jugendlichen Liebhaber zu entgehen, der schon seit zwei Tagen vor dem Bühneneingang wartete. Nachdem wir unsere Kleider notdürftig gesäubert hatten, fragte ich den Intendanten, wie er es in diesem Irrenhaus aushalten könne.
»Irrenhaus?« wunderte sich der Intendant. »Das war doch heute ein ganz normaler Tag.«

Exit

Die Darsteller meines Musicals – es handelte schließlich von Tarzan dem Halbaffen, der sein Vermögen im Kartenspiel verliert, aber die Elefanten bringen es ihm wieder –, die Darsteller also standen mit ihrem Verlangen nach Soli keineswegs vereinzelt da. Im Bewußtsein jedes großen Schauspielers ist die Bühne nichts weiter als der pseudo-naturalistische Raum eines mit metaphysischen Mitteln zu erreichenden Erfolgs, der auf zwei Faktoren beruht: möglichst oft allein auf der Bühne zu stehen und möglichst viel zu sprechen.
Leider haben die dramatischen Schriftsteller den Hang, zahlreiche Akteure in die Handlung ihrer Stücke zu verwickeln und den Text – oft ohne ersichtlichen Grund – unter verschiedenen Sprechern aufzuteilen, so daß dem einzelnen nur selten Gelegenheit geboten wird, seine Qualitäten hervorzukehren. Außerdem sind die meisten Stücke nach einer veralteten technischen Methode geschrieben, welche erfordert, daß der Schauspieler von Zeit zu Zeit abgeht. Was bleibt ihm unter diesen Umständen an Wirkungsmöglichkeiten übrig?
Es bleibt ihm nichts übrig als der Abgang.
Diesem Abgang haftet keinerlei makabre Nebenbedeutung an. Er hat nichts mit dem sogenannten »letalen Abgang« zu tun, den die Medizin als »exitus« kennt. Vielmehr bezeichnet er den atembeklemmenden Augenblick, da der Schauspieler für kürzere oder längere Zeit von der Bühne verschwindet und im Publikum ein Gefühl von nahezu schmerzhafter Leere zurückläßt. Der Schmerz hört erst auf, wenn der Schauspieler wieder auf

die Bühne kommt – ein Vorgang, den das Publikum nicht selten durch Applaus zu beschleunigen sucht. Ein guter Abgang kann aus einem guten Publikum bis zu vier oder fünf Abgangsapplaussalven herausholen, schwache Dienstage ausgenommen; an Samstagen mischen sich bisweilen laute Bravorufe in den Abgangsapplaus.
Die Gesetze des Abgangs sind hart und grausam. Ob die Zuschauer in spontanen Beifall ausbrechen, entscheidet sich einzig in jenem schicksalsschweren Augenblick, in dem der Schauspieler tatsächlich die Bühne verläßt. Planung und Berechnung sind hier fast ebenso sinnlos wie beim Roulette.
Wenden wir uns wieder einmal Jarden Podmanitzki zu. Es herrscht allgemeine Übereinstimmung, daß er in der Todesszene des Tyrannen weit über sich hinauswächst. Während der kurzen, aber tief bewegenden Worte, die er der Leiche ins Jenseits nachruft, ist kein Laut zu hören, kein Husten, kein Sesselrücken. Die Zuschauer hängen atemlos an seinen Lippen, folgen ihm hingerissen, wenn er hernach in stiller Würde an die Rampe tritt, unter den Triumphbogen, über den sich alsbald der Vorhang senken wird.
Dort bleibt er stehen, von drei Scheinwerfern magisch angeleuchtet, dort verharrt er, während Mundek, der Beleuchter, die Scheinwerfer langsam abblendet und Podmanitzkis ehrfurchtgebietende Gestalt langsam ins Dunkel taucht – man fühlt die Hochrufe geradezu in der Luft schweben – auf Podmanitzkis müdes, tragisch verschwimmendes Lächeln zu – und dann fällt der Vorhang – und dann kommt kein Applaus. Warum? Niemand weiß es, niemand kann es begründen. Es kommt kein Applaus, und Schluß. Podmanitzki behauptet, daß er mit einem einzigen Satz, mit ein paar kurzen Worten wäh-

rend der Abdunkelung, einen Beifallsorkan entfesseln könnte. Aber der Regisseur und der Direktor des Hauses haben ihm strikt verboten, auch nur das kleinste Wörtlein zu seinem Text hinzuzufügen. Und so steht Podmanitzki da, und es kommt kein Applaus.
Hingegen braucht Modche Schmulewitz nur das Wörtchen »meschugge« zu sagen – und das Publikum tobt. Jedermann weiß, daß Schmulewitz ein schlechter Schauspieler ist, ein Unglück für das Ensemble und eine Katastrophe in dieser Rolle. Aber im dritten Akt, während einer Auseinandersetzung mit dem Kardinal, hat er eine Sternstunde in der Dauer von mindestens zwei Minuten. Guttermann macht aus dem Kardinal ein wahres Monstrum, das den Zuschauern vom ersten Augenblick an unsympathisch ist. Während der Inquisitions-Szene hassen sie ihn sogar. Bevor Schmulewitz in die Folterkammer abgeführt wird, fragt ihn der Kardinal:
»Hast du noch etwas zu sagen, du abtrünniger Hund?«
Schmulewitz schüttelt den Kopf.
»Ich dachte, du hättest Vernunft angenommen«, läßt Kardinal Guttermann sich nochmals vernehmen.
Und in diesem Augenblick hebt Schmulewitz beide Arme, so daß die Ketten klirren, und sagt nach ein paar spannungsgeladenen Sekunden mit lauter Stimme:
»Eminenz sind meschugge!« (Geht ab.)
Das ist ein Abgang! Und der Abgangsapplaus nimmt kein Ende. Sogar der führende Theaterkritiker I. L. Kunstetter zeigte sich davon beeindruckt: »Mordechai Schmulewitz«, so schrieb er, »war anfangs ein allzu zurückhaltender Mucius, erreichte aber im weiteren Verlauf bemerkenswerte Wirkung.«
Ja, ja. Ein kleines Wort kann Wunder wirken.
Natürlich spielt bei alledem auch das Glück eine Rolle.

Dem Autor liegt ja nichts am Abgangsapplaus eines Schauspielers; ihn interessiert nur sein Stück, nur sein jämmerlich schwacher Text. Noch gefühlloser verhält sich der Regisseur, der den Abgang (und damit den Abgangsapplaus) geradezu sabotiert, um, wie er sagt, »den Fluß der Handlung und den Rhythmus des Geschehens nicht zu stören«. Er sagt allen Ernstes »Rhythmus«. Er schämt sich nicht, mit einer so dummen, deutlich von Neid diktierten Ausrede daherzukommen. Oder was wäre es sonst, wenn er plötzlich die Probe unterbricht und auf die Bühne hinaufbrüllt:
»Nicht verbeugen, zum Teufel! Ich habe Ihnen schon hundertmal gesagt, daß Sie sich nicht verbeugen sollen! Sie sollen einfach abgehen, ohne jede Spielastik!«
Mme. Kischinowskaja weiß sich ihrer Haut zu wehren:
»Entschuldigen Sie, aber ich spiele ein armes, verschüchtertes Dienstmädchen«, brüllt sie in voller Lautstärke zurück. »Ich muß doch vor meiner Herrin Respekt haben und muß das auch zeigen!«
»Nein, das müssen Sie nicht. Sie sind eine kleine, dumme Landpomeranze und haben keine Ahnung von feinen Manieren! Bitte weiter!«
Von nun an geht Mme. Kischinowskaja, denn sie ist eine erfahrene und disziplinierte Schauspielerin, bei den Proben ohne jede Spielastik ab. Erst am Premierenabend macht sie vor dem Abgang eine Verbeugung, eine tiefe, respektvolle Verbeugung – und bekommt keinen Abgangsapplaus. Das veranlaßt sie bei der nächsten Vorstellung zu einer raffinierten Textimprovisation. Sie verbeugt sich und zischt dabei zu ihrer Herrin hinauf: »Frauen wie Sie sind schuld daran, daß wir jetzt eine Inflation im Land haben!« Und während sie schluchzend abgeht, stellt sich prompt der gewünschte Applaus ein.

Es hilft nichts, daß der Autor daraufhin einen Tobsuchtsanfall erleidet und sich bei der Leitung des Schauspieler-Kollektivs über Mme. Kischinowskajas unglaubliche Eigenmächtigkeit beschwert. Seine Beschwerde wird glatt zurückgewiesen. Mme. Kischinowskaja macht geltend, daß sie nicht nur eine Schauspielerin ist, also nicht nur ein Mensch und keine Maschine, sondern auch ein langjähriges Mitglied des Kollektivs. Sie beruft sich auf ihr Mitspracherecht. (Wir werden diesen Punkt im nächsten Kapitel ausführlich behandeln.)
Die Frage des Abgangs, soviel sollte nunmehr klargestellt sein, ist eine Frage der Initiative und der Intuition. Der Schauspieler muß selbst zusehen, wie er trotz der Gleichgültigkeit des Autors und der Feindseligkeit des Regisseurs einen erfolgreichen Abgang bewerkstelligt. Er hat viele Möglichkeiten, durch Gestik oder Mimik und notfalls durch ein paar improvisierte Worte entsprechend nachzuhelfen.
Hier einige Tips:
Der abgehende Schauspieler schließt die Türe sehr leise und sehr langsam (mit einem womöglich sofort nachfolgenden Revolverschuß hinter der Szene).
Der abgehende Schauspieler hält kurz vor dem Abgang inne, wendet sich um, als ob er noch etwas sagen wollte, macht eine resignierte Handbewegung und geht dann erst ab.
Das gleiche, mit satanischem Gelächter statt der Handbewegung.
Wenn es sich um eine Schauspielerin handelt, entringen sich ihrer gequälten Brust die Worte: »Ich wollte dir noch sagen, Robert, daß ich im vierten Monat bin.«
Bei der Besteigung des Schafotts empfiehlt sich der herzzerreißende Ausruf: »Vater!« (der oder die Hinzurich-

tende hat soeben entdeckt, daß er oder sie vom eigenen Vater hingerichtet wird).

Die Liste der Möglichkeiten und Variationen ließe sich fortsetzen. Jedenfalls entscheiden sich Erfolg oder Mißerfolg im Bruchteil einer Sekunde. Wirkliche Routiniers bringen es fertig, mit einem plötzlichen Hinken oder einem Hustenanfall Abgangsapplaus hervorzulocken.

Aber die sicherste Methode besteht immer noch darin, im Parkett ein paar Verwandte und Freunde zu plazieren.

Kollektive Führung

Das folgende Kapitel befaßt sich, wie angekündigt, mit der sozialistischen Spielart der darstellerischen Kunst, genauer: mit den kollektiv geführten Ensembles, wie sie neuerdings bei uns – und nicht nur bei uns – ins Kraut schießen. Die Gagen solcher Ensembles sind für alle Mitglieder mehr oder weniger gleich, manchmal mehr, manchmal weniger, aber dafür hat jedes Mitglied das Recht, bei den täglichen Besprechungen, die dem künstlerischen Auftrag und der ideologischen Tendenz des Kollektivs gelten, ein entscheidendes Wort mitzureden. Für die solcherart entstehende Pleite ist von allen Mitgliedern kein einziges verantwortlich. Das fällt jedoch nicht ins Gewicht, denn das Kollektiv erfreut sich der finanziellen Unterstützung durch die öffentliche Hand, die sich ihrerseits der finanziellen Unterstützung durch die Steuerzahler, also durch das breite Publikum erfreut. Und das breite Publikum, so muß man wohl annehmen, bevorzugt nun eben ein Theater, das keine Spur von Persönlichkeitskult aufweist und dessen Führung von den Ensemblemitgliedern in freier, demokratischer Wahl bestimmt wird. Betrachten wir beispielsweise eine unserer altehrwürdigen Bühnen, die wir »Faust« nennen wollen.
Der Weg dieses Arbeitertheaters war niemals mit Rosen bestreut, aber in der jüngsten Zeit hat sich seine Situation immer mehr verschlimmert. Die letzte Spielzeit schloß mit einem Defizit von nahezu einer Million. Auch in künstlerischer Hinsicht macht sich ein unverkennbarer Abstieg geltend, die Vorstellungen waren im Durch-

schnitt von maximal 65 Personen besucht, unter denen sich eine größere Anzahl von Freikartenbesitzern befand, und ungefähr zehn Prozent des Publikums besaßen nicht einmal Freikarten, sondern schlüpften kurz vor Beginn der Vorstellung in den Zuschauerraum. Angesichts dieser kritischen Lage richtete der Vorsitzende des »Faust«-Kollektivs einen Appell an jene öffentlichen Institutionen, mit denen das Theater von seiner Gründung an verbunden war, und bat die Staatliche Lotterie um eine einmalige Subvention von 1 100 000 Shekel, womöglich in 50-Shekel-Noten. Die Staatliche Lotterie empfahl dem »Faust«-Kollektiv, sich an das Fußball-Toto zu wenden, worauf die kollektive Führung, bestehend aus dem Regisseur Sulzberger, seinem Assistenten Kovács und der Schauspielerin Kischinowskaja, kollektiv zurücktrat.

In weiterer Folge dieses unblutigen Coups demissionierte auch die Geschäftsführung, die das Theater siebzehn Jahre lang verwaltet hatte, was in den Kreisen der Schauspieler lebhafte politische Unruhe hervorrief. Eine außerordentliche Vollversammlung, die stürmischste in der Geschichte des Theaters, beschloß eine durchgreifende Neuregelung des ganzen Betriebs. Sie ließ von der bisherigen Struktur nur den Namen und die Sitze übrig, die mit einem hellbraunen Plastikfabrikat neu bezogen werden sollten. Fortschrittliche Kräfte, die in der Leitung des Theaters bisher nicht adäquat vertreten gewesen waren, ergriffen die Zügel, und nach langen, erschöpfenden Diskussionen wurde der Kassier auf unbezahlten Urlaub geschickt. Damit waren die Weichen für eine glücklichere Zukunft gestellt. Zumindest schien das aus der Erklärung hervorzugehen, die Rafael Sulzberger auf einer Pressekonferenz abgab und mit der er die neue Phase in der Geschichte des Theaters einleitete:

»Es war ein hartes Stück Arbeit«, sagte er. »Aber ohne eine vollständige Reorganisierung hätte unser Theater keine Zukunft gehabt.«

Anschließend stellte er das neue Führungskollektiv des Theaters vor. Es bestand aus Mme. Kischinowskaja, Kovács und ihm selbst.

Das neue Führungskollektiv, an das man allseits große Hoffnungen knüpfte, begann seine Tätigkeit damit, daß es die nächsten drei Vorstellungen zur Gänze an die Mitglieder der Städtischen Müllabfuhr-Gewerkschaft verkaufte. Eine leichte Aufwärtsbewegung schien sich anzukündigen, aber die folgende Premiere setzte dem wieder ein Ende. Der Besuch fiel um 40 Prozent, und unter dem Dutzend von Zuschauern unterschied man deutlich vier amtierende Minister samt Gattinnen und Fahrern sowie Prof. Sam L. Sunshine vom Theaterwissenschaftlichen Institut der University of Southern Alabama. Binnen kurzem überschritt das Defizit die Millionengrenze, und zwar um 2 750 000 Shekel.

Das Theater wurde einer amerikanischen Kultur-Vereinigung zum Kauf angeboten, mit der Auflage, daß sie das Haus für jeden beliebigen Zweck verwenden könnte. Die Kultur-Vereinigung zog sich durch eine einmalige Spende in der Höhe von 800 000 Shekel aus der Schlinge, womit das Fiasko der neuen Leitung endgültig besiegelt war. Eine abermals einberufene Vollversammlung übte schärfste Kritik an der Mißwirtschaft, die während der letzten 34 Jahre geherrscht hatte, und nötigte die neue Leitung zum diesmal unwiderruflichen Rücktritt.

Das »Faust«-Theater wurde für die Dauer eines Monats geschlossen, um Zeit für die nötige Reorganisation zu gewinnen. Die Veteranen des Kollektivs übernahmen die Leitung, engagierte hochklassige Regisseure aus dem

Ausland, kauften Stücke ein, die sie nicht verstanden, verpflichteten einen energischen Verwaltungsdirektor und verlangten vom Wohnungsbauministerium eine Hypothek auf den Pensionsfonds in der Höhe von 2 Millionen, um dem Kollektiv – wie es selbst sagte – »Zeit zur Konsolidierung und zur Ausarbeitung eines fortschrittlichen Programms zu ermöglichen, das sich über viele Wochen erstrecken würde«. Das Wohnungsbauministerium erklärte sich bereit, dem Kollektiv ein Zwanzigstel der geforderten Summe zur Verfügung zu stellen, unter der Bedingung, daß ein Beratendes Komitee, bestehend aus führenden Persönlichkeiten der Landwirtschaft, den Reorganisationsprozeß überwache. Das Kollektiv ging auf diese Bedingung ein, nahm den Vorschuß entgegen und gab auf einer Pressekonferenz die Wiedereröffnung des Theaters bekannt.
»Neuer Wein in alten Schläuchen«, jubelte Rafael Sulzberger in seiner Begrüßungsansprache. »Wir haben das Gefühl, als ob wir neu geboren wären...«
Sodann verlas er die Namen der neuen Kollektivführung, außer dem seinen auch noch den des Assistenten Kovács und den eines der ältesten, gewiegtesten Mitglieder des Ensembles, Mme. Kischinowskaja. Zum Schluß bat er das Publikum, dem Theater trotz dieser – zugegebenermaßen: umwälzenden – Neuerung Sympathie und Zuspruch zu bewahren, aber seine Bitte stieß auf taube Ohren. Bei der Wiedereröffnung des Hauses (mit einem Stück des seltsamen Titels »Wegen Renovierung geschlossen«) wurden insgesamt 15 Zuschauer gezählt, und nicht einmal die genaue Höhe der in jedem Fall kärglichen Einnahmen ließ sich feststellen, weil der Kassier nach der Vorstellung verschwunden war. Ein verzweifeltes Bittgesuch ging telegraphisch an die Zentrale

des »United Jewish Appeal« nach New York. Noch bevor der ablehnende Bescheid eintraf, erfolgte die längst fällige Machtergreifung durch eine Gruppe jüngerer Mitglieder des Ensembles, die sich heimlich organisiert hatte und das von der Kollektivführung einberufene Meeting nach einem brutalen Auftritt sprengte.
Die Jungtürken begannen sofort mit energischen Reorganisationsmaßnahmen. Sie setzten einen neuen Intendanten ein und gewährten ihm diktatorische Vollmacht bis zum Ende des Monats. Das war die Zeit der echten Wiedergeburt. Mit gewaltigem, fast übermenschlich zu nennendem Einsatz wurde der gesamte Fundus des Theaters verkauft und der Erlös zur Errichtung zweier Drehbühnen verwendet, die sich ihrerseits um vier Zuschauerräume drehten und insgesamt sechs Simultan-Spielflächen ermöglichten. Nun konnte kein Zweifel mehr bestehen, daß die Reorganisation endlich Früchte tragen würde.
»Wir haben ein neues Blatt in der Geschichte unseres Kollektivs aufgeschlagen«, gab Rafael Sulzberger auf der Pressekonferenz bekannt. »Gestatten Sie mir, meine Damen und Herren, Sie mit dem neuen Führungsgremium bekanntzumachen...«
In diesem Augenblick ereignete sich das Erdbeben. Niemand weiß wieso, niemand könnte bestätigen oder dementieren, daß hier ein Eingriff überirdischen Zorns in die inneren Verhältnisse des Theaters erfolgt war. Jedenfalls brach das »Faust«-Theater bis auf die Grundfesten zusammen. Übrig blieb ein gähnendes Loch, über dem eine dicke Staubwolke schwebte.
Nach einer Weile sah man die schmutzverkrustete Gestalt Rafael Sulzbergers aus dem Krater hervorkriechen, gefolgt von seinem Assistenten Kovács und Mme. Kischi-

nowskaja. Sie atmeten schwer, verloren jedoch keine Zeit und machten sich sofort an die Reorganisation des Kollektivs.

Die Kunst ist ein Nebenberuf

Nichts sehnt der Schauspieler so inbrünstig herbei wie das berauschende Gefühl des Erfolgs, wenn der Vorhang gefallen ist und vom applaudierenden Publikum nochmals zum Hochgehen genötigt wird, damit der Schauspieler, dem der Applaus gilt, sich nochmals verneigen kann. In diesen Augenblicken vergißt er sogar, daß eine erfolgreiche Rolle in einem erfolgreichen Stück für ihn eine finanzielle Katastrophe bedeuten kann.
Denn das Irrenhaus, welches Theater heißt, hat seine eigenen, seltsamen Gesetze.
Es bietet dem Schauspieler alles, was er sich irgend wünschen mag, es bietet ihm persönliche und künstlerische Befriedigung, Ruhm und Ansehen, Intrigen und Kabalen. Nur eines bietet es ihm nicht: einen auskömmlichen Lebensunterhalt. An einem Sensationserfolg, der jahrelang auf dem Spielplan bleibt, bereichern sich alle Beteiligten: das Theater, der Autor, die Steuerbehörde, die Stadtverwaltung, die Sterne am Firmament – nur der mittelmäßige Schauspieler hat nichts davon. Er bleibt, mittelmäßig wie er ist, an seine mittelmäßige Gage gefesselt, Abend für Abend. Es ist kein Geheimnis, daß der Schauspieler in der Regel seinen Hauptverdienst nicht vom Theater bezieht, sondern von heimlichen Aktivitäten jenseits der Kunst, jenseits des Ruhms: vom Reklameplakat eines Haarwuchsmittels, das er mit seiner lockigen Perücke verziert, von einem Werbeauftritt im Fernsehen, von vier gereimten Zeilen, mit denen er im Rundfunk eine neue Rasierseife anpreist, von kurzen Gastspielen in Altersheimen oder Jugendlagern, von Mitwirkungen bei

Hochzeiten oder Beschneidungsfeiern und dergleichen mehr.

In dieses unentrinnbare Perpetuum mobile gerät der durchschnittliche Schauspieler im gleichen Augenblick, in dem er sich entschlossen hat, seinen fragwürdigen Beruf zu ergreifen, und bleibt darin gefangen sein ganzes Leben lang bis zu jenem Tag, an dem die Gläubiger hinter seinem Sarg einherschreiten.

Fünf Tage im Leben
eines mittelmäßigen Schauspielers

MONTAG. Der mittelmäßige Schauspieler erhebt sich früh am Morgen. Schon um 7.30 Uhr beginnt im Rundfunk die Probe für das Hörspiel »Der Wohltäter«, in dem er die Rolle des Baron Rothschild spielt, von der Wiege bis zum Grabe. Er ist heute nicht in Form, denn in der vergangenen Nacht hat er ein Gastspiel mit dem »Gefängniswärter« – dem Erfolgsstück des Theaters, an dem er ständig engagiert ist – in einem weit entfernten Militärlager absolviert und ist erst im Morgengrauen nach Tel Aviv zurückgekehrt. Noch dazu fiel eine der Primadonnen auf dem Weg vom Lastwagen und mußte stundenlang gesucht werden. Jetzt, vor dem Mikrophon, wird er ständig von Kälteschauern geschüttelt, und seine Stimme klingt heiser, was zwar für die Sterbeszene des Wohltäters sehr gut ist, aber sonst nicht. Man beschließt deshalb, die Probe auf den nächsten Tag um 6.30 Uhr zu verschieben. An der frühen Stunde ist er selber schuld, weil er um 7 Uhr einen Gymnastikkurs besuchen muß, um sich fit zu halten.

Seine nächste Station ist der provisorische Probensaal des Wandertheaters, das mit der »Antigone« des Sophokles auf Tournee gehen wird; er spielt den König. Unmittelbar darauf erwartet man ihn im Kibbuz Kfar Schultheiss, wo er einen Festakt anläßlich der Eröffnung des Bewässerungstanks inszeniert (Honorar: 200 Shekel ohne Bestätigung). Da der Jeep, der ihn in den Kibbuz bringen soll, ausbleibt, nimmt er den Bus. Plötzlich fällt ihm auf, daß er seit 48 Stunden nichts mehr gegessen hat. Er ersteht bei einem orientalischen Bauchladenhändler eine Flasche

Fruchtsaft und einen Kuchen mit eingebackener Diarrhöe. Infolgedessen kommt er zu spät in die Schule, die ihn für die Regie eines Purim-Festspiels engagiert hat (60 Shekel plus Spesen). Am Abend finden in Jerusalem zwei Vorstellungen des »Gefängniswärters« statt.
DIENSTAG. Auf der Rückfahrt von Jerusalem hat der Autobus einen Reifendefekt. Das Ensemble verbringt die Nacht im Bus. Mittels Autostop gelangt der mittelmäßige Schauspieler noch knapp rechtzeitig ins Hörspiel-Studio nach Tel Aviv, um dort den Baron Rothschild zu verkörpern. Da der Aufnahmeleiter erst nach einer Stunde bemerkt, daß die Tonbandapparatur nicht funktioniert, dauert die Aufnahme um zwei Stunden länger, was dem Schauspieler ein Zusatzhonorar von 30 Shekel einbringt. Mittlerweile wurde seine Rolle in der »Antigone« des Sophokles geändert; er spielt jetzt nicht den König, sondern den Sohn. Im Jeep nach Kfar Schultheiss – diesmal ist er rechtzeitig gekommen, aber er holpert – wird er seinen neuen Text lernen. Unterwegs, schon an der Peripherie von Tel Aviv, bittet er den Fahrer, ein paar Minuten vor einem noch nicht ganz fertiggestellten Neubau zu warten, saust in den sechsten Stock hinauf und nimmt die Gesangstunde, die er gestern wegen der Gymnastikstunde versäumt hat. Im Kibbuz Kfar Schultheiss ist soweit alles in Ordnung, außer daß ein plötzlicher Hagelsturm die Probe unmöglich macht, weil alle Kibbuz-Mitglieder mit der Reparatur der entstandenen Schäden beschäftigt sind. Statt der Probe wird eine Programmsitzung abgehalten, in der das Kulturkomitee drei von Kibbuz-Mitgliedern verfaßte Theaterstücke vorlegt. Der mittelmäßige Schauspieler möchte das gerne zu einem kurzen Schläfchen ausnützen, wird aber immer wieder gezwungen, seine Meinung zu äußern. Dem plötzlich auf-

tretenden, scharf stechenden Schmerz in seiner Magengegend kann er keine Aufmerksamkeit schenken, weil er den Text des Vortrags memorieren muß, den er um 18 Uhr im »Kulturverband Hebräischer Apotheker« beginnt: »Das skandinavische Theater – seine Struktur, seine Technik, sein Geheimnis« (150 Shekel). Während des Vortrags fällt sein Blick auf eine schwangere Frau im Zuschauerraum, die ihm merkwürdig bekannt vorkommt. In der Pause verwickelt er sie in ein Gespräch und stellt fest, daß es sich um seine eigene Frau handelt, die eigens hergekommen ist, um sich mit ihm auszusprechen. Sie einigen sich, daß es unmöglich so weitergehen kann. Im zweiten Teil des Vortrags werden die Schmerzen in seiner Magengegend so stark, daß er ohnmächtig zusammenbricht. Die sofort herbeigerufene Ambulanz bringt ihn nach Haifa, wo man mit dem Beginn der Vorstellung des »Gefängniswärters« auf sein Eintreffen wartet. Er bekommt eine Nitroglyzerin-Injektion, zweimal Applaus auf offener Szene und drei Hervorrufe nach Schluß. Da das Ensemble in Haifa übernachtet, wirkt er noch rasch an einer Veranstaltung der Technischen Hochschüler mit, wo er einige Schwänke und Schnurren aus seinem leichteren Repertoire zum besten gibt (75 Shekel). Er braucht das Geld für das bevorstehende Baby.

MITTWOCH. Zu Hause erwartet ihn eine Nachricht der Theaterdirektion: Schmulewitz ist plötzlich erkrankt, und er muß heute abend beim »Macbeth«-Gastspiel in Tiberias für ihn einspringen. Der mittelmäßige Schauspieler sagt seine Gymnastik- und seine Gesangstunde ab, um die neue Rolle zu lernen. In der Besetzung der »Antigone« ist unterdessen wieder etwas geändert worden; er spielt nun doch den König. Telephonanruf aus dem Kibbuz: wo er denn bleibt? Telephonanruf vom Rundfunk:

ob er nach der Beendigung des »Wohltäters« eine Vorlesungsserie übernehmen möchte? Unerträgliche Magenschmerzen. Telephonanruf eines jungen Schriftstellers, der ihm seit Monaten sein neues Stück vorlesen will. Ein Blick auf den Vormerkkalender: Morgen geht's nicht, für morgen hat er eine Nikotinvergiftung vorgemerkt, also übermorgen. Jawohl, übermorgen, während der Vorstellung in Tel Aviv. Er hat nach dem Ende des ersten Akts eine ziemlich lange Pause und wird in seiner Garderobe auf den jungen Schriftsteller warten. Abends »Macbeth« in Tiberias. Es läuft glatt ab, nur die wenigsten Zuschauer – nämlich die des Hebräischen kundigen – merken etwas davon, daß er den Text improvisiert. Nach dem zweiten Akt bricht er abermals zusammen, wird sofort in das Städtische Krankenhaus gebracht und am Blinddarm operiert, so daß er im dritten Akt voll auf dem Posten ist. Der Vizebürgermeister kommt in seine Garderobe, gratuliert ihm und nennt ihn einen »Pionier der hebräischen Kultur«. Der mittelmäßige Schauspieler tritt sofort die Rückfahrt nach Herzliah an, wo um 5 Uhr früh die Außenaufnahmen zur »Eroberung des Negev« beginnen. Er spielt einen grausamen englischen Major.

DONNERSTAG. Um 7 Uhr holt der Schauspieler die versäumte Gymnastikstunde nach. Der Instruktor ist nicht mit ihm zufrieden und empfiehlt ihm einen täglichen Dauerlauf von der Stadtgrenze Tel Avivs zum Autobus-Bahnhof. Der Kibbuz Kfar Schultheiss will den Vorschuß zurückhaben; es hilft nichts, er muß hinausfahren und die Bewässerungstank-Feier inszenieren. Im Wandertheater erwarten ihn gute Nachrichten. Erstens spielt er nun doch den Sohn des Königs, zweitens bekommt er die seit zwei Monaten fällige Gage von 437,45 Shekel. Tatsächlich bekommt er nur 11,45 Shekel, der Rest wurde ihm

bereits in Form von Vorschüssen ausbezahlt. In der Abendvorstellung des »Gefängniswärters« verursacht er beinahe einen Skandal, als er seinen Text mit den Worten des grausamen englischen Majors beginnt. Er kehrt jedoch bald zum richtigen Text zurück. Nach seinem Abgang findet er in der Garderobe den jungen Schriftsteller vor, der nicht bis morgen warten wollte und darauf brennt, ihm sein Stück vorzulesen. Infolge der pünktlich eintretenden Nikotinvergiftung reicht die Zeit jedoch nur für die Festsetzung eines neuen Rendezvous um 2 Uhr früh in einer nahegelegenen Imbiß-Stube, nach dem Kurzauftritt des Schauspielers für die Nachtwächter (44 Shekel). Als er die Imbiß-Stube verläßt, ist es Zeit fürs Filmstudio und für die Fortsetzung der Außenaufnahmen zur »Eroberung des Negev«. Den Worten, die ihm der Oberkellner nachruft, entnimmt er, daß ihm vor zwei Tagen eine Tochter geboren wurde. Er stiehlt noch rasch ein Käsebrot vom Buffet und beginnt seinen Vortrag in der jiddischen Radio-Stunde vorzubereiten: »Probleme des hebräischen Dramas«. In Herzliah wird ihm mitgeteilt, daß alle bisher gemachten Aufnahmen nochmals gedreht werden, weil die Versicherung sie bezahlt. Auf dem Heimweg – der Produktionsleiter nimmt ihn im Taxi mit – liest er Gedichte von Federico Garcia Lorca, um sich für eine spätere Rundfunksendung mit moderner Lyrik vertraut zu machen. Vor seinen Augen tanzen bunte Punkte.
FREITAG. Auf der Probe zu »Cyrano von Bergerac«, den die Wanderbühne anstelle der »Antigone« des Sophokles einstudiert, erreicht ihn die Nachricht, daß er in den Vorstand der benachbarten Synagoge gewählt wurde und sofort nach der Probe einer Vorstandssitzung beizuwohnen hat. Eine Kollegin zeigt ihm den Schnappschuß

seiner neugeborenen Tochter im Alter von zwei Tagen. Ein süßes Baby. Im Treppenhaus lauert hinter einer Säule der junge Dramatiker mit seinem Manuskript; er will sich nicht länger mit leeren Versprechungen hinhalten lassen und verlangt ein klares Ja oder Nein. Der mittelmäßige Schauspieler vereinbart mit ihm ein endgültiges Rendezvous um 3.30 Uhr am Donnerstag im Kibbuz Kfar Schultheiss vor dem Kuhstall. Während der Sitzung des Synagogenvorstands studiert er die Rolle des Cyrano, obwohl er heute abend in Eilat die beiden Mörder in »Macbeth« spielen muß, da Korkewitz, der in den letzten Vorstellungen für den erkrankten Polakoff eingesprungen ist, gestern abend vor der Todesszene eingeschlafen ist. Die buntfarbenen Punkte vor seinen Augen vermehren sich ins Unermeßliche. Um 16 Uhr hat er eine Vorlesung aus der Bibel mit Orgelbegleitung (60 Shekel). Im Bus auf der anschließenden Fahrt nach Eilat wird er bewußtlos, wovon die anderen Schauspieler keine Notiz nehmen. Sie glauben, daß er schläft, und machen abfällige Bemerkungen über seine Faulheit. In der Rolle der beiden Mörder wirkt er trotzdem sehr überzeugend und rankt sich an dem dröhnenden Applaus seelisch empor. Nach der vierten Vorstellung – es finden an diesem Abend vier Vorstellungen statt, eine um 18.30 Uhr, eine um 21.45 Uhr und zwei um 1.45 Uhr – schreibt er einen Brief an seine Frau und fährt über das Filmstudio in den Kibbuz zu Tonbandaufnahmen für den Rundfunk. Irgendwann unterwegs zieht er sein Taschenbuch heraus und macht eine Vormerkung für den nächsten Mittwoch: »15.–15.30 Uhr schlafen«.

Ein literarischer Marathon

Die Sache begann mit dem Brief eines anonymen Rundfunkhörers, der seiner Befriedigung darüber Ausdruck gab, daß die »Stimme Israels« nicht immer nur zweitklassige Unterhaltungssendungen wiederhole, sondern gelegentlich auch Lesungen aus Werken von literarischem Rang wie etwa aus dem jüngsten Buch von Tola'at Shani: ›Grußbotschaft‹. Die Direktion des Israelischen Rundfunks nahm die Lobesworte dankend zur Kenntnis und gab sie an den Schauspieler Jarden Podmanitzki weiter, der, man erinnert sich, jeweils am Montag und Donnerstag von 10.20 Uhr bis 10.40 Uhr im Rahmen des literarischen Programms aus dem Buch gelesen hatte.
Die allgemeine Hochstimmung erlitt jedoch eine empfindliche Einbuße, als sich herausstellte, daß niemand eine Wiederholungssendung des in Rede stehenden Werks angesetzt hatte. Eine sofort durchgeführte Kontrolle der gesamten Programmgestaltung ergab, daß die »Grußbotschaft«, deren Umfang 203 Druckseiten betrug, während der letzten dreieinhalb Jahre ununterbrochen von Jarden Podmanitzki gelesen worden war, ein Zeitaufwand, der sich um so weniger erklären ließ, als Podmanitzki pro Lesung durchschnittlich 20 Seiten zu bewältigen pflegte. Selbst wenn man alle Unterbrechungen in Rechnung zog, die bei Podmanitzkis Lesungen aus emotionellen oder anderen dilettantischen Ursachen häufig auftraten, ergab sich für einen Zeitraum von dreieinhalb Jahren ein Lese-Umfang von rund 8000 Seiten. Wie war das möglich?
Podmanitzki, mit dem zu Tage geförderten Sachverhalt

konfrontiert, legte vor dem Untersuchungsausschuß ein volles Geständnis ab:
»Ich begann die ›Grußbotschaft‹ im Herbst 1970 zu lesen, machte schöne Fortschritte und hatte nach wenigen Monaten das Schlußkapitel erreicht. Aber ich konnte mich nicht damit abfinden, daß nun alles zu Ende sein sollte. Ich bin ein großer Literaturliebhaber und bekam außerdem für jede Sendung ein Honorar von 23,15 Shekel, gewiß nicht sehr viel in Anbetracht des bedeutenden Gegenstands und seiner noch bedeutenderen Wiedergabe. Aber für einen unabhängigen Schauspieler fallen auch kleine Summen ins Gewicht. Aus all diesen Gründen widerstrebte es mir, die Sendung zu beenden, und ich begann das Buch noch einmal von Anfang an zu lesen. Das drittemal las ich es von hinten nach vorn, begann mit Kapitel 18 und schloß mit Kapitel 1. Es war ein interessantes Erlebnis, wenn auch nicht ganz so interessant wie die vierte Lesung, wo ich nur die Seiten mit ungeraden Ziffern berücksichtigte. So vergingen die Jahre, und die Geschichte begann mich allmählich zu langweilen. Um sie ein wenig aufzufrischen, flocht ich von Zeit zu Zeit kleinere Skizzen ein, die ich selbst verfaßt hatte, und einmal, wirklich nur ein einziges Mal, las ich aus purer Zerstreutheit das Budget des Finanzministeriums vor. Aber ich lege Wert auf die Feststellung, daß mir keine wie immer geartete Beschwerde zugegangen ist...«
Jarden Podmanitzki erhielt eine strenge Rüge und den Auftrag, die letzte Lesung des Buchs mit Ende des Jahres abzuschließen. Ungeklärt blieb, wer jener Hörer war, dessen Brief die Angelegenheit ins Rollen brachte und wie er überhaupt entdeckt hatte, daß Podmanitzki sich wiederholte.

Sklavenmarkt

Überflüssig zu sagen, daß auch die Unterhaltungs-Industrie, wie jede andere, ohne Zwischenhändler nicht auskommt. Der Zwischenhändler heißt »Impresario« (manchmal auch »Agent« oder »Manager«) und verkauft den »Kulturkomitees« der kleineren Städte, größeren Dörfer und mittleren Kibbuzim jede Art von Unterhaltung bis zu zwei Stunden: »Freu dich mit...«, »Lachen mit...«, »Gesang und Tanz mit...« und alles sonst noch Verkäufliche zwischen Telepathie und Tolstoj.
Wenn der Impresario sein Programm für die kommende Woche zusammengestellt hat, begibt er sich ins Café Noga, dem Sammelplatz der sowohl auftrittsgierigen als auch zweitrangigen Künstler, und begutachtet die ausgestellte Ware. Von Zeit zu Zeit hält er bei einem Schauspieler oder einem Zauberer an, wechselt einige Worte mit ihm, betastet seine Muskeln und prüft seine Zähne. Über Gagen wird kaum gesprochen, sie sind von vornherein fixiert. Ganz oben auf der Rangliste stehen die Popmusiker, die Anspruch auf Beförderung mit einem eigenen Taxi haben, ganz unten auf dem Grund vegetiert Jarden Podmanitzki mit Vorlesungen aus dem Briefwechsel zwischen der Witwe Sigmund Freuds und Stanislawski.
Der Dialog zwischen den Sklaven und ihrem Halter beschränkt sich aufs Nötigste:
»Zwei Grenzsiedlungen im Süden sind noch offen. Was können Sie liefern?«
»Unterhaltung oder Kultur?«
»Natürlich Kultur.«

»Da hätte ich ›Existentialismus – wohin?‹ oder ›Samurai-Kult und Harakiri‹. Je 70 Minuten.«

»Kann ich nicht brauchen. Ich brauche aktuelle Themen.«

»Bitte sehr. 50 Minuten ›Krise der hebräischen Lyrik‹. Mit Beispielen 60 Minuten.«

»Das hat jeder Mensch im Süden schon gehört. Sogar die Beduinen.«

»Spinoza?«

»Zu traurig.«

»Dann also Skulpturen durch die Jahrhunderte. Mit Lichtbildern. In Galiläa wurden Zugaben verlangt.«

»Möglich. Aber in den südlichen Grenzsiedlungen haben sie keine Projektionsapparate.«

»Dann spiele ich je eine Szene aus dem ›Eingebildeten Kranken‹ und ›Warten auf Godot‹. Eine sichere Sache.«

»Okay. 65 Pfund plus Taxi.«

»Im allgemeinen bekomme ich 190.«

»Nicht von mir. Ich zahle einem Steptänzer nur 100.«

»Mach ich. Ich bin Steptänzer und Kunstpfeifer. Das heißt, daß ich mich zu meinem Steptanz selbst begleite. 180.«

»120.«

»150 mit Zugabe.«

»Gut. Was geben Sie zu?«

»Euripides.«

»In Ordnung. 120 mit Taxi und Euripides. Wir treffen uns um 6 Uhr hier im Café.«

»Um sechs. Ich sitze neben dem Fahrer.«

An einem Tisch in einer Ecke des Kaffeehauses thront in einsamer Würde der König der Unterhaltungsbranche, der meistgefragte Sklave auf dem Markt: der Hypnotiseur. Sein durchdringender Blick garantiert volle Häuser,

und seine Gagen erreichen gewaltige Höhen, besonders wenn er aus dem Ausland kommt. Der Text des Reklameplakats, das für sein Auftreten wirbt, ist ebenso einfach wie wirkungsvoll: »Ein Abend hypnotischer Unterhaltung im Mograbi-Theater mit Professor Max aus Amerika. Nur für starke Nerven!«
Ich für meine Person begreife nicht, wie sich ein Theater für derart minderwertige Unterhaltung hergeben kann. Aber es scheinen sich immer wieder Menschen zu finden, die auf so etwas hereinfallen. Zum Beispiel ich.

Hypnotisches Zwischenspiel

Zu meiner Verteidigung möchte ich anführen, daß mir der Impresario für diesen Abend zwei Freikarten in einer der letzten Parkettreihen zur Verfügung gestellt hatte. Ursprünglich hätten es wirkliche Ehrenkarten sein sollen, das heißt, daß er mich und meine Frau auf zwei Mittelsitze in einer der ersten Reihen setzen wollte, aber das lehnte ich ab. Vielleicht würde Maestro Max durch das Loch im Vorhang schauen, seinen durchdringenden Blick auf mich heften und sich mit teuflischem Grinsen an seinen Assistenten wenden:
»Der dort vorn in der Mitte, der so verkrampft dasitzt ... ja, der mit der Brille ... den hol ich mir herauf. Den mach ich zur Schnecke. Hehehe.«
Mir mißfällt diese Ausdrucksweise schon in der bloßen Vorstellung. Und während sich der Vorhang unter atemloser Stille des Publikums langsam hob, fühlte ich ebenso langsam ein deutliches Unbehagen in mir aufsteigen. Auch des Publikums bemächtigte sich spürbare Erregung, als der Hypnotiseur ans Mikrophon trat. Mein Nebenmann, ein Briefmarkenhändler kroatischer Herkunft, betrachtete ihn durch sein Opernglas. Ich lieh es mir für ein paar Sekunden aus und mußte feststellen, daß von der Erscheinung des Hypnotiseurs tatsächlich ein ganz besonderes Fluidum, etwas Befremdendes und beinahe Erschreckendes ausging. Er trug einen erstklassig geschneiderten Smoking sowie eine kühn vorspringende Nase, und aus tiefen Höhlen starrte uns ein unheimlich schwarzes Augenpaar entgegen. Meine Frau lehnte sich in ihrem Sitz zurück, ihr Atem ging stoßweise, ihre Hand

griff konvulsivisch nach der meinen. Mir selbst klopfte das Herz bis in den Hals.

»Meine Damen und Herren«, begann der Unheimliche in perfektem Hebräisch, »es ist mir ein Vergnügen, Ihnen den bekannten Hypnotiseur Professor Max vorzustellen.«

Jetzt erst erkannte ich meinen Freund Gideon vom Israelischen Rundfunk, der offenbar als Dolmetscher fungierte (und sich damit einen kleinen Nebenverdienst verschaffte). Aber auch Professor Max sah sehr eindrucksvoll aus, trotz seiner Beleibtheit und seines alltäglichen Gesichts. Mit ein paar kurzen Sätzen in englischer oder doch angelsächsischer Sprache umriß er den Zweck seines Besuchs: Er wollte das israelische Publikum mit den unterhaltenden Aspekten der wissenschaftlichen Hypnose bekanntmachen. Während er sprach, ließ er seine Blicke über die Zuschauer schweifen, und ich schäme mich nicht zu gestehen, daß ich in solchen Fällen immer den Kopf senke und, um meinen Gleichmut auf die Probe zu stellen, die Ouvertüre zu »Wilhelm Tell« vor mich hinsumme.

Der Maestro bat freiwillige Assistenten aus dem Publikum auf die Bühne. Es kamen keine.

»Fürchten Sie sich nicht, es ist ja nur ein Spiel«, ermunterte uns Maestro Max. »Ein kleiner Scherz, ein Experiment, nichts weiter. Kommen Sie, seien Sie keine Spaßverderber. Oder wenn Sie nicht auf die Bühne kommen wollen, dann stehen Sie wenigstens von Ihren Plätzen auf. Für mich macht das keinen Unterschied.«

Da und dort im Zuschauerraum erhoben sich ein paar Neugierige, wissensdurstige Studenten vielleicht oder geltungsbedürftige Ehemänner, und zitterten vor Lampenfieber. »Steh auf«, lockte mich eine innere Stimme. »Wovor fürchtest du dich, du Jammerlappen?« Ich wand mich auf meinem Sitz hin und her und wies die innere Stimme zur Ruhe: »Schweig. Du weißt doch, daß ich die Öffentlichkeit scheue. Außerdem muß ich Rücksicht auf meine Frau nehmen. Laß deine taktlosen Lockungen. Schweig!«

Der Briefmarkenhändler neben mir erhob sich, machte jedoch kein Hehl daraus, daß er die ganze Sache für einen Schwindel hielt. Maestro Max forderte die Freiwilligen auf, die Finger zu verschränken, die Hände über den Kopf zu heben und die Augen zu schließen. Gideon übersetzte Maxens Anordnungen in ein fließendes Hebräisch, manchmal in das genaue Gegenteil dessen, was Max sagte, aber immer fließend.

»Verschränken Sie Ihre Hände fester«, befahl er. »Fester!«

Es hatte den Anschein, als wäre Gideon der Hypnotiseur und Max nur sein Assistent.

»Sie können Ihre Finger nicht mehr öffnen!« rief Gideon. »Sie möchten, aber Sie können nicht ... weder Ihre Finger noch Ihre Augen ... so sehr Sie sich auch bemühen, es geht nicht ...«

Endlich ließ sich wieder der Maestro vernehmen:

»Wer Lust hat, soll jetzt auf die Bühne kommen!«

Seine Stimme klang schneidend und unangenehm. Überhaupt wirkte er nicht sehr sympathisch, besonders für einen Hypnotiseur. Das Ergebnis seiner hypnotischen Bemühung war denn auch mehr als dürftig.

Der Briefmarkenhändler öffnete mühelos die Augen und zwinkerte mir verschwörerisch zu. Dann trat er den Weg auf die Bühne an.

»He!« rief ich ihm nach. »Wohin gehen Sie? Sie stören ja nur!«

»Gewiß«, lautete die Antwort. »Aber ich bekomme meine Finger nicht auseinander.«
Damit bestieg er die zur Bühne führende Treppe und marschierte an dem fassungslosen Gideon vorbei. Maestro Max vertrat ihm den Weg, riß ihm die Hände auseinander, schwang sie einmal nach rechts und einmal nach links, zerrte sie dann heftig abwärts und sah sein Opfer durchbohrend an.
Der Briefmarkenhändler brach lautlos zusammen, schlug mit dem Kopf auf dem Fußboden auf und schlief ein.
»Mir ist gerade eingefallen, daß ich eine wichtige Verabredung habe«, flüsterte ich meiner Frau zu.
»Du bleibst hier und rührst dich nicht«, flüsterte die beste Ehefrau von allen zurück. »Der Mann ist großartig.«
Maestro Max stieg auf den Bauch des Briefmarkenhändlers und vollführte dortselbst einige prüfende Tanzschritte.
»Er schläft noch tief genug«, erklärte er. »Gehen wir weiter.«
Beeindruckt von dem Bauchtanz war eine Anzahl Freiwilliger dem Briefmarkenhändler gefolgt. Max vollzog an jedem von ihnen die gleiche Armpendel-Operation. Einer nach dem anderen sank zu Boden. Nur bei einem einzigen funktionierte es nicht, er fiel lediglich auf die Knie, blieb aber bei vollem Bewußtsein und protestierte lauthals gegen diese Art der Behandlung. Ein zweiter Pendelgriff brachte ihn zum Schweigen.
Befriedigt überblickte Max die Reihe der Daliegenden.
»Sie fühlen nichts mehr«, wandte er sich beruhigend an das Publikum, hob zum Beweis zwei der Daliegenden — es handelte sich um Vertreter der wißbegierigen Studentenschaft — vom Boden auf und warf sie in hohem Bogen

auf zwei leere Stühle, die am anderen Ende der Bühne standen. Die Stühle zerbrachen unter der Wucht des Anpralls, aber die Anprallenden schliefen ruhig weiter, ein seliges Lächeln auf den Lippen.
Diesem Idyll setzte Max sogleich ein Ende.
»Sie haben heiße Kohlen in Ihren Schuhen«, teilte er den reglos Daliegenden mit. »Sie leiden entsetzlich... Sie können es nicht mehr ertragen...«
Tatsächlich: Die beiden Studenten begannen sich zu krümmen, und ihre eben noch lächelnden Gesichter verzerrten sich in namenloser Qual. Einige Zuschauer wollten an dem Experiment teilnehmen. Da es für die heißen Kohlen schon zu spät war, drückte Maestro Max jedem von ihnen eine ungeschälte Kartoffel in die Hand; sie bissen lustvoll hinein, weil sie auf des Gurus Geheiß die Kartoffel für einen Apfel hielten. Auch allen weiteren Umtauschmanövern folgten sie prompt und willig. Gideon übersetzte ihnen, daß das, was sie jetzt tranken, purer Whisky wäre, und sie fingen nach dem Genuß lauwarmen Leitungswassers zu torkeln an wie die Betrunkenen. Er verwandelte sie in Katzen, und sie miauten. Er verwandelte sie in Finanzminister, und sie hoben abwehrend die Hände vors Gesicht, um sich vor den Attacken der Steuerzahler zu schützen.
Dem Briefmarkenhändler wurde eine Spezialbehandlung zuteil:
»Von jetzt an werden Sie keine Zigaretten mehr rauchen«, beauftragte ihn der Hypnotiseur. »Wenn Sie eine Zigarette anzünden, verspüren Sie sofort einen ekligen, faulen Geschmack im Mund! Sie werden Zigaretten bis an Ihr Lebensende hassen!«
Dann wandte er sich an die übrigen:
»Sowie ich mit den Fingern schnalze, wachen Sie alle auf.

Ein wunderbares Gefühl durchzieht Sie. In der jetzt folgenden Pause begeben Sie sich ans Buffet, essen ein paar Waffeln, kommen zu mir zurück und schlafen sofort wieder ein. Und dann geht's erst richtig los...«
Professor Max schnalzte mit den Fingern, die Freiwilligen erhoben sich und verließen lächelnd die Bühne. Alle erklärten, daß sie ganz genau gewußt hätten, was vorging, aber sie wollten keine Spaßverderber sein und hätten mitgespielt.
»Ich war die ganze Zeit hellwach«, erklärte der Briefmarkenhändler, während er Unmengen von Waffeln in sich hineinstopfte. »Ich will nicht direkt behaupten, daß an der Sache nichts dran ist. Aber gar soviel, wie die Leute glauben, ist es nicht.«
Interessanterweise sprach er kroatisch, und als er sich eine Zigarette anzündete, begann er sofort zu husten.
»Pfui Teufel«, rief er aus. »Das ist ja widerlich.«
Es war zumindest ein Teilerfolg für Max; denn obwohl der Briefmarkenhändler nicht wie von Max geplant, das Rauchen bis an sein Lebensende einstellte, würde es ihm doch bis ans Lebensende zuwider sein.
»Entschuldigen Sie«, sagte er plötzlich nach einem Blick auf die Uhr, eilte auf die Bühne zurück und schlief ein.
Da einige der anderen Freiwilligen sich in der Pause davongemacht hatten, mußte für Ersatz gesorgt werden. Als Max sah, daß es damit nicht so recht klappen wollte, ergriff er eine lange Nadel und stach sie einem der schon Daliegenden in den Oberarm. Das wirkte. Sofort drängten Freiwillige zur Bühne. Bloße Unterhaltung ließ sie kalt, aber die Aussicht, mit einer Nadel in den Oberarm gestochen zu werden, zog sie unwiderstehlich an.
»Einschlafen!« befahl Gideon. »Einschlafen!«
Schon nach wenigen Sekunden war meine Frau in tiefen

Schlummer gesunken. Auch Gideon sah immer schläfriger drein, je öfter er »Einschlafen!« rief, und ich selbst mußte heftig gähnen. Es war auch schon spät.
Inzwischen hatte Maestro Max seinen versammelten Opfern suggeriert, daß sie sieben Jahre alt wären. Einige von ihnen begannen daraufhin »Räuber und Gendarm« zu spielen, andere liefen im Kreis umher, machten die Gebärden des Schießens und riefen dabei mit überzeugend hohen Stimmen »Piff-paff-puff!«
Der Briefmarkenhändler wagte es, ohne Erlaubnis die Augen zu öffnen, bekam von Max eine fürchterliche Ohrfeige und schlief unverzüglich weiter. Max beugte sich zu ihm, nahm ihm den rechten Augapfel heraus, polierte ihn an seinem Ärmel und setzte ihn wieder ein. Dann amputierte er ihm das linke Bein und ließ es durch die Reihen der Zuschauer wandern. Allmählich bedauerte ich, daß ich mich nicht auch freiwillig gemeldet hatte. Vielleicht hätte er mir den Kopf abgeschraubt?
»Jetzt kauen Sie Glas«, unterrichtete der Maestro seine Schüler. »Sie würden es gerne ausspucken, sind dazu aber nicht in der Lage, weil Ihr Oberkörper paralysiert ist und eine Dampfwalze im Gewicht von 200 Tonnen über Ihre Füße fährt...«
Die Freiwilligen kauten Glas, und die 200 Tonnen, die über ihre Füße fuhren, verursachten ihnen so rasende Schmerzen, daß sie zweifellos die Wände hochgeklettert wären, wenn ihre paralysierten Oberkörper sie nicht daran gehindert hätten. Zur Belohnung bekamen sie etwas Zahnweh, gefolgt von Asthma und Lepra. Sodann erklärte ihnen Professor Max, daß man sie noch rasch einer Vivisektion unterziehen würde, und zwar mit dem Drillbohrer.
»Und jetzt« – der Maestro überbot sich selbst, erklomm

einen reglos daliegenden Studenten und zog einen Revolver – »jetzt werde ich Euch mit dieser Pistole niedermähen. Ihr werdet krepieren wie die Hunde!«
Nachdem das geschehen war, wurden die Leichen weggekehrt, und der Vorhang fiel. Die Überlebenden durften das Haus verlassen. Einige von ihnen krochen auf allen vieren, weil ihre paralysierten Oberkörper eine andere Bewegung nicht zuließen. Ein älterer Herr bellte mit rauher Stimme durch die Nacht. Nur der beim Rauchen stark hustende Briefmarkenhändler ging aufrecht einher und fragte jeden Vorübergehenden, wo man um diese Zeit noch Waffeln zu kaufen bekäme.

Podmanitzki ist pleite

Eines Abends kam ich zufällig ins Café Noga und fand den Sklavenmarkt in vollem Betrieb. Die Abschlüsse reichten von Flötensoli bis zu dreifach gestaffelten Kombinationen aus Volkstänzen, Lyrik und Wahrsagerei.
Zu spät wurde ich gewahr, daß an einem einsamen Tisch in einer mäßig beleuchteten Ecke des Lokals der Schauspieler Jarden Podmanitzki saß. Er hatte mich bereits erspäht, winkte mir lebhaft zu und bat mich, ihm Gesellschaft zu leisten. Wer Jarden Podmanitzki kennt, der weiß, daß es in einem solchen Fall kein Entrinnen gibt.
Ohne weitere Umschweife begann der Veteran des hebräischen Theaters das Gespräch:
»Ich versuche hier ein paar kleinere Engagements zu finden«, gestand er mir. »Ich bin vollständig pleite und muß rasch etwas Geld verdienen. Unsere letzte Inszenierung hatte mich restlos mit Beschlag belegt. Ein Riesenerfolg. 42 Vorstellungen im Monat.«
»Wie entsetzlich!«
»Aber dafür war unsere jüngste Premiere, toi-toi-toi, ein kolossaler Durchfall, so daß ich mich nach einem Nebenverdienst umsehen kann. Ich bin bereit, für schäbige 50 Shekel bis nach Eilat hinunterzufahren, so dringend brauche ich das Geld.«
Ein schmächtiger Mann mit dem typischen Aussehen eines Managers, wenn auch ohne Brille, trat herzu.
»Geht's am Dienstag?« fragte er.
»Ja, wenn's nicht zu weit ist«, antwortete Podmanitzki.
»Gedera. Irgendeine Jubiläumsfeier der Gemeindeverwaltung. Dauer des Programms eine Stunde.«

»Was zahlen Sie?«
»Etwas.«
Nach dieser erschöpfenden Auskunft trat der Schmächtige an einen Tisch und sprach auf den dort sitzenden Künstler ein.
Jarden Podmanitzki begann halblaut zu kalkulieren:
»Ich werde 50 Shekel verlangen ... er wird mir 40 anbieten ... aber für weniger als 35 geh ich nicht ... 30 ist das absolute Minimum ...«
Der Schmächtige kam zurück und fragte:
»Was haben Sie für Gedera auf dem Programm?«
»Krilows Fabeln.«
»Nichts zu machen. Nehmen Sie Scholem Alejchem. Und singen müssen Sie auch.«
»Ich werde singen.«
»Wir treffen uns um 7 Uhr vor dem Kaffeehaus.«
»Abgemacht. Und jetzt sagen Sie mir endlich, was Sie zahlen.«
»90 Shekel netto.«
Das Antlitz des namhaften Menschendarstellers verzerrte sich:
»90 Shekel?« brüllte er. »Sie wagen es, einem Jarden Podmanitzki 90 Shekel anzubieten? Verschwinden Sie, bevor ich Sie dem Erdboden gleichmache! Hinaus!«
Eiligen Fußes zog sich der Schmächtige zurück.
Ich wandte mich erstaunt an den wütend hinter ihm Dreinschauenden:
»Aber Sie wollten doch ... unter Umständen ... für 30 Shekel ...«
»Jawohl, für 30 Shekel«, antwortete Podmanitzki. »Aber wenn er mir 90 Shekel anbietet, dann weiß er offenbar nicht, daß ich pleite bin. Und dann sind 90 Shekel zu wenig ...«

Ein weitblickender Theaterleiter

»Dort läuft Kunstetter! Sehen Sie ihn? Vor fünf Minuten ist der Vorhang gefallen, und schon saust er zum Telephon, um seine Kritik durchzugeben. Er wird wieder der einzige sein, der noch den Redaktionsschluß für die Morgenausgabe erreicht.«
»Machen Sie sich Sorgen?«
»Keine Spur. Er wird uns eine phantastische Kritik schreiben.«
»Sind Sie sicher?«
»Hundertprozentig.«
»War die Vorstellung denn so gut?«
»Welche Vorstellung?«
»Nun, Ihre Premiere. Die Aufführung, über die Kunstetter schreiben wird.«
»Was hat die Aufführung mit der Kritik zu tun?«
»Ich dachte ... vielleicht ...«
»Machen Sie sich nicht lächerlich. Die Zeiten, in denen ein Theaterdirektor für gute Vorstellungen sorgen mußte, sind längst vorbei. Heute, im Zeitalter der ferngesteuerten Kritik, zählt nur noch eiskalte, genau berechnende Überlegung.«
»Ich verstehe nicht. Was meinen Sie mit Überlegung?«
»Ich meine zum Beispiel die Wahl des Stückes. Warum glauben Sie, habe ich diesmal eine rumänische Tragödie aus dem 13. Jahrhundert gewählt?«
»Weil Kunstetter ...?«
»Richtig. Weil Kunstetter Präsident der Rumänisch-Israelischen Freundschaftsgesellschaft ist.«
»Und das sichert Ihnen eine gute Kritik?«

»Nicht unbedingt. Von Zeit zu Zeit will er seinen Lesern beweisen, daß er ungeachtet seiner Präsidentschaft auch der rumänischen Kunst gegenüber objektiv bleibt, und dann ist alles möglich.«
»Sie müssen sich also doch Sorgen machen?«
»Nein. Denn ich vertraue nicht dem blinden Zufall, sondern meiner Weitsicht. Ich kann warten. Vor zwei Monaten hat bei uns eine rumänische Tanzgruppe gastiert. Sie wurde von Kunstetter fürchterlich verrissen. Jetzt dachte ich mir, ist es soweit. Jetzt kann ich ruhig mit einem rumänischen Stück herauskommen, ohne daß mir von Kunstetter Gefahr droht. Zweimal hintereinander wird er nicht auf Rumänien losgehen.«
»Das ist allerdings eine glatte Rechnung.«
»Gar so glatt ist sie nicht. Eine Kritik hängt von hundert Kleinigkeiten ab. Kunstetter könnte zum Beispiel das Stück loben und die Inszenierung grauenhaft finden.«
»Und dagegen wären Sie machtlos.«
»Keineswegs. Ich halte mich an das bewährte Roulettesystem. Wenn fünfmal hintereinander Schwarz gekommen ist, muß einmal Rot kommen. Verstehen Sie?«
»Nein.«
»Hier, in diesem kleinen Notizbuch, verzeichne ich mit kurzen Schlagworten, was Kunstetter über die Premieren der letzten Monate geschrieben hat. Passen Sie auf. 23. März: ›Ein idiotisches Gefasel.‹ 7. April: ›Drei Stunden Langeweile.‹ 23. April: ›Eine Beleidigung des Publikums.‹ 4. Mai: ›Das darf doch nicht wahr sein.‹ 18. Mai: ›Wie lange noch?‹ Fünfmal Schwarz. Nach dem Gesetz der Serie ist jetzt eine gute Kritik fällig. Sonst würde man ihn für alt und verbittert halten. Ich rechne also mindestens auf ›Eine gut ausgewogene Ensembleleistung, die mit freundlichem Beifall bedacht wurde‹. Oder so ähnlich.«

»Das wäre nicht schlecht.«
»Für die nächste Saison habe ich bereits einen Computer bestellt, der diese Berechnungen durchführen wird. Aber vorläufig muß ich das noch selbst machen. Übrigens wird Kunstetter auch die Regie und das Bühnenbild loben.«
»Woher wissen Sie das?«
»Wegen Plotkin.«
»Wie bitte?«
»Ich setze meine Premieren immer so an, daß sie unmittelbar nach einer Premiere in den Kammerspielen herauskommen, bei der Gerschom Plotkin Regie geführt hat. Kunstetter haßt Plotkin. Das ist allgemein bekannt. Plotkin hat ihn einmal in einer Rundfunkdiskussion einen Analphabeten genannt, und seither zerfleischt ihn Kunstetter bei jeder Gelegenheit. Eine vollkommen natürliche Reaktion. Aber es hat zur Folge, daß Plotkin sich mittlerweile an die Verrisse gewöhnt hat. Sie regen ihn nicht mehr auf. Was ihn wirklich trifft, ist etwas anderes: Wenn in der gleichen Zeitung und womöglich auf derselben Seite, wo er verrissen ist, ein anderer Regisseur gelobt wird. Das ist Kunstetters süßeste Rache. Und deshalb folge ich Plotkins Inszenierungen auf dem Fuß. Damit habe ich einen Schwall von Superlativen für meinen Regisseur sicher. Wenn Kunstetter jemanden lobt, muß er zugleich jemand anderem eins auswischen.«
»Und wieso das Bühnenbild?«
»Eine Art Sippenhaftung. Vor ein paar Wochen hat der Vater unserer Bühnenbildnerin, ein bekannter Bildhauer, Kunstetter öffentlich geohrfeigt – wegen irgendeiner abfälligen Bemerkung, die Kunstetter über eine Plastik des Meisters fallen ließ. Kunstetter kann jetzt

unmöglich auch noch die Bühnenbilder der Tochter verreißen, wenn er nicht in den Ruf kommen will, die ganze Familie aus persönlichen Gründen zu hassen.«

»Ein Glück für Sie, daß der Papa ihn rechtzeitig geohrfeigt hat!«

»Was heißt da Glück? Ich selbst habe den Zwischenfall arrangiert. Ich ging zum Papa und sagte ihm: ›Wollen Sie, daß Ihr Fräulein Tochter eine gute Kritik von Kunstetter bekommt? Dann hauen Sie ihm ein paar Ohrfeigen herunter!‹ Ja, mein Lieber, es ist nicht leicht, alle Faktoren im Auge zu behalten und zu koordinieren. Nehmen Sie zum Beispiel die Besetzung. Ich habe eine der Hauptrollen mit Jarden Podmanitzki besetzt, dem aber die Namensgleichheit zugute kommt.«

»Welche Namensgleichheit?«

»Der Verleger, der alljährlich Kunstetters Theaterkritiken herausbringt, heißt ebenfalls Podmanitzki.«

»Aha. Und er ist mit dem Schauspieler verwandt.«

»Nicht im entferntesten. Aber Kunstetter glaubt, daß die beiden miteinander verwandt sind, und deshalb hat er auch für den Schauspieler nichts als Lob und Preis. Hier, sehen Sie. 7. April: ›Podmanitzkis scharfe Charakterzeichnung hat mich angenehm überrascht.‹ 16. Mai: ›Die große Überraschung des Abends war Podmanitzki.‹ 2. Juni: ›In einer kurzen Szene kam Podmanitzki zu überraschend kräftiger Geltung.‹ Und so weiter. Um ganz sicher zu gehen, habe ich kurz vor der Premiere Podmanitzki auf Wache in das Verlagshaus geschickt, wo er sich im obersten Stockwerk versteckt hielt. Als er Kunstetter kommen sah, stieg er langsam die Treppe hinunter und wußte es so einzurichten, daß er mit ihm knapp vor dem Verlagsbüro zusammenstieß. Das sollte für eine ›überraschend nuancierte Leistung‹ reichen.«

»Sie sorgen aber wirklich für alles.«
»Nicht für alles. Es ist mein Bestreben, dem Kritiker immer ein Ventil offenzuhalten, durch das er seinen Zorn auspuffen kann. Sonst erstickt er und vernichtet etwas wirklich Wertvolles. Man muß ihm sein Opfer griffbereit servieren. In unserem Fall ist es der Komponist der Begleitmusik.«
»Wie das?«
»Ganz einfach. Ich habe einen Komponisten engagiert, der aus Ungarn stammt. Kunstetter – denken Sie nur an seine rumänischen Beziehungen – ist allergisch gegen alles Ungarische. Infolgedessen wird die Bühnenmusik unseres Komponisten ›banal, einfallslos und der geistigen Atmosphäre unseres Landes völlig fremd‹ sein. Der arme Kerl muß alles auf sich nehmen, was Kunstetter an Galle auszuscheiden wünscht.«
»Ich bewundere Ihren Überblick.«
»Selbst das kleinste Detail will berücksichtigt sein. Wir hätten ebensogut schon vor zwei Monaten Premiere haben können, aber damals war es zu heiß. Besser gesagt: Der Feuchtigkeitsgehalt der Luft war zu hoch. Kunstetter verträgt das nicht. Wenn's über fünfundachtzig Prozent geht, schlägt er wahllos um sich. Auch das habe ich einkalkuliert. Und die ihm zunächst liegenden Sitze habe ich ausnahmslos an Verwandte von Schauspielern vergeben, die ihn vor Beginn der Vorstellung und während der Pause mit Schmeicheleien überschütten werden. Auf den Eckplatz, drei Reihen hinter ihm, habe ich seinen schärfsten Konkurrenten gesetzt, den Kritiker Gurewitsch.«
»Was wird Gurewitsch über das Stück schreiben?«
»Gurewitsch wird gar nichts schreiben, weil er das Stück übersetzt hat. Kunstetter ist diesmal konkurrenzlos.«
»Eine wirklich perfekte Planung.«

»Man tut, was man kann. Schließlich steht bei so einer Premiere das Wohl und Wehe von ungefähr sechzig Menschen auf dem Spiel, und da muß man auf Nummer Sicher gehen. Werden Sie sich das Stück anschauen?«
»Wahrscheinlich.«
»Wann?«
»Das weiß ich nicht. Ich warte auf die Kritik von Kunstetter.«

Die Kritiker

Kunstetters Kritik am nächsten Morgen war der pure Mord, angesichts des großen Ensembles geradezu ein Massenmord. Der weitblickende Theaterleiter hatte alle irgend erdenklichen Faktoren in seine Berechnung einbezogen – bis auf den Titel des Stücks: »Der Milchmann erhängte sich um sechs«. Und folglich überschrieb I. L. Kunstetter seine Kritik: »Er hätte sich zwei Stunden früher erhängen sollen.«

Diese kaltblütige Niedertracht könnte nur einen völligen Naivling überraschen. Kenner der Sachlage wissen, daß der normale Theaterkritiker seine Kritik nicht etwa deshalb schreibt, damit über das Stück, den Autor, die Schauspieler oder den Regisseur gesprochen wird. Über ihn selbst soll gesprochen werden, über ihn ganz allein. Und das erreicht er am besten dadurch, daß er die gesamte Produktion mit einem einzigen messerscharfen Satz umbringt. Am nächsten Tag ist dann die ätzende Kritik I. L. Kunstetters in weiten Kreisen der Bevölkerung das beherrschende Gesprächsthema.

Hier zeigt sich übrigens ein zutiefst humanitärer Aspekt des Verrisses: statt sich durch eine lobende Kritik bei einer Handvoll Leute, die berufsmäßig mit dem Theater verbunden sind, beliebt zu machen, zieht es der Kritiker vor, durch ein witziges Massaker das ganze Land in einen Freudentaumel zu versetzen.

Aus dem vorliegenden Fall ergibt sich für jeden Theaterleiter die wichtige Lehre, niemals, wirklich niemals, ein Stück herauszubringen, dessen Titel dem Kritiker Gelegenheit zur Entfaltung seines Witzes bietet. Kein Kritiker

auf Erden kann dieser Versuchung widerstehen. Ich führe einige Beispiele an.
Titel des Stücks: »*Wie es euch gefällt*«. Titel der Kritik: »*So nicht*«.
Titel des Stücks: »*Der Rabbi blieb zu Hause*«. Titel der Kritik: »*Das hätte auch ich tun sollen*«.
Titel des Stücks: »*Sie flohen in der Dämmerung*«. Titel der Kritik: »*Ich floh in der Pause*«.
(Ich möchte gleich an dieser Stelle anmerken, daß es ein überaus banaler, dürftiger und humorloser Einfall wäre, eine Besprechung des vorliegenden Buches »Kein Applaus für Kishon« zu betiteln.)
Als ebenso ergiebig erweist sich der geringste sachliche Irrtum, der dem Autor unterläuft und den der Kritiker, nachdem er zu Hause die Encyclopedia Britannica konsultiert hat, genießerisch annagelt. Kommt etwa in einem historischen Drama, das den Zusammenstoß des spanischen Conquistadors Cortez mit dem Aztekenkönig Montezuma behandelt, die Münzbezeichnung »Peseta« vor, dann wird die Kritik am nächsten Morgen zu drei Vierteln aus dem überlegen geführten Nachweis bestehen, daß zur Zeit der Eroberung Mexikos die gesetzliche Scheidemünze nicht »Peseta« hieß, sondern bekanntlich »Quetzal« oder, wie es die Einheimischen bekanntlich aussprechen, »Quitzil«. (Siehe auch: »Die Entwicklung Lateinamerikas«, Bd. 9, S. 345.)
Auch ein verstecktes, von ihm jedoch prompt aufgespürtes Plagiat dient dem Kritiker zur Demonstration seiner außergewöhnlichen Bildung. Wenn I. L. Kunstetter während der Vorstellung plötzlich aufhört, das Programmheft auf seinen Knien in einer nur ihm geläufigen Kurzschrift mit unflätigen Schimpfworten zu bedecken und glasig vor sich hinzustarren beginnt, darf man sicher sein,

daß er oben auf der Bühne einen Plagiatsanklang entdeckt hat und daß man am nächsten Tag ungefähr folgendes zu lesen bekommen wird:
»Die Struktur dieses jämmerlichen Machwerks ähnelt auf schamlos deutliche Art einer byzantinischen Komödie des Orlando Servatius Lampedusa (527–565). Auch dort war die Bühne zweigeteilt, und die kostümierten Darsteller vollzogen abwechselnd ihre Auftritte und Abgänge, meistens durch seitliche Kulissen. Man muß über die Unverfrorenheit unserer Autoren staunen...« Und natürlich auch über das profunde Wissen unserer Kritiker, die eine Encyclopedia Britannica besitzen.
Bisweilen kann es geschehen, daß Kritiker wie I. L. Kunstetter ein ganzes Theater ruinieren, indem sie Woche für Woche, dem großen römischen Volkstribunen Cato nacheifernd, unbeirrbar den einen Satz wiederholen:
»Dieses vorgebliche Avantgarde-Theater, das sich ›Der Eiserne Besen‹ nennt, ist vom ideologischen Standpunkt ein Alpdruck, vom erzieherischen Standpunkt ein Verbrechen, vom künstlerischen Standpunkt eine Schande; man sollte es möglichst rasch schließen.«
Zehn Jahre nach der Zerstörung Karthagos – das heißt: nach der Schließung des »Eisernen Besens« – wird unter dem Titel »Die Zahnbürste« ein neues Theater eröffnet, und Kunstetters Anhänger sind am Morgen nach der Eröffnungspremiere nicht wenig verblüfft über das Lamento, das er da anstimmt:
»... und während wir vergebens über die Frage nachgrübelten, warum ein so klägliches Unternehmen wie die ›Zahnbürste‹ überhaupt gegründet wurde, schweiften unsere Gedanken zu den seligen Zeiten des ›Eisernen Besens‹ zurück. Welch ein Jammer, daß es diese hervorragende Pflegestätte wahrhaftiger Kunst, untadeliger

Ideologie und erzieherischer Wirkungskraft nicht mehr gibt. Weshalb, um alles in der Welt, wurde der ›Eiserne Besen‹ geschlossen?«
Und so geht es weiter, in regelmäßig wiederkehrenden Zyklen. Zehn Jahre, nachdem er ihren Ruin verschuldet hat, wird Kunstetter sich nach der »Zahnbürste« zurücksehnen, und selbst wenn er 120 Jahre leben sollte, was zu befürchten ist, wird er für seine Nostalgien immer neue Nahrung finden.
Aus alledem darf nun nicht etwa der Schluß gezogen werden, daß es keine vernünftigen, integren und verantwortungsbewußten Kritiker gebe. Es gibt sie, ich weiß es genau, und ich kenne sie sofort aus der Menge heraus. Es sind die Kritiker, die meine Stücke loben. Mit ihnen habe ich keinen Streit. Meine Verachtung gilt jenen, die den schöpferischen Künstler dahingehend zu beeinflussen versuchen, daß er so schreiben, so spielen oder so inszenieren soll, wie sie, die Kritiker, es täten, wenn sie schreiben, spielen oder inszenieren könnten.
Mit der jetzt unfehlbar fälligen Phrase: Man müsse ja schließlich nicht selbst ein Ei legen können, um die Qualität einer Omelette zu beurteilen – mit diesem Blödsinn bleibe man mir gefälligst vom Leib. Wie kommen die wahrhaft Theaterbegeisterten dazu, ihre Omeletten von Leuten beurteilen zu lassen, die an Magengeschwüren leiden?
Auch hier erhebt sich die ewig unlösbare Frage, was zuerst da war: das Ei oder das Magengeschwür.

Wie du dir, so ich mir

INTENDANT: Herr Kunstetter! Herr Kunstetter! Entschuldigen Sie, daß ich Sie auf offener Straße überfalle...
KRITIKER: Ich bin auf dem Heimweg, Herr Spitz.
INTENDANT: Darf ich Sie begleiten?
KRITIKER: Wenn Sie nichts besseres zu tun haben.
INTENDANT: Danke vielmals. Ich möchte Sie etwas fragen...
KRITIKER: Reden Sie, in Gottes Namen.
INTENDANT: Ich möchte Sie fragen ... das heißt, ich möchte mich unverbindlich erkundigen, ob Sie schon Zeit gefunden haben, unser neues Stück zu besprechen.
KRITIKER: Ich habe die Zeit gefunden, Spitz.
INTENDANT: Und was, wenn ich fragen darf ... was haben Sie geschrieben?
KRITIKER: Das werden Sie morgen in der Zeitung lesen.
INTENDANT: Schlecht?
KRITIKER: Sie lesen es morgen in der Zeitung.
INTENDANT: Also schlecht.
KRITIKER: Das werden Sie ja sehen.
INTENDANT: Ich muß Ihnen gestehen, Herr Kunstetter, daß es für mich immer ein ganz besonderes Vergnügen ist, Ihre Kritiken zu lesen. Ein richtiges Fest. Es gibt im ganzen Land nur einen einzigen Theaterkritiker –
KRITIKER: – und der heißt Kunstetter, nicht wahr? Nun ja. Auch ein paar andere außer Ihnen, Spitz, sind der Meinung, daß ich etwas vom Theater verstehe.
INTENDANT: Eben. So ist es. Und deshalb liegt mir daran, von Ihren kritischen Bemerkungen zu profitieren.

KRITIKER: Das werden Sie, Spitz, das werden Sie. Morgen.
INTENDANT: Könnten Sie mir nicht wenigstens ein paar Andeutungen darüber machen, was Sie vom künstlerischen Niveau der Inszenierung halten?
KRITIKER: Sagten Sie »künstlerisches Niveau«?
INTENDANT: Ojweh.
KRITIKER: Glauben Sie wirklich, Spitz, daß bei dieser Inszenierung von künstlerischem Niveau die Rede sein kann?
INTENDANT: Ojweh.
KRITIKER: Das war überhaupt keine Inszenierung, das war eine Amateurvorstellung.
INTENDANT: Aber das Publikum –
KRITIKER: Was der Mann auf der Straße denkt, ist mir nicht maßgebend. Wenn Kunstetter sagt, daß es ein Bockmist ist, was Sie da inszeniert haben, dann, Spitz, ist es ein Bockmist.
INTENDANT: Schlimm genug, wenn Kunstetter das sagt... Aber wenn Kunstetter das auch noch schreibt, Herr Kunstetter, wenn das mit der Signatur Kunstetter in der Zeitung steht, dann kommt ja kein Mensch ins Theater...
KRITIKER: Das Theater, Spitz, ist für mich ein Heiligtum, das ich nicht zu schänden gedenke. Ich nicht.
INTENDANT: Lieber, verehrter Herr Kunstetter, ich appelliere an Ihre Menschlichkeit. Sechsundvierzig Schauspieler sind in meinem Haus beschäftigt, sechsundvierzig Menschen hängen davon ab, ob unser Stück Erfolg hat oder nicht... sechsundvierzig...
KRITIKER: Dann sollen sie an der Börse spielen und nicht auf der Bühne. Ist es meine Schuld, wenn Sie einen solchen Mist auf Ihren Spielplan setzen?

INTENDANT: Vielleicht läßt sich noch etwas machen. Vielleicht ist es noch nicht zu spät. Sagen Sie mir, was geändert werden soll – und ich sause sofort ins Theater, um die von Ihnen gewünschten Änderungen vorzunehmen, Herr Kunstetter. Nur ein paar kleine Ratschläge! Nur ein paar Andeutungen!
KRITIKER: Morgen. Morgen in der Zeitung.
INTENDANT: Nein, jetzt, unter vier Augen. Ich flehe Sie an.
KRITIKER: Na schön. Meinetwegen. Also hören Sie, Spitz. Streichen Sie den ganzen zweiten Akt. Ändern Sie den ersten Akt so, daß keine Musik vorkommt. Besetzen Sie Guttermanns Rolle mit einem anderen Schauspieler. Und lassen Sie im dritten Akt den Nazi-General nicht entkommen, sondern ertrinken. Außerdem müssen alle Dialoge umgeschrieben werden.
INTENDANT: Goldrichtig, Herr Kunstetter. Sie haben mit jedem Wort recht. Ich verstehe nicht, wieso mir das alles nicht selbst eingefallen ist. Vielen herzlichen Dank, Herr Kunstetter. Ich werde die von Ihnen vorgeschlagenen Verbesserungen sofort durchführen. Nur noch eine kleine Bitte. Ließe sich unter diesen Umständen das Erscheinen Ihrer Kritik nicht ein wenig hinausschieben? Damit wir uns nach Ihren Anweisungen richten können?
KRITIKER: Hm ... na ja. Ich werde es mir überlegen.
INTENDANT: Ich danke Ihnen, Herr Kunstetter. Ich danke Ihnen tausendmal. Und jetzt muß ich laufen, um sofort alles Nötige zu veranlassen.
KRITIKER: Gut. Übrigens, Herr Spitz ... warten Sie eine Sekunde ... ich möchte über eine bestimmte Sache mit Ihnen sprechen.
INTENDANT: Ja?
KRITIKER: Ist Ihnen, lieber Herr Spitz, einmal ein Stück

mit dem Titel »Ausgeblendete Lichter« in die Hand gekommen?

INTENDANT: Ja, an so etwas Ähnliches glaube ich mich zu erinnern. Das Manuskript wird irgendwo bei uns herumliegen. Warum fragen Sie, Herr Kunstetter?

KRITIKER: Weil... Nun, wir sind ja gut genug miteinander, daß ich's Ihnen gestehen kann: Das Stück wurde unter einem Pseudonym eingereicht und ist in Wahrheit von mir.

INTENDANT: Von Ihnen, Kunstetter?

KRITIKER: Ja, lieber Herr Spitz.

INTENDANT: So, so. Aber jetzt entschuldigen Sie mich bitte. Ich muß ins Theater, also in die andere Richtung.

KRITIKER: Darf ich Sie begleiten?

INTENDANT: Wenn Sie nichts Besseres zu tun haben.

KRITIKER: Danke. Wissen Sie ... ich wollte mich auch einmal als Dramatiker versuchen. Es ist schon ein paar Monate her, lieber Herr Spitz, daß ich das Stück bei Ihnen eingereicht habe. Hoffentlich haben Sie Zeit gefunden, es zu lesen.

INTENDANT: Ich habe es gelesen, Kunstetter.

KRITIKER: Und wie ... was halten Sie ...

INTENDANT: Sie bekommen schriftlich Bescheid.

KRITIKER: Es hat Ihnen ... mein Stück hat Sie nicht beeindruckt, Herr Spitz?

INTENDANT: Sie bekommen schriftlich Bescheid.

KRITIKER: Immerhin ... vielleicht könnten Sie mir trotzdem ... nur ein paar kleine Andeutungen. Sie sind ja vom Fach. Ihr Urteil über ein Theaterstück ist das Urteil eines Fachmanns.

INTENDANT: Sagten Sie »Theaterstück«?

KRITIKER: Ojweh.

INTENDANT: In aller Offenheit, Kunstetter: Ich habe ver-

gebens darüber nachgedacht, welcher Dilettant die Kühnheit besaß, mir einen solchen Bockmist anzubieten.
KRITIKER: Aber ... ich dachte ...
INTENDANT: Sie dachten, Kunstetter? Wirklich? Haben Sie auch nur die blasseste Ahnung, was »Theater« eigentlich bedeutet? Wissen Sie überhaupt, wie man ein Stück schreibt? Man könnte Ihr Manuskript genauso gut von hinten nach vorn lesen, ohne den geringsten Unterschied zu merken.
KRITIKER: Läßt sich denn gar nichts mehr machen, lieber Herr Spitz?
INTENDANT: Doch. Sie können Ihr Geschreibsel jeden Tag zwischen 9 und 12 Uhr beim Portier abholen.
KRITIKER: Lassen Sie mich nicht endgültig fallen, Herr Spitz. Ich werde das Stück umarbeiten, ich werde lernen, ich werde mich vervollkommnen ... Wenn Sie mir aus Ihrer reichen Erfahrung wenigstens ein paar Ratschläge geben könnten. Ich bedarf Ihrer Führung. Woher soll ich denn wissen, wie man ein Stück schreibt? Ich bin ein Anfänger ... und ein Familienvater ... ich muß eine Frau und drei Kinder erhalten ...
INTENDANT: Werden Sie Schwarzhändler. Verkaufen Sie Theaterkarten in der Agiotage, Kunstetter. Aber vergreifen Sie sich nicht an der heiligen Kunst des Dramas.
KRITIKER: Sie müssen mir eine letzte Chance geben, lieber Herr Spitz. Was soll ich an meinem Stück ändern?
INTENDANT: Fragen Sie lieber, was Sie *nicht* ändern sollen. Vor allem müssen Sie es um die Hälfte kürzen. Tauschen Sie den ersten Akt gegen den zweiten und umgekehrt ...
KRITIKER: Einen Augenblick, Herr Spitz. Ich möchte mir Notizen machen.
INTENDANT: Erfinden Sie eine neue Handlung.

KRITIKER: Das habe ich mir schon selbst gedacht.
INTENDANT: Um so besser. Und straffen Sie den Schluß. Lassen Sie den Nazi-General nicht entkommen, sondern ertrinken.
KRITIKER: Verzeihen Sie, aber das war *mein* Vorschlag.
INTENDANT: Ach ja. Stimmt. Damit keine solchen Verwechslungen vorkommen, Herr Kunstetter, werde ich Ihre Vorschläge notieren. Was war's doch gleich?
KRITIKER: Streichen Sie den zweiten Akt, Spitz. Und die Musik aus dem ersten Akt muß weg.
INTENDANT: Und Guttermann muß umbesetzt werden.
KRITIKER: Richtig. Und die Dialoge.
INTENDANT: Genau. Vielen Dank, Herr Kunstetter. Ich mache mich sofort an die Arbeit.
KRITIKER: Ich auch.
(Beide in verschiedene Richtungen ab.)

Die Leberwurst-Affäre

Seit jeher war Kunstetter derjenige Theaterkritiker, auf den die Bezeichnung »Monstrum« in höherem Maße zutraf als auf irgendeinen seiner Kollegen. Nach jeder Premiere öffneten die Menschen mit erwartungsvollem Grauen ihre Zeitungen, um zu erfahren, ob es ihm gestern abend im Theater gefallen hatte oder nicht. Was immer I. L. Kunstetter schrieb, kam einem Gottesurteil gleich. Wenn Kunstetter schrieb, daß es eine gute Vorstellung war, strömten die Leute zur Kassa (es sei denn, daß sich das Gegenteil herumsprach und niemand hineinging). Wenn Kunstetter eine Aufführung verriß, konnte ihr nichts mehr helfen (es sei denn, sie war gut, und die Leute gingen hinein). Und dabei blieb es Jahr um Jahr: Der Kritiker kritisierte, die Theaterdirektoren zitterten, und die Dramatiker veröffentlichten von Zeit zu Zeit unter Decknamen oder in Form von Leserbriefen wilde Angriffe auf Kunstetter, die nur zu seinem Ruhm und Ansehen beitrugen.
Eines Abends jedoch geschah es.
Kunstetter saß beim Abendessen und griff, Gourmet, der er war, nach einem Stück frischer Leberwurst, einem Erzeugnis der Firma »Leberwurst & Sohn GmbH«. Kaum hatte er den ersten Bissen verkostet, spuckte er ihn auch schon in weitem Bogen aus und wandte sich an Frau Kunstetter, seine Gattin:
»Das soll Leberwurst sein? Das ist getrockneter Dünger! Darüber werde ich schreiben. Ich werde so darüber schreiben, daß die Firma Leberwurst & Sohn GmbH bis ans Ende ihrer Tage daran denkt!«

Kunstetter, ein Mann der raschen Entschlüsse, nahm unverzüglich an seinem Schreibtisch Platz und verfaßte unter dem Titel »Ein Skandal, der zum Himmel stinkt« die folgende Glosse (wobei er sorgfältig darauf Bedacht nahm, keine allzu kräftigen Ausdrücke zu gebrauchen):
»Seit einiger Zeit würgt die wehrlose Bevölkerung unseres Landes an einem widerwärtigen Nahrungsmittel, das seine Hersteller in betrügerischer Absicht als ›Leberwurst‹ bezeichnen. Nur skrupellose Verbrecher, die den letzten Rest ihrer Menschenwürde durch wilde Geldgier ersetzt haben, vermögen ein derart ekelerregendes Abfallprodukt auf den Markt zu werfen. Wir sind sicher, daß die Konsumenten unseres Landes, deren guter Geschmack sprichwörtlich ist, dieses unverdauliche Zeug boykottieren und es ohne jeden Umweg in den Mülleimer befördern werden. Pfui, pfui und abermals pfui!«
Kunstetter rief einen Botenjungen und schickte seine Leberwurst-Kritik an die Redaktion, wo sie automatisch zum Druck befördert wurde und am nächsten Tag erschien. Üblicherweise wäre die Sache damit erledigt gewesen. Diesmal aber kam es anders. Leberwurst & Sohn GmbH verklagte den überraschten Kritiker, die Presse spielte den Fall hoch, und der Leberwurst-Prozeß machte Schlagzeilen. Alsbald bildeten sich zwei Lager: die einen verteidigten Kunstetters Recht, die Leberwurst, sofern er sie schlecht fand, zu verreißen, schließlich herrscht ja in unserem Land noch Pressefreiheit, und jeder kann für sich entscheiden, ob er an das Urteil des Kritikers glauben will oder nicht... Auf der anderen Seite standen jene, denen die von Kunstetter verrissene Leberwurst ausgezeichnet geschmeckt hatte. Es gab noch eine dritte, kleinere Gruppe, die mit Kunstetter grundsätzlich übereinstimmte, den Tonfall seiner Kritik jedoch zu lau fand.

Kunstetter selbst hielt über das plötzlich aktuell gewordene Thema einen Vortrag in der Künstler-Vereinigung:
»Diese Leberwurst«, rief er in den Saal, »ist eine Infamie. Sie stinkt. Sie hat keinen Nährwert. Sie ist verdorben und verrottet. Sie ist ein Skandal. Sie ist überhaupt keine Leberwurst!«
Nach Beendigung des Vortrags wurde Kunstetter unter dem Schutz dreier Privatdetektive nach Hause gebracht, da man Anschläge auf sein Leben befürchtete. Eintrittskarten zu seinem Prozeß wurden im Schleichhandel zu Überpreisen verkauft. Als das Verhör begann, herrschte im Gerichtssaal atemlose Stille.
RICHTER: »Herr Kunstetter, bekennen Sie sich schuldig?«
KUNSTETTER: »Nein. Im Gegenteil, ich bedaure, keine stärkeren Ausdrücke gebraucht zu haben, um dieses ungenießbare...« (Die nun folgenden Ausdrücke wurden aus dem Protokoll gestrichen.)
RICHTER: »Warum haben Sie Ihre gegen die Leberwurst gerichtete Kritik veröffentlicht?«
KUNSTETTER: »Weil ich meiner Meinung Ausdruck verleihen wollte.«
RICHTER: »Betrachten Sie sich als Fachmann?«
KUNSTETTER: »Jawohl. Ich esse seit zwanzig Jahren regelmäßig Leberwurst.«
RICHTER: »Sind Sie mit dem Herstellungsprozeß vertraut?«
KUNSTETTER: »Wie kommt das zu dem? Der Herstellungsprozeß kann einwandfrei sein, und das Produkt ist trotzdem – wenn Euer Ehren den Ausdruck gestatten –« (Der Ausdruck wurde aus dem Protokoll gestrichen.)
RICHTER: »Hätten Sie über die Leberwurst auch geschrieben, wenn sie Ihnen geschmeckt hätte?«

KUNSTETTER: »Warum sollte ich über eine normale Leberwurst schreiben?«

An dieser Stelle richtete der Anwalt der Firma Leberwurst & Sohn GmbH an den Beklagten die Frage, ob er vor dem Verriß der Leberwurst Erkundigungen bei anderen Konsumenten eingezogen hätte. Nach der überheblich verneinenden Antwort beschloß das Gericht die Einvernahme einer Reihe von Zeugen, die je eine Scheibe der auf dem Richtertisch als Beweisstück liegenden Leberwurst verzehrten und sie sehr schmackhaft fanden.

KUNSTETTER: »Eine völlig dilettantische Einstellung, die nichts zur Sache tut. Auch Coca-Cola gehört zu den beliebtesten Getränken der Welt, obwohl es wie Abwaschwasser schmeckt.«

RICHTER: »Ich stelle fest, daß das lediglich Ihre persönliche Meinung ist.«

KUNSTETTER: »Natürlich ist es meine persönliche Meinung. Ich kann ja nicht mit dem Mund anderer Leute essen und trinken. Jede Meinung ist persönlich. Andere Leute mögen an dieser Leberwurst Geschmack finden. Mir verursacht sie Übelkeit.«

RICHTER: »Sind Sie bereit, das zu beeiden, Herr Kunstetter?«

KUNSTETTER: »Ich bin bereit.«

Der erzürnte Kritiker legte seine rechte Hand auf die Bibel und erklärte mit lauter Stimme, daß »die in Rede stehende Leberwurst ein minderwertiges, unverdauliches und in jeder Hinsicht verabscheuenswürdiges Erzeugnis sei, das den Ernährungsstandard unseres Landes empfindlich herabsetze und schädige«. Die Überzeugungskraft, mit der er diese Erklärung abgab, nötigte selbst seinen Gegnern Respekt ab. Kunstetter, das mußten sie zugeben, machte durchaus den Eindruck eines ehrlichen,

unerschrockenen Mannes, der entschlossen war, eine von ihm für richtig befundene Ansicht bis in den Tod zu verteidigen.
Die allgemeine Stimmung schien auf einen vollen Freispruch hinzudeuten. Während sich der Gerichtshof zur Beratung zurückzog, wurde Kunstetter von seinen Anhängern umringt und zu seinem moralischen Triumph beglückwünscht. Er nahm die zahlreichen Sympathiebekundungen mit selbstbewußtem Lächeln entgegen.
Das Gericht verurteilte ihn wegen böswilliger Verleumdung und schwerer Geschäftsstörung zu zwei Jahren Gefängnis mit Bewährungsfrist und zur Zahlung eines Schadenersatzes von 15 000 Shekel.
»Es gibt kein Gesetz«, hieß es in der Urteilsbegründung, »das einem Bürger gestatten würde, öffentlich seine Meinung darüber zu äußern, ob eine bestimmte Leberwurst gut oder schlecht ist. Eine solche Meinungsäußerung würde den Erzeugern der betreffenden Leberwurst schweren Schaden zufügen. Maßgebend ist allein der Geschmack und das Urteil des überwiegenden Teils der Konsumenten. Wenn jeder Privatmann das Recht hätte, durch Publikation seiner persönlichen Vorlieben und Abneigungen die Öffentlichkeit zu beeinflussen, so könnte das über kurz oder lang zum Ruin der gesamten Leberwurst-Industrie führen...«
Kunstetter legte Berufung ein. Die von der Firma Coca-Cola angestrengte Klage kommt in wenigen Wochen zur Verhandlung, die Leberwurst-Krise bleibt vorläufig in Schwebe. Aber Kunstetter verreißt keine Leberwurst mehr. Er hebt sich seine Verrisse für das Theater auf.

Probeweise

Wenn im Theater die Proben zu einem neuen Stück beginnen, sieht alles wunderschön aus, es herrscht herrliches Wetter, die Sonne scheint, milde Frühlingslüfte wehen. Mit dem Fortschreiten der Proben wird die Luft immer schlechter, man kann kaum noch atmen, die Schauspieler fallen einer unerklärlichen Nervosität anheim, der Regisseur raucht zwei Zigaretten gleichzeitig, die er manchmal verkehrt in den Mund steckt, und der Autor beginnt an fiebriger Grippe zu leiden.

Das alles ist natürlich kein Grund, Verzweiflungsmaßnahmen zu ergreifen und sich beispielsweise so sinnlos zu betrinken wie Aron Honigmann, der bei der Premiere von Tschechows »Kirschgarten« schwankend die Bühne betrat, auf den Souffleurkasten zuging und dortselbst seine Notdurft verrichtete. Andererseits kann ein gelegentlicher Schluck aus der Flasche nicht schaden. Man kommt dann leichter darüber hinweg, daß der Autor des Stücks keine Ahnung vom Theater hat und daß seine Ahnungslosigkeit nur von einem einzigen Menschen übertroffen wird, nämlich vom Regisseur. Während jedoch der Regisseur auf seinem Posten ausharrt, wird der Autor über Nacht zum Mystiker, hört Stimmen aus dem Jenseits und schließt sich bis auf weiteres in der Herrentoilette ein.

Von dem ganzen Durcheinander bleibt nur der Intendant unberührt. Er weiß aus Erfahrung, daß es im Theater immer anders kommt, als man glaubt und daß die Proben keinen Einfluß auf das Endergebnis haben. Es passiert oft, daß die Generalprobe ein ausgesprochener

Reinfall ist, eine Kette von Mißgeschicken, und doch ist die Premiere – gegen jede theatralische Logik – eine totale Katastrophe.

Indessen ist es üblich geworden, eine Neuinszenierung zuerst irgendwo in der Provinz auszuprobieren. Nicht selten geht somit die eigentliche »Weltpremiere« heimlich und unter schwierigen Bedingungen im Vortragssaal einer kleinstädtischen Kulturvereinigung vor sich. Für den Fachmann ergeben sich daraufhin zwei Möglichkeiten und Prognosen:

MÖGLICHKEIT A: Es wird ein rauschender Erfolg. Die Zuschauer, die auch in Hinkunft auf solche Gratisvorstellungen nicht verzichten wollen, reagieren mit enthusiastischem Beifall. PROGNOSE: Wieder einmal zeigt sich, daß es auf die naive Empfangsbereitschaft eines unverdorbenen Publikums ankommt und nicht auf die paar blasierten Snobs in der Metropole. Kein Zweifel, das Stück wird ein sensationeller Kassenschlager. Und das ist die Hauptsache.

MÖGLICHKEIT B: Die Versuchspremiere fällt durch. Frauen und Kinder verlassen als erste den mühsam für Theaterzwecke adaptierten Saal, gefolgt von den Männern, unter denen sich sogar einige Mitglieder des örtlichen Kulturkomitees befinden. PROGNOSE: Was haben Sie erwartet? Daß wir ein Stück für analphabetische Provinzler herausbringen? Wenn es denen gefallen hätte, wäre es vor einem großstädtischen Publikum niemals angekommen. Aber jetzt liegen die Dinge klar. Es wird ein sensationeller Kassenschlager. Und das ist die Hauptsache.

Gratis um jeden Preis

Mit dem Herannahen einer Premiere häufen sich die nächtlichen Telephonanrufe, die in unmißverständlichen Andeutungen das Freikarten-Problem anschneiden. Nicht selten wird unter Umgehung des Telephons auch der direkte Kontakt hergestellt, etwa wenn man am Abend vor der Premiere auf offener Straße von einem gutgekleideten Fremden aufgehalten wird:
»Hallo, alter Junge!« lautet sein vertraulicher Gruß.
»Guten Abend«, lautet die etwas kühlere Replik. »Darf ich fragen, woher —«
»Mischa, um Himmels willen! Kennst du mich denn nicht mehr?«
»Ach ja, natürlich. Wie konnte ich nur. Nein, ich kenne Sie nicht, mein Herr.«
»1968...!« Wehmütige Erinnerung durchzittert die Stimme meines Gegenübers. »Capri 1968!«
»Hören Sie, Mann – wenn Sie ein Spion sind, dann sagen Sie's gleich. Ich arbeite im Theater und nicht im Nachrichtendienst. Und außerdem heiße ich gar nicht Mischa.«
»Das tut mir aber leid... Gestatten Sie, daß ich mich vorstelle: Rockefeller.«
»Angenehm.«
Rockefeller begehrt zu wissen, ob ich mit dem Stückeschreiber identisch bin, von dem morgen irgend etwas im Dingsbumstheater aufgeführt wird.
Gefahr ist im Verzug.
Zu dumm, daß ich den Ausdruck »Theater« gebraucht habe.

«Taxi!« rufe ich. »Taxi!«
»Ich gehe sehr gern ins Theater«, unterrichtet mich Mischas alter Freund. »Ich liebe es über alles.«
»Taxi!«
»Und ich möchte sehr gerne Ihr Stück sehen.«
»Taxi!«
»Kann man noch Karten bekommen?«
»Natürlich kann man. Taxi!«
»Morgen abend hätte ich Zeit, paßt Ihnen das?«
»Was meinen Sie – ob mir das paßt?«
»Ich meine wegen der Karten.«
Die Situation wird immer bedrohlicher, und meine verzweifelten Rufe nach einem Taxi verhallen erfolglos.
»Also gibt es noch Karten?« fährt Rocky beharrlich fort.
»Freikarten?«
»Natürlich.«
»Es steht Ihnen frei, Karten an der Kassa zu lösen.«
»Aber ich möchte die Karten so schrecklich gerne von Ihnen bekommen. Einmal im Leben könnten Sie mir doch wirklich einen Gefallen tun, Mischa. Es ist keine Frage des Geldes...«
»Ach so? Sie wollen Freikarten?«
»Ja.«
»Warum haben Sie das nicht gleich gesagt?«
»Es wäre mir peinlich gewesen. Ich hoffe, daß Sie für die Karten nichts zahlen müssen.«
»Keine Spur. Der Betrag wird mir von meinen Tantiemen abgezogen.«
»Dann ist ja alles in Ordnung. Sonst würde ich Sie nämlich nicht –«
»Es gibt nur eine einzige Schwierigkeit«, unterbreche ich. »Ich habe kein Einreichungsformular bei mir.

Schade. Kein Formular. Es geht leider nicht. Bedaure. Kein Formular.«
»Wo haben Sie eins?«
»Zu Hause.«
»Ausgezeichnet. Mein Chauffeur wird es sofort abholen. Wir können hier auf ihn warten. Er braucht nicht lange.«
»Tut mir leid. Ich muß jetzt nach Jerusalem fahren. Jetzt gleich.«
»Macht nichts. Mein Chauffeur fährt hinter Ihnen her. Wo wohnen Sie in Jerusalem?«
»Taxi! Das weiß ich noch nicht.«
»Sie könnten mir Ihre dortige Adresse telegraphieren.«
»Wohin?«
Darauf war Rocky offenbar nicht gefaßt. Er wird sichtlich nervös. Sein wohldurchdachter Plan gerät ins Wanken.
»Verdammt«, murmelt er. »Ich weiß nicht, wo ich heute abend erreichbar bin. Meine Tochter heiratet.«
»Gratuliere.«
»Danke.«
»Taxi!«
Die Spannung wächst. Mindestens zehn kostbare Sekunden vergehen.
»Balkon?« fragt Rockefeller zaghaft.
»Wenn Sie Wert auf Balkon legen –.«
»Danke vielmals. Ich werde die Hochzeit absagen. Meine Tochter ist jung, das Leben liegt noch vor ihr. Sie telegraphieren mir also nach Hause. Kamelstraße vier. Mein Chauffeur wird mit dem Wagen –«
»Nichts zu machen. Ich verlasse Jerusalem sofort nach meiner Ankunft. Richtung Norden. Galiläa.«
»Auf der Hauptstraße?«
»Vermutlich.«

Rocky zieht seine Uhr zu Rate und denkt intensiv nach.
»Wollen Sie vielleicht einen Helikopter schicken?« erkundige ich mich anzüglich.
»Ja. Ich bekomme ihn von der Armee. Er wird über Galiläa kreisen, bis er Sie findet.«
»In der Nacht?«
»Keine Angst, er hat infrarote Suchlichter. Sie müssen nur auf das Dach Ihres Wagens ein grellweißes Kreuz malen.«
»Nichts leichter als das.«
»Ich werde sofort das Verteidigungsministerium anrufen.«
»Tun Sie das. Taxi!«
Tatsächlich, jetzt kommt eins. Es hält sogar an.
Beim Einsteigen wende ich mich nochmals zu Rockefeller um:
»Vielleicht sollten Sie doch versuchen, die Karten an der Kassa —«
»Das ist mir zu kompliziert.«
Ich werfe den Schlag zu:
»Fahren Sie los! Aber schnell!«
Der Taxifahrer kapiert sofort, daß es sich um Freikarten handelt, und gibt Vollgas.
Wie der Teufel so will, hat auch Rockefeller ein Taxi gefunden und folgt uns. Er sitzt neben dem Fahrer, beugt sich vor, und seine Lippen formen unmißverständlich das Wort:
»Balkon!«
Ich habe ihm zwei Balkonsitze in die Kamelstraße geschickt. Sie waren bei der Premiere von einer dicklichen Frauensperson mit einem kleinen Kind besetzt. Wahrscheinlich die Haushälterin.

Aasgeier

Vertrauensvoll und in ausgezeichneter Stimmung begab ich mich zur Ein-Mann-Show des Schauspielers Schlomo Emanueli. Ich hatte allen Grund, dem bevorstehenden Ereignis ruhig entgegenzusehen. Die Gerüchte, die in den Kreisen der Eingeweihten über Emanuelis Programm kursierten, ließen ein Fiasko von einmaligem Ausmaß erwarten.

»Ein hundertprozentiger Durchfall«, prophezeite im Foyer des Theaters der Sänger Bjala Zurkewitz. »Vorgestern bei der öffentlichen Generalprobe sind die meisten Zuschauer in der Pause weggegangen.«

»Tatsächlich?« Dutzende von Journalisten, Literaten und sonstigen Persönlichkeiten des Kulturlebens umringten den Sprecher. »Woher wissen Sie das?«

»Einer der Platzanweiser hat es mir gesagt. Und bei der zweiten Generalprobe, die für Angehörige der Armee reserviert war, soll es Buh-Rufe gegeben haben...«

Nun, das waren ermutigende Vorzeichen. Nicht als ob Tel Avivs Intelligenzija dem Schauspieler Schlomo Emanueli mißgönnt hätte, auch als Alleinunterhalter Erfolg zu haben. Das Gegenteil traf zu. Sämtliche Stammgäste des Café Noga waren sich über sein komisches Talent, über seine angenehme Gesangsstimme und seine künstlerische Originalität einig. Was man an ihm auszusetzen fand, war höchstens sein schauspielerischer Dilettantismus, seine mangelnde Musikalität und seine billige Effekthascherei. Diese Mängel bekam man schon bei seiner ersten Ein-Mann-Show zu spüren, die nach 1627 Vorstellungen abgesetzt worden war und ihm zu einer

schlechthin unerträglichen Beliebtheit verholfen hatte. Damit hier kein Mißverständnis entsteht: Niemand neidet ihm seinen Kassenerfolg, warum soll er kein Geld verdienen, er soll. Das Ärgerliche ist, daß er kein Geld verdient hat, sondern buchstäblich ein Vermögen. Mit seiner zweiten Show brachte er es allerdings nur noch auf 1584 Abende en suite, und hinterher wurden Stimmen laut, daß dies der Anfang vom Ende wäre. Schlomo Emanueli hatte denn auch in aller Eile die Mehrheit der Hilton-Hotel-Aktien, größere Waldungen im Norden Galiläas und zwei florierende Restaurants im Herzen Tel Avivs erworben. Es hieß, daß er überdies das Volkswagen-Werk gekauft hätte oder jedenfalls einen Volkswagen. Wie dem auch immer sei: Alles sprach dafür, daß sich das Blatt nun endlich wenden würde, und man wartete nur darauf, diese Wendung festzustellen.
Jetzt waren also seine sämtlichen Freunde, die Erfolgreichen aus der Kunst- und Theaterwelt, zur Premiere seines neuen Programms versammelt, ein typisches Premierenpublikum in typischer Erwartung dessen, was da kommen sollte. Oder wie es in den »Sprüchen der Väter« geschrieben steht: »Es ist nicht genug an dem, daß du Erfolg hast, es muß auch dein Freund durchfallen.«
In der Regel besteht Schlomo Emanuelis Programm aus Balladen und kurzen Soloszenen, handelnd von den alltäglichen Ärgernissen des kleinen Mannes. Diesmal schilderte er in der Eröffnungsszene einen Mann, der von Beruf Gärtner war und dem es dennoch nie gelang, sein Eigenheim mit Blumen zu schmücken; im ganzen eine recht lustige Szene, die im nichtorganisierten Teil des Publikums drei größere Lacher und einiges Kichern hervorrief. Die Schlußpointe – daß nach dem plötzlichen Tod des Gärtners die herrlichsten Chrysanthemen auf

seinem Grab zu sprießen begannen – fand glücklicherweise nur wenig Anklang. Von seiten einiger älterer Frauenspersonen konnte man verhaltenes Schluchzen hören, aber der Maler Stuckler wandte sich mit Recht zu den Umsitzenden und flüsterte:
»Das ist keine erste Nummer für ein Unterhaltungsprogramm!«
»Völlig daneben... Auch keine zweite Nummer... Wie soll das enden?« flüsterten die Umsitzenden zurück.
Wir befanden uns somit vom Start weg in bester Laune. Sie erfuhr eine leichte Trübung durch die Ballade von Jossi, dem kleinen Postboten, der nie einen Brief bekommt... den ganzen Tag rennt er mit fremden Briefen treppauf und treppab... wartet und wartet, daß einmal, wenigstens ein einziges mal auch er... und als er zum Schluß einen an ihn gerichteten Brief in Händen hält, ist es seine Entlassung. Wieder waren es einige betagte Zuhörerinnen, die sich gefühlvoll schneuzten, auch setzte unüberhörbares Händeklatschen ein, aber dieser Teilerfolg – der offenbar auf die große Anzahl von Postboten im Publikum zurückging – änderte nichts oder wenig an der lauwarmen Aufnahme des Programms.
In der ersten Reihe erhob sich Zurkewitz, wandte sich um und deutete mit dem Daumen nach unten. Damit signalisierte er die allseits erwartete Katastrophe.
Vor meinem geistigen Auge formten sich die Verrisse, die am nächsten Tag erscheinen würden, zu einem farbenprächtigen Mosaik. Giftige Bemerkungen summten in meinen Ohrmuscheln gleich fröhlichen Hummeln, die das Nahen des Frühlings ankündigten. Das Hilton-Hotel muß er kaufen! Er wird schon sehen. Es hat sich ausgehiltont... Die Schauspielerin Kischinowskaja, die zusätzliche Freikarten für ihre Schwester und ihre Schwägerin

angefordert hatte, sagte so laut, daß man es im ganzen Haus hören konnte:
»Das soll ein Unterhaltungsabend sein? Hält er uns für schwachsinnig?«
Der erste Teil des Programms schloß mit einem Sketch über eine Schönheitspflegerin, die an chronischem Hautausschlag litt. Die Nichtintellektuellen unter den Zuschauern fanden das komisch und lachten, aber das konnte keinen vernünftigen Menschen, am allerwenigsten uns, darüber hinwegtäuschen, daß sich hier ein veritabler Durchfall vorbereitete.
Dieser Eindruck bestätigte sich auch während der Pause am Buffet durch fröhliches Glucksen, beziehungsvolles Zwinkern und verschwörerische Händedrücke der Eingeweihten.
Einzig Stuckler, der Maler, schien nicht besonders glücklich zu sein. Wir sprachen ihm Mut zu: »Kein Anlaß zum Pessimismus! Der Durchfall ist nicht aufzuhalten! Nach einem so lahmen ersten Teil...«
»Wer weiß, was im zweiten Teil geschieht«, murmelte Stuckler. »Vielleicht erholt er sich.«
»Was sprichst du? Bekanntlich ist der zweite Teil immer schlechter als der erste.«
»Kann sein. Aber ich möchte kein Risiko auf mich nehmen. Wenn ich jetzt nach Hause gehe, habe ich nur den schwachen ersten Teil gesehen und kann ruhig schlafen.«
Damit verließ er das Theater, der Feigling. Er gehörte nicht länger zu uns. Eigentlich hatte er sich als Anhänger Emanuelis entlarvt. Er war ein Verräter.
Der zweite Teil begann so schwach, daß wir den armen Stuckler beinahe bedauerten. Die »Mülleimer-Ballade« besang das Schicksal eines Mülleimers, der mangels Müllzufuhr an Unterernährung zugrunde ging, und fand

nur mäßigen Beifall. Der Sieg der gerechten Sache rückte unaufhaltsam heran. Mme. Kischinowskaja ergriff meine Hand und drückte sie in überströmender Gefühlsaufwallung. Das war der Augenblick, auf den wir jahrelang gewartet hatten. Jahrelang, sage ich.
Aber dann kam uns etwas dazwischen, ein idiotischer Sketch von einem Feuerwehrmann, der niemals Zündhölzer bei sich hat und sich nur dann eine Zigarette anzünden kann, wenn irgendwo ein Brand ausbricht. Das war nicht schlecht. Nein, schlecht war es nicht. Es war auch nicht wirklich gut, aber es wies immerhin ein paar Situationen auf, die zum Lachen reizten, und Emanueli zögerte nicht, sie mit den denkbar vulgärsten Mitteln auszuspielen. Das minderklassige Publikum erging sich in lautem Gelächter und am Schluß in noch lauterem Beifall.
Durch den Noga-Block, der die ersten Reihen besetzt hielt, geisterte spürbares Unbehagen. Daß Schlomo Emanueli versuchen würde, sein Programm im zweiten Teil zu steigern, war uns von vornherein klar gewesen. Aber wir hätten nie erwartet, daß er es mit so unverschämter Offenheit tun würde.
»Eine Nummer«, gab Zurkewitz zu bedenken, »*eine* Nummer muß ja schließlich ankommen...«
Damit konnte er uns nicht trösten. Die folgende Ballade über den kleinen Beamten, der als einziger im ganzen Büro niemals bestochen wurde, rief abermals donnernden Applaus hervor – kein Wunder, wenn man die soziale Schichtung eines Publikums bedenkt, in dem der Mittelstand, also die Beamtenschaft, einen entscheidenden Prozentsatz bildet. Die beiden alten Hexen hinter uns, deren Schneuzen und Schluchzen uns schon früher unangenehm aufgefallen war, tobten geradezu vor Begeisterung. Als ob wir im Zirkus wären. Überhaupt nahm das Lärmen unwür-

dige Ausmaße an. Dabei waren es immer die gleichen, deutlich als Freunde oder Verwandte erkennbaren Enthusiasten, die den Lärm erzeugten. Man erkannte sie an der krampfhaft aufgesetzten Heiterkeit ihrer Mienen, während die ehrlichen Noga-Stammgäste immer düsterer vor sich hinblickten.
»Stuckler hatte recht.« Mme. Kischinowskajas Stimme klang heiser. »Es ist eine Zumutung, so etwas mitansehen zu müssen. Wir hätten rechtzeitig gehen sollen.«
Leider ließ sich das Versäumnis nicht mehr gutmachen. Jetzt konnten wir nur noch auf die letzte Nummer warten. Sollte Emanueli auch mit dieser letzten Nummer Erfolg haben, dann würde er womöglich die Chase Manhattan Bank kaufen...
Ich sah Bjala Zurkewitz lautlos die Lippen bewegen. Der hartgesottene Zyniker erinnerte sich seiner Kindheit und betete. »Allmächtiger«, flehte er, »laß ihn durchfallen. Hab Erbarmen mit uns und schenke ihm einen Mißerfolg. Erhöre mein Flehen, Allmächtiger...«
Die letzte Nummer begann. Jetzt ging es um Tod oder Leben.
Wenn ich sage, daß die Ballade, die Schlomo Emanueli zum Abschluß sang, die beste des ganzen Abends war, so will das nicht heißen, daß sie gut war. Vielleicht sollte man sie als konventionelle oder genauer: kommerzielle Ballade bezeichnen. Sie handelte von einem armen, alten Popcornverkäufer, der an der Straßenecke sitzt und seine Popcorntüten verkauft... jedem, der sie haben will... jeder darf sich am Popcorn gütlich tun... nur er, der arme Alte, der beim Pop mit jedem einzelnen Corn rechnen muß, nur er hat noch nie im Leben Popcorn gegessen. Er weiß nicht, wie es schmeckt. Er verkauft es nur, tagaus, tagein...

Im Publikum blieb kein Auge trocken. Selbst ein paar männliche Besucher entblödeten sich nicht, laut aufzuschnupfen, als Schlomo Emanueli die Schlußzeilen seiner Ballade sang:

> Und als er trat durchs Himmelstor,
> Der arme alte Mann,
> Da kam der Englein ganzer Chor
> Mit Popcorntüten an.
> Und Gott der Herr, er segnete
> Den armen Popcorn-Greis,
> Und aus den Wolken regnete
> Das Popcorn knusprig weiß.

Jetzt gab es kein Halten mehr. Die Zuschauer weinten wie die kleinen Kinder. Auch wir brachen in lautes Schluchzen aus, denn nun stand endgültig fest, daß die Show kein Durchfall war, sondern ein Erfolg, ein unantastbarer Erfolg, wir wußten es sowieso, das taktmäßige Klatschen, das jetzt einsetzte, war vollkommen überflüssig, es wirkte nur noch geschmacklos.
Auf dem Weg in die Garderobe, wo ich meinem Freund Schlomo Emanueli von ganzem Herzen gratulieren wollte, stieß ich mit Bjala Zurkewitz zusammen. Wir vermieden es, einander anzusehen.
»Die Armee«, flüsterte er tonlos, »wenigstens die Armee wird die Show nicht buchen. Die sind noch rechtzeitig aus der Generalprobe weggegangen.«
Es war zum Verzweifeln. Mit welcher Wollust hatten wir diesem Abend entgegengesehen! Wie viele Hoffnungen waren jetzt grausam zerstört worden!
Nein, es ist keine Freude mehr, ins Theater zu gehen, wirklich nicht.

Anhaltende Ovationen

Das große historische Drama endet mit der Schlacht von Chateaubriand und mit dem Tod König Ludwigs XX. Noch während der Vorhang fällt, beginnt die Schlacht zwischen dem Publikum und dem Theater. Der vorerst eher zurückhaltende Applaus kommt von jenen Premierenbesuchern, die noch nicht sicher sind, ob's ihnen gefallen hat oder nicht. Da und dort bemühen sich isolierte Zuschauergruppen schon jetzt um rhythmischen Beifall, finden jedoch keine Unterstützung bei den anderen, die eine eigene Technik entwickelt haben, unhörbar zu applaudieren: Sie vollführen zwar die Gebärde des Händeklatschens, bremsen aber ihre Handflächen kurz vor dem Aufeinanderschlagen in einer Distanz von 0,5 mm.

Die Schlacht wird erst entschieden, wenn die Lichter im Haus ausgegangen sind und die Schauspieler sich hinter dem Vorhang zur Entgegennahme des Beifalls gruppieren. Das Arrangement besorgt Tuwja Seelig, der in Stuttgart zwei Jahre lang »Verbeugungstechnik« und »Publikumsbehandlung« studiert hat.

Jetzt geht der Vorhang hoch. Die Janitscharen stehen in einer Reihe auf der Bühne, machen drei Schritte vorwärts und senken ihre bärtigen Häupter. Der Applaus tröpfelt. Vorhang zu. Vorhang auf: Es erscheint der Revolutionär Danton Etienne Robespierre, der den König geköpft hat. Der Applaus rieselt. Als nächstes kommt Mme. Zaza Recamier, die Mätresse des Königs. Der Applaus scheint sich zu verstärken. Eine Handbewegung Seeligs bewirkt den Abgang der Janitscharen und den Auftritt des Hof-

narren Philipon. Noch stärkerer Applaus. Jetzt läuft es endlich, wie es soll: König Ludwig XX. und die heilige Bernadette werden bereits mit Applaus empfangen, Seelig zählt bis zehn, gibt ihnen das Zeichen zum Abgang und winkt den Todesengel herbei, einen erklärten Liebling des Publikums. Er hat die Bühne ganz allein für sich. Donnernder Applaus. Seelig zählt bis fünfzehn. Es scheint ein Erfolg zu werden.
Die zweite Runde beginnt. Seelig ändert seine Strategie und wirft das Ensemble paarweise in die Beifallsschlacht. Zuerst Philipon mit Danton E. Robespierre. Starker Applaus. Dann Ludwig XX. mit Mme. Recamier. Starker Applaus. Kein stärkerer. Seelig sorgt für raschen Nachschub: die heilige Bernadette. Das Trio verbeugt sich, der Applaus verstärkt sich, ist aber noch immer nicht stark genug. Da kann nur der Todesengel helfen. Und er hilft tatsächlich. In das laut anschwellende Händeklatschen mischen sich Hochrufe. Seelig zählt bis zwanzig, der Vorhang fällt, die nächste Runde beginnt.
Der dritte Vorhang ist der entscheidende. Hier bedarf es eines völlig neuen Arrangements. Zuerst, nebeneinander aufgereiht: der König, der Hofnarr und D. E. Robespierre. Es wirkt! Der Applaus nimmt rhythmische Formen an. Rascher Abgang der Männer, langsamer Auftritt der hl. Bernadette. Sie verbeugt sich zum erstenmal allein, erzielt jedoch nur mäßige Applaussteigerung. Jetzt eine waghalsige Kombination: Hofnarr und Ludwig XX. Kein sehr erfolgreiches Herrendoppel, leichtes Abschwellen des Beifalls. Dem Damendoppel Bernadette-Recamier ergeht es nicht viel besser, beim Auftritt Robespierres mit der Flagge läßt der Applaus noch weiter nach. Höchste Gefahr! Rotes Licht! Seelig setzt unverzüglich den Todesengel ein. Der Applaus, obwohl anschwellend, bleibt un-

ter der Donnergrenze. Vor übertriebener Verwendung des Todesengels wird gewarnt.

Der Vorhang fällt und geht sofort wieder hoch, Wartefristen wären jetzt zu riskant, der Applaus könnte verebben. Philipon mit Robespierre, schwache Hochrufe aus den vorderen Reihen, ein Teil der Zuschauer ist bereits auf dem Weg zu den Garderoben. Seelig legt ein taktisches Zwischenspiel ein: Hofnarr und Revolutionär umarmen einander. Vereinzelte Bravorufe. Philipon nimmt seine Narrenkappe ab und vollführt ein paar komische Gliederverrenkungen, kann aber den Applaus nicht wesentlich anheizen. Als Retter in der Not erscheint neuerdings der Todesengel, diesmal mit Mme. Recamier, der er galant die Hand küßt. Kein merkbarer Effekt. Jetzt mobilisiert Seelig die letzte Reserve: den Regisseur inmitten des gesamten Ensembles. Neue Applauswelle, die bei der Umarmung zwischen Regisseur und Todesengel noch weiter ansteigt. Sie erreicht ihren Höhepunkt, als der Komponist die Bühne betritt und von zahlreichen Zuschauern für den toten Autor gehalten wird. Da er sich im Rampenlicht sowieso nicht zurechtfinden kann, versucht er sofort wieder abzugehen. Eine energische Handbewegung Seeligs zwingt ihn zum Bleiben. Nach ein paar Sekunden hat er endgültig genug, macht ein paar stolpernde Schritte gegen den Scheinwerferkegel, droht über die Rampe zu fallen und wird vom Regisseur zurückgezogen. Allgemeines Händeschütteln, das stellenweise in Umarmungen übergeht. Der Todesengel küßt irrtümlich die Hand König Ludwigs, was den Hofnarren zu einem Luftsprung und die noch verbliebenen Zuschauer zu donnernden Hochrufen veranlaßt.

Seelig läßt den Vorhang nur zur Hälfte fallen und sofort wieder hochgehen. Fünfte Runde. Rhythmischer Wechsel

in den Paarungen soll rhythmischen Applaus anregen: Hofnarr – Recamier, Regisseur – Todesengel, Bernadette – Robespierre, Komponist – König. Der Applaus wird rhythmisch und zugleich schwächer. Auch die Soli – Todesengel, Regisseur, Recamier, Ludwig XX., Komponist – können nichts mehr daran ändern. Die Zuschauer wollen nach Hause. Als Mme. Recamier erscheint, klatschen nur noch die Verwandten. Es geht unweigerlich zu Ende. Der Vorhang fällt zum letztenmal.
Seelig hat getan, was er konnte. Es war, alles in allem, nicht schlecht.

Glückwunschologie

Schon wieder so ein neumodischer Unsinn.
Was soll's?
Es handelt sich um folgendes:
Während die Vorstellung andauert, kann der Premierenbesucher machen, was er will. Er kann mit ausgestreckten Beinen in seinem Sitz lümmeln, kann vor sich hindösen, kann sogar ein kleines Nickerchen einlegen oder Pläne für den morgigen Tag entwerfen. Aber wenn die Vorstellung zu Ende ist und die Darsteller sich verbeugen, muß er applaudieren wie alle anderen Freikartenbesitzer, die sich heimlich beobachtet wissen; und dann, es hilft nichts, muß er nach hinten gehen und gratulieren.
Wenn es ein halbwegs gutes Stück und eine halbwegs passable Aufführung war, ergeben sich keine besonderen Probleme. Ich weiß aus langjähriger Erfahrung, wie einfach es ist, sich von der nach hinten flutenden Menge mitschwemmen zu lassen, auf den Autor zuzutreten und ihm ungehemmt die Wahrheit ins Gesicht zu sagen:
»Ein Markstein in der Geschichte des zeitgenössischen Dramas! Bravo!«
Daraufhin entringen sich den blutleeren Lippen des Autors die zittrigen Worte:
»Erzähl mir nichts, die Sache ist komplett danebengegangen.«
Und daraufhin läßt man den Autor stehen, reißt die nächstbeste Garderobentür auf, entschuldigt sich (»Pardon, ich dachte, es wäre eine Herrengarderobe!«) und umarmt auf dem Korridor den Schauspieler Jarden Podmanitzki:

»Eine unvergeßliche Leistung! Ich danke Ihnen!«
Auch dieser Glückwunsch kommt nicht so recht an:
»Lassen Sie mich in Ruhe«, erwidert Jarden Podmanitzki, »ich habe hohes Fieber und bin im letzten Akt beinahe ohnmächtig geworden.«
Natürlich widerspreche ich:
»Fieber? Ohnmacht? Davon hat man im Zuschauerraum nichts gemerkt. Sie waren hinreißend, Herr Podmanitzki!«
Und so geht es weiter, so schwebt man von einer Blüte des Ensembles zur nächsten, tränkt sie mit Superlativen und mischt sich dann beim Bühnenausgang unter die übrigen Gratulanten, um sich dem allgemeinen Urteil anzuschließen:
»Eine Katastrophe...«
Das gilt, wie gesagt, für ein mäßiges Stück in einer durchschnittlichen Aufführung.
Erst wenn's wirklich schlecht war, indiskutabel schlecht, beginnen die wahren Probleme. Natürlich muß man auch da nach hinten gehen, sonst kommen die Schauspieler und der Regisseur vielleicht auf den absurden Gedanken, daß es einem nicht gefallen hat. Also geht man nach hinten und hofft verzweifelt auf einen Einfall. Bei Gastspielen ausländischer Ensembles kann man sich ja noch helfen. Man ergreift die Hand irgendeines der fremdsprachigen Akteure, schüttelt sie kräftig und sagt in fließendem Hebräisch:
»So einen monumentalen Abstinker hat es in diesem Land seit Jahrzehnten nicht mehr gegeben. Ich mußte mich kolossal anstrengen, um wach zu bleiben!«
Der Gast aus dem Ausland versteht nur die Worte »monumental« und »kolossal«, murmelt dankbar »Merci, merci«, und die Sache ist erledigt.

Aber was macht man nach einer einheimischen Premiere, an der lauter gute Freunde mitgewirkt haben? Hier einige Anleitungen.

Hypnose

Als erstes empfehlen wir dem geneigten Leser den sogenannten »Blick Nr. 9«. Wenn der Vorhang zum letztenmal gefallen ist, lassen Sie die anderen hinter die Bühne eilen und folgen der Kavalkade erst nach zehn Minuten. Um diese Zeit sind die Schauspieler von der Menge der empfangenen Glückwünsche und geschüttelten Hände schon ein wenig groggy und wissen nicht mehr ganz genau, was ringsherum vorgeht. Das machen Sie sich zunutze, indem Sie festen Schritts auf einen nach dem anderen zutreten, mit ausgestreckter Hand und einem kleinen Aufleuchten im Gesicht, ganz so, als wären Sie nur seinetwegen nach hinten gekommen. Dabei halten Sie den Blick unverwandt auf ihn gerichtet, denn auf diesen Blick kommt es an.
Während Sie mit hartem, männlichem Druck die Hände des Schauspielers schütteln, bohrt sich Ihr Blick in den seinen. Sie öffnen die Lippen, bringen aber keinen Ton hervor und beginnen vor Verlegenheit zu schlucken, weil Sie nicht die richtigen Worte finden, weil Sie nicht ausdrücken können, was Sie ausdrücken möchten. Sie sind überwältigt. Und damit überwältigen Sie auch den Schauspieler. Er spürt aus Ihrer Hilflosigkeit sofort den Glückwunsch heraus und flüstert:
»Danke, danke. Zu gütig.«

Blitzkrieg

Der soeben geschilderte Vorgang erfordert perfektes Timing und ein gewisses schauspielerisches Talent. Pantomimisch minder Begabten raten wir zu der sogenannten »Ansatz-Methode«. Sie gleicht im wesentlichen dem »Blick Nr. 9«, nur mit dem Unterschied, daß Sie nicht als letzter, sondern als erster auftauchen müssen, dem Autor oder Schauspieler die Hände hinhalten und mit vibrierender Stimme zu einer unverkennbaren Lobeshymne ansetzen, etwa:
»Also ich muß wirklich sagen...«
Aber was Sie wirklich sagen müssen, sagen Sie nicht. Schon drängt von hinten die Horde der übrigen Gratulanten heran, und es bleibt Ihnen gerade noch Zeit, Ihr Gegenüber stumm zu umarmen. Vielleicht gelingt es Ihnen noch, den Autor – wir nehmen an, daß er es ist – herzhaft auf die Schulter zu schlagen und ihm schelmisch zuzuraunen:
»Na was, du kleiner Lump! Wirst du denn niemals lernen, wie man ein Stück schreibt?!«
Leicht möglich, daß Ihnen der Autor daraufhin schluchzend um den Hals fällt, und daß er Sie späterhin in seiner Selbstbiographie erwähnen wird, als einen der wenigen, die ihn wirklich verstanden haben. Sie können ihm, ehe Sie vor den Andrängenden zurückweichen, sogar einen Tritt in den Hintern verpassen.

Die reine Wahrheit

Die folgende Methode empfiehlt sich besonders für Premierenbesucher mit schwachen Nerven, für Schwächlinge oder Gehemmte, die unter der Zwangsneurose leiden, etwas Konkretes äußern zu müssen, gleichzeitig aber das unentrinnbare Gefühl haben, daß bei der geringsten Lüge die Mauern des Hauses auf sie herniederstürzen würden. In solchen Fällen wendet man sich am besten an den Regisseur und macht mit respektvoll gedrosselter Stimme von einer folgenden Wendung Gebrauch:
»Ein schweres Stück Arbeit!«
»Das muß ein Erfolg werden, das muß ein Erfolg werden!« (Immer zweimal.)
»Die Leute waren begeistert.«
Unter gar keinen Umständen darf man Ausdrücke wie »hübsch« oder »reizend« verwenden, die viel zu unverbindlich sind und in Theaterkreisen längst als Gemeinplatz, ja fast als Beleidigung gelten. Ein bekannter Bühnenbildner soll vor kurzem auf einen Gratulanten, der das Bühnenbild »hübsch« genannt hatte, mit Faustschlägen losgegangen sein.

Kompliment in Fragestellung

An dieser Variante werden vor allem Sadisten Gefallen finden. Sie besteht darin, daß man den Arm um die zitternden Schultern des Intendanten legt und ihn vertraulich beiseite zieht:
»Warum sind alle gegen Sie?« beginnt man. »Erst vor ein paar Minuten hatte ich Ihretwegen eine schwere Auseinandersetzung mit einigen Besuchern. Halten Sie den

Mund, habe ich ihnen gesagt. Was heißt hier Durchfall? Was heißt hier künstlerischer Abstieg? Es war eine sehr kultivierte Vorstellung! Daran halte ich fest, auch wenn das ganze Publikum anderer Ansicht ist. Jawohl, das habe ich gesagt...«

Diese Art der Anerkennung läßt den Empfänger völlig ratlos zurück und wird ihn etwas später möglicherweise in den Selbstmord treiben, aber das ist dann nicht mehr Ihre Sache.

Annähernd ähnliche Wirkung kann auch dadurch erzielt werden, daß man den von Gratulanten Umringten aus dem Kreis der Händeschüttler herauszerrt, sich nahe zu ihm beugt und fragt:

»Was halten Sie eigentlich von der Dollarkrise?«

Es gibt noch eine letzte, kindisch einfache Methode: die Wahrheit zu sagen. Sie eignet sich indessen nur für blutige Anfänger. Und dieses Buch ist nicht für Anfänger geschrieben.

Wer kümmert sich um Kritiken?

Wieder einmal gab's keine Rettung: Jarden Podmanitzki kam die Dizengoff-Straße herunter und steuerte direkt auf mich zu. Es war zu spät, in ein Haustor zu schlüpfen. Schon stand er vor mir, schon legte er mir mit freundschaftlicher Gebärde die Hand um den Nacken:
»Wie geht es Ihnen? Alles in Ordnung?«
»Danke. Ich habe ›Die Kosaken‹ gesehen.«
»Ach, hören Sie doch auf!« grollte Jarden Podmanitzki. »Müssen Sie denn immer gleich vom Theater sprechen, wenn Sie einen Schauspieler treffen? Glauben Sie, daß uns das Spaß macht? Können wir uns denn über gar nichts anderes auf der Welt unterhalten?«
»Wie recht Sie doch haben!« Ich senkte den Kopf und dachte angestrengt nach, welche Rolle Podmanitzki in den »Kosaken« gespielt hatte, aber es wollte mir nicht einfallen. Offenbar war es eine jener winzigen kleinen Rollen, die der Fachjargon als »Etagentext« bezeichnet, weil man sie im Aufzug zwischen Mezzanin und drittem Stock auswendiglernen kann...
Der Laurence Olivier des hebräischen Theaters blieb an meiner Seite, von keinem anderen Wunsch bewegt, als endlich zu hören, wie er mir in den »Kosaken« gefallen hatte.
»Es war eine hervorragende Aufführung«, sagte ich. »Wenn ich nicht irre, ist sie sogar von Kunstetter sehr gut besprochen worden.«
»Kunstetter? Wer ist das?«
»Unser führender Theaterkritiker. Sie kennen ihn nicht, Herr Podmanitzki?«

»Ich lese seit zweiundzwanzig Jahren keine Kritiken mehr, lieber Freund. Warum sollte ich? Um mich darüber zu ärgern, was diese ahnungslosen Analphabeten zusammenschmieren? Nein, das habe ich längst hinter mir. Wenn ich nur von fern eine Kritik sehe, werfe ich die ganze Zeitung weg. Einem Jarden Podmanitzki braucht man nicht immer wieder zu sagen, daß er ein Schauspieler ist. Wechseln wir das Thema, ich bitte Sie.«
Ich seufzte erleichtert.
»Haben Sie schon gehört, daß die Amerikaner ein Atomkraftwerk zur Ausnützung der Sonnenenergie entwickelt haben?« fragte ich. »Ist Ihnen klar, Herr Podmanitzki, welche ungeahnten Möglichkeiten sich damit für die Menschheit erschließen?«
»Ja«, antwortete Podmanitzki. »Oder sind auch Sie der Meinung, daß mein Auftritt im dritten Akt, vor dem Tod des Herzogs, ein wenig blaß geraten war?«
»Im Gegenteil! Wer sagt das?«
»Seligmann im ›Jungen Arbeiter‹. Aber wenn Sie mich blaß gefunden haben, dann geben Sie's ruhig zu. Ich kann Kritik vertragen.«
»Keine Spur von blaß, Herr Podmanitzki. Es war hinreißend.«
»Sie scheinen mich nicht richtig zu verstehen, lieber Freund. Ich lege keinen Wert auf Komplimente. Sagen Sie mir ehrlich, wie ich war.«
»Großartig!«
»Was? Wieso?«
»Sie waren großartig!«
»Aha. Wahrscheinlich meinen Sie die Szene, wo ich die Verschwörung aufdecke und ein paar Sekunden lang wortlos ins Leere starre. Über diese Sekunden hat Zalman Kirschner am Donnerstag im Rundfunk gesagt,

daß sich in ihnen ein kaum noch erträglicher Weltschmerz ausdrückt..."

Podmanitzki blieb stehen und starrte ein paar Sekunden wortlos ins Leere. Es war kaum noch erträglich.

Als wir die Stadtgrenze Tel Avivs erreicht hatten, fühlte ich mich ein wenig müde.

»Entschuldigen Sie, Herr Podmanitzki«, sagte ich. »Ich muß jetzt ein Taxi nehmen und in die Stadt zurückfahren. Eine dringende Verabredung. Auf Wiedersehen.«

Aber so leicht ließ sich Podmanitzki nicht abschütteln:

»Ich fahre mit Ihnen. Sie haben doch nichts dagegen?«

»Und wenn ich etwas dagegen hätte?«

Podmanitzki schien das für einen Scherz zu halten und stieg vor mir ein.

»Wissen Sie«, begann er, behaglich im Fond zurückgelehnt, »Ihre ewigen Komplimente sind mir lästig. Ich möchte Ihre aufrichtige Meinung hören, ohne Schmeichelei. Wo und wann habe ich Ihnen am besten gefallen?«

»Das ist eine schwierige Frage. Sie waren in allen Szenen gleich gut. Gleich überwältigend. Gleich phänomenal.«

»Trotzdem...«

»Erzählen Sie mir Ihre Rolle, und ich werde Ihnen sagen, was mich ganz besonders entzückt hat.«

»Na schön. Wie Sie wünschen. Da wäre also mein erster Auftritt, mit dem verhaltenen Schluchzen in der Kehle... dann die Szene im Schlafzimmer... meine Gewissensbisse... und dann mein plötzlicher Entschluß, wenn ich hinaushinke, um den verlorenen Hund zu suchen...«

»Das war's«, rief ich. »Die Sache mit dem verlorenen Hund war das größte.« Ich wollte nicht weiter ins Detail gehen, schon weil ich wußte, was es mit dem Hund auf sich hatte.

»Ganz richtig«, bestätigte Jarden Podmanitzki. »Wie Sie mich hinken gesehen haben, ist es Ihnen kalt über den Rücken gelaufen, nicht wahr?«
»Über den Rücken? Über den ganzen Körper! Geradezu ein Schüttelfrost!«
Was für ein Hund?
Podmanitzkis Antlitz hatte sich mit einemmal verfärbt, seine Stimme zitterte:
»Und da wagt es ein Niemand wie Chaim Schmirkowitz zu schreiben, daß – ich zitiere wörtlich – daß ›Podmanitzkis Begabung für die Nuancen der Hink-Szene leider nicht ausreicht‹. Man sollte es nicht für möglich halten.«
»Wer liest schon Kritiken von Schmirkowitz?« versuchte ich den ergrimmten Mimen zu trösten; aber er brauste von neuem auf:
»Darum geht es nicht, Herr. Die Sache ist die, daß Schmirkowitz mich seit siebzehn Jahren unversöhnlich haßt, weil ich ihn einmal auf einer Party – na ja, ich war damals etwas angeheitert – und da habe ich ihn also gewarnt. Ich sagte ihm: Wenn er noch einmal schreibt, daß ich nicht weiß, was ich auf der Bühne mit meinen Händen machen soll, dann bekommt er sie in seinem Gesicht zu spüren. Das sagte ich ihm. Und seither verfolgt er mich mit seinem Haß.«
»Über derlei sind Sie erhaben, Herr Podmanitzki. Ihre Leistung in den ›Kosaken‹ war ein neuerlicher Beweis dafür, daß Sie zu den Giganten des zeitgenössischen Theaters zählen.«
»So? Und wie kommt es dann, daß I. L. Kunstetter nur zweieinhalb Zeilen über mich geschrieben hat? Über Honigmann hingegen, über diesen jämmerlichen Patzer, schreibt er einen ganzen Absatz. Und zum Schluß nennt er seinen Namen auch noch unter denjenigen, die den

Durchfall des Stückes verschuldet haben. Verdiene ich eine solche Behandlung?«

Jarden Podmanitzki zog aus seiner Rocktasche ein in roten Velours gebundenes Skizzenbuch hervor und begann darin zu blättern.

»Mir können Sie nichts erzählen«, sagte er. »Ich führe genauestens Buch über jede Kleinigkeit. Ich sammle alle Kritiken und klebe sie hier in alphabetischer Reihenfolge ein. Warten Sie ... Kellermann ... Kubowsky ... Kunstetter. Seite 29. Welche Kritik interessiert Sie?«

»Im Augenblick keine, danke vielmals.«

»Und das ist noch nicht alles. Auf meine Klagesezene vor dem Altar folgt in der Regel ein Abgangsapplaus oder wenigstens ein beifälliges Gemurmel. Aber was schreibt Dov Schlofer? ›Podmanitzkis Selbstgefälligkeit wirkt in dieser Szene nur störend. Er sollte weniger Text haben.‹ Es ist kaum zu fassen!«

»Kümmern Sie sich nicht um Kritiken, Podmanitzki.«

»Ich bemühe mich ja, aber es geht nicht. Und da ist auch noch die Sache mit dem Stotterer ...«

»Den fand ich nicht schlecht.«

»Wovon reden Sie? Der Stotterer ist einer aus dem Publikum. Ein regelmäßiger Premierenbesucher. Nach jeder Premiere kommt er zu mir in die Garderobe, umarmt mich und sagt: ›Wirklich ... wirklich ...‹ Aber nach der ›Kosaken‹-Premiere ...«

»Ist er nicht gekommen?«

»Doch. Aber er hat nicht ›Wirklich, wirklich‹ gesagt, er hat mich nur umarmt. Warum? Warum?«

»Vielleicht war er heiser.«

»Kann sein. Aber das ist noch kein Grund für Rappaport, mich im ›Theatermagazin‹ zu attackieren. Angeblich ist meine Darstellung ›glaubhaft in ihrer Schwäche,

aber schwach in ihrer Glaubhaftigkeit‹. Was sagen Sie dazu?«
»Nichts«, antwortete ich wahrheitsgemäß, benützte ein rotes Verkehrslicht, um aus dem Taxi zu schlüpfen, und sprang in ein anderes, das in die entgegengesetzte Richtung fuhr.
Als ich am nächsten Tag vor dem Café Noga mit Podmanitzki zusammenstieß, teilte er mir mit schuldbewußtem Lächeln mit, daß er von dieser dummen Gewohnheit mit dem Skizzenbuch und den eingeklebten Ausschnitten abgekommen sei. Von jetzt an arbeite er nur mit Mikrofilm.

Der Erfolgsmesser

An einem trüben, regnerischen Abend saßen Jossele und ich auf unserem Beobachtungsposten im Café, als der Dichter Tola'at Shani sich den Weg an unseren Tisch bahnte und seine Nägel zu beißen begann.
»Ich bin fürchterlich nervös«, sagte er. »Das erweiterte Dramaturgenkomitee des Nationaltheaters berät gerade über das Schicksal meines Stücks.«
Wir wandten ihm unsere aufrichtige Anteilnahme zu. Die Situation war ja auch wirklich spannungsgeladen. Wurde sein Stück abgelehnt, dann hatte er's hinter sich. Wurde es aber angenommen, dann ließ sich die Möglichkeit, daß es infolge eines technischen Versehens auch zur Aufführung käme, nicht gänzlich ausschließen. Wir versuchten den hartgeprüften Autor zu beruhigen, aber er hörte uns kaum zu, brach von Zeit zu Zeit in ein hysterisches Kichern aus und drohte zu emigrieren.
Plötzlich geschah etwas Merkwürdiges. Ein großer hagerer Mensch kam vorbei, grüßte Jossele mit einem freundlichen Winken seiner Hand, hielt direkt vor Tola'at Shani inne, legte den Kopf schräg und schien in die Luft zu schnuppern, wobei seine Nasenflügel sich blähten und sein Gesicht den Ausdruck konzentriertester Nachdenklichkeit annahm. Das Ganze dauerte höchstens eine Sekunde. Dann entspannte sich der Mann, stach mit spitzem Finger nach Tola'at Shani und ließ ein eiskaltes »Hallo« hören.
Gleich darauf verschluckte ihn der dichte Rauchvorhang, der über dem Kaffeehaus lag.
»Schade, Tola'at Shani«, sagte Jossele mit belegter

Stimme. »Das Dramaturgenkomitee hat Ihr Stück abgelehnt. Ich fürchte: einstimmig!«
Der Angesprochene begann zu zittern und hielt sich mit beiden Händen am Tischrand fest:
»Aber wieso ... woher wissen Sie das?«
»Vom Erfolgsmesser.« Jossele nickte in die Richtung, in die sich der Hagere entfernt hatte. »Menasche weiß es ganz genau.«
Wie aus Josseles Erklärungen hervorging, besaß Menasche eine schlechthin geniale Fähigkeit, die Erfolgsaussichten seiner Mitmenschen richtig einzuschätzen. »Menasche gibt sich immer nur mit erfolgreichen Autoren ab. Man könnte auch sagen: Ein Autor, mit dem sich Menasche abgibt, hat Erfolg. Und sowie der Erfolg ihn verläßt, verläßt ihn auch Menasche. Menasche ist die perfekte Ein-Mann-Marktforschung. Aus der Art, wie er jemanden grüßt, kann man bis auf drei Dezimalstellen berechnen, wieviel der Betreffende im Augenblick wert ist.«
Jetzt fielen auch mir ein paar Bestätigungen dafür ein. Natürlich! Vor ein paar Jahren hatte Menasche niemals versäumt, mir wohlwollend auf die Schulter zu klopfen, wenn er mich sah. Einmal geschah das kurz nachdem man mich eingeladen hatte, mein neues Stück am Broadway zu inszenieren – nein, es war einen Tag *bevor* die Einladung eintraf! Damals hatte Menasche sich sogar zu mir gesetzt und sich nach meiner Gesundheit erkundigt.
»Sein Nervensystem«, erläuterte Jossele, »arbeitet wie ein Seismograph und registriert die kleinsten sozialen Beben. Nichts entgeht ihm, kein noch so geringes Anzeichen eines Erfolgs oder Mißerfolgs. Und danach richtet er sich. Ein lautes, herzliches ›Schalom!‹ ist das sicherste Zeichen, daß der also Begrüßte auf der Erfolgsleiter ganz oben steht oder demnächst ganz oben stehen wird. Bei

Leuten mit unsicherem Erfolgsstatus beschränkt er sich auf ein mehr oder weniger gleichgültiges Winken. Und wenn ein Manager in Konkurs geht oder ein Schauspieler schlechte Kritiken bekommt, wird Menasches ›Hallo‹ so leise, daß man die Lautverstärker eines Flughafens einschalten müßte, um es zu hören. Das Unglaubliche aber ist, daß der Erfolgsmesser sich nicht unbedingt auf den gerade gegebenen Zustand einstellt. Manchmal umarmt er einen Dramatiker, der in der letzten Nummer des ›Theatermagazins‹ grauenhaft mißhandelt wurde. Dann hat sein Radargehirn einen Kassenschlager vorausgespürt, von dem noch niemand etwas ahnt. Oder einen Literaturpreis. Menasche ist imstande, den Erfolgs-Koeffizienten eines Menschen auf Monate hinaus zu berechnen. Verstehst du das?«
»Nein«, gestand ich.
»Ich werde es dir an dem Beispiel erklären, dessen Zeugen wir soeben waren. Menasche wirft den ersten Blick auf Tola'at Shani, und seine Meßapparatur setzt sich sofort in Bewegung. ›Ein Dichter mit schwankendem Status‹, signalisiert die Empfangsantenne. ›Gut für Standardbegrüßung Nr. 8, mittelherzlich: Wie geht's, mein Freund? Leichte Verlangsamung des Schrittes, denn der Kritiker Birnbaum hat vor kurzem seine Gedichte lobend erwähnt.‹ So weit ist alles klar. Aber beim Näherkommen erinnert sich Menasche, daß Kunstetter der Große schon seit zwei Wochen mit Tola'at Shani nicht mehr am selben Tisch sitzt. Das ›mein Freund‹ fällt weg. Andererseits hat Tola'at Shani ein neues Stück im Nationaltheater liegen; das ist ein freundliches Lächeln wert, unter Umständen sogar ein lässiges Winken beim ›Wie geht's?‹ Als Menasches Berechnungen bis hierher gediehen sind, leuchtet auf seinem Radarschirm plötzlich die bevorste-

hende Ablehnung des Stücks durch das Dramaturgenkomitee auf. Folglich wird in der letzten Sekunde das freundliche Lächeln abgestellt, das ›Wie geht's?‹ durch ›Hallo‹ ersetzt und das Winken mit der Hand durch ein Stechen mit dem Zeigefinger. Dieses Stechen war es, aus dem ich auf die einstimmige und endgültige Ablehnung des Stücks geschlossen habe. Andernfalls hätte Menasche mindestens zwei Finger eingesetzt und nicht gestochen.«
In diesem Augenblick betrat der Sekretär des Theaters das Café und kam auf Tola'at Shani zu:
»Leider«, sagte er. »Ihr Stück wurde abgelehnt. Alle waren dagegen.«
Gegen Mitternacht trugen wir das, was von Tola'at Shani noch übrig war, zu einem Taxi. Plötzlich bog Menasche um die Ecke. Er blieb vor Jossele stehen, kniff ihn in die Backe und fragte mit breitem, freundlichem Grinsen:
»Wo steckst du denn die ganze Zeit, mein Alter?«
Ich zählte mit: Das Grinsen dauerte 1–2–3–4 volle Sekunden. Jossele begann zu zittern, riß einem gerade vorbeikommenden Zeitungsverkäufer die Morgenausgabe aus der Hand, sah unter »Gestrige Lotterieziehung« nach und stieß einen lauten Schrei aus: Er hatte 4000 Shekel gewonnen.
»Eines verstehe ich nicht ganz«, brummte er, nachdem er sich vergewissert hatte, daß er tatsächlich das Gewinnlos besaß. »Warum hat mich Menasche nicht geküßt? Bei mehr als 3000 Shekel küßt er sonst immer...« Dann schlug er sich mit der flachen Hand gegen die Stirn. »Richtig! Ich habe ja noch 1600 Shekel Schulden...«
Wir machten uns auf den Heimweg. Sicherheitshalber wandte ich mich zu Menasche um und schmetterte ihm ein fröhliches »Gute Nacht« zu.

Menasche sah durch mich hindurch, als wäre ich Luft. Was ist geschehen? Um Himmels willen, was ist geschehen? Morgen habe ich Premiere...

Kunstetters Ende

Am übernächsten Tag erhob ich mich schon in der Morgendämmerung von meinem Lager, sauste hinunter zum Zeitungsstand und suchte mit zitternden Händen nach I. L. Kunstetters Kritik über mein neues Stück. Noch im Gehen begann ich zu lesen – und lehnte mich aufatmend gegen eine Häuserwand, entzückt über Kunstetters Lobeshymne:
»Insgesamt fanden wir an der geschmackvollen Komödie Kishons großen Gefallen«, hieß es abschließend. »Sein gelegentlich auftretender Hang zu Übertreibungen ändert nichts daran, daß wir in Ephraim Kishon einen witzigen, intelligenten, erfindungsreichen und im höchsten Grad unterhaltsamen Bühnenautor besitzen.«
Zwei Stunden später, auf dem Weg ins Kaffeehaus, begegnete ich einem meiner Freunde, dessen sauertöpfische Miene mir sofort auffiel.
»Warum hat Kunstetter dein Stück verrissen?« fragte er.
»Wieso verrissen?« fragte ich zurück. »Das war doch eine sehr gute Kritik?«
»Na hör einmal! So etwas Tückisches wie der Seitenhieb mit den Übertreibungen...!«
Im Kaffeehaus wurde mir diese eher verwirrende Interpretation allenthalben bestätigt:
»Kunstetter muß verrückt geworden sein«, sagten die Wohlmeinenden, und: »Kümmer dich nicht um ihn!«
Aber es gab auch kampflustigen Zuspruch wie: »Warum wehrst du dich nicht... Ich an deiner Stelle würde mir das nicht gefallen lassen...«
Nach Hause zurückgekehrt, las ich Kunstetters Kritik

noch einmal durch. In der Tat: Die Sache mit der Übertreibung war eine Gemeinheit. Erst jetzt fiel mir das so richtig auf.
Was denkt sich der Kerl eigentlich?
Ich ging zu Kunstetter in die Redaktion und fragte ihn, ob er mich provozieren wolle. Das könnte ihm schlecht bekommen, fügte ich undurchsichtig hinzu.
Kunstetter erschrak und versprach mir eine baldige, jeden Irrtum ausschließende Klarstellung. Sie erfolgte bereits am nächsten Tag in Form einer Glosse über den Zustand des hebräischen Theaters; der Schlußsatz lautete: »Einer unserer wenigen wirklich erstklassigen Bühnenautoren ist Ephraim Kishon. Das hat er mit seinem neuen Stück wieder einmal bewiesen. Bravo!«
Ich fühlte mich vollauf befriedigt – bis im Kaffeehaus einer meiner Freunde auf mich zutrat:
»Was hat dieser Kunstetter gegen dich?«
»Wieso?«
»Er sagt, daß du ›einer‹ unserer erstklassigen Bühnenautoren bist! Wer sind die anderen? Warum nennt er sie nicht?«
Das leuchtete mir ein.
»Kunstetter!« rief ich, als ich in seinem Redaktionszimmer vor ihm stand. »Ich habe Ihr Täuschungsmanöver durchschaut! Machen Sie das raschest wieder gut, sonst...«
Kunstetters »Rückschau«, die immer in der Wochenendausgabe erscheint, enthielt den folgenden Satz: »Aber der bedeutendste Dramatiker der Gegenwart ist zweifellos Ephraim Kishon. Gott segne ihn!«
»Jetzt möchten wir aber endlich wissen«, sagten meine Freunde, »warum Kunstetter dich mit seinem Haß verfolgt.«

»Haß? Er hat doch in der letzten Zeit immer sehr gut über mich geschrieben?«
»Bist du wirklich so naiv, oder tust du nur so? Er hätte schon viel früher gut über dich schreiben müssen!«
Abermals suchte ich Kunstetter auf. Diesmal ließ ich mich auf keine Diskussion ein, sondern schlug ihn wortlos zusammen.
Und jetzt fragen mich alle, warum ich ihn zusammengeschlagen habe. Wo er doch immer so gut über mich schreibt.
Es ist, ich sagte es schon, ein wenig verwirrend.

Neues von der Kunstbörse

Vor einigen Tagen hielt mich mein Nachbar Felix Selig im Stiegenhaus an.
»Entschuldigen Sie – fahren Sie wieder nach Amerika?«
»Nein. Warum?«
»Macht nichts. Ich wollte Sie bitten, mir das Musical ›Hello Dolly!‹ zu kaufen. Aber wenn Sie nicht nach Amerika fahren, schreibe ich meinem Schwager.«
Es dauerte eine Zeitlang, bevor ich diese rätselhaften Äußerungen durchschaute. Die alte Apothekerswitwe an der Ecke hatte im vergangenen Sommer ihre Verwandten in London besucht und bei dieser Gelegenheit die Bühnenrechte für drei Kriminalstücke von Agatha Christie erworben, die sie dann mit beachtlichem Profit an mehrere Theater weiterverkauft hat. Nach Seligs Informationen war sie nicht als einzige in dieses neue Geschäft eingestiegen. Unsere Theater haben Hochkonjunktur, und der Import von Bühnenrechten gilt derzeit als das große Geschäft. Besonders mit Musicals kann man wirkliches Geld verdienen.
»Die Wäschereibesitzerin im zweiten Stock hat drei Dürrenmatts«, berichtete Felix. »Das Kammertheater Tel Aviv und das Stadttheater Haifa raufen sich um die Rechte, aber sie verkauft noch nicht...«
Im Showgeschäft muß man die Augen offen halten. Man muß, wie der Franzose sagt, auf dem qui vive sein. Apropos Franzose: Da wollte unsere Habimah von dem bekannten französischen Dramatiker Anouilh die hebräischen Aufführungsrechte seines Schauspiels »Beckett« erwerben – aber die hatte ihr zwei Tage vorher ein

Tischler aus Nathania weggeschnappt, durch Vermittlung seiner in Paris lebenden Schwester. Der Tischler erklärte sich bereit, der Habimah die Rechte zu überlassen, falls sie ihn für das Bühnenbild engagiert. Die Verhandlungen gerieten ins Stocken, weil die Gewerkschaft der Bühnenarbeiter keine Gasttischler zulassen will, und da sie angeblich die Rechte für einen Ionesco besitzt...

»Sehr interessant«, unterbrach ich Seligs Informationsfluß. »Und ist es schwer, ausländische Bühnenrechte zu bekommen?«

»Schwer? Kinderleicht! Man braucht sich nur als israelischer Impresario, Regisseur, Schauspieler oder Platzanweiser auszugeben und ein paar Dollar auf den Tisch des Hauses zu blättern, das genügt. Es ist eine sichere Investition. Vorausgesetzt, daß man sich in den Winkelzügen des Geschäfts auskennt. Vorige Woche hat das Ohel-Theater zwei Tennessee Williams auf dem schwarzen Markt verkauft. Dabei ist es nicht ohne Komplikationen abgegangen. Ursprünglich waren die Rechte in New York von einem Steward der El-Al erworben worden, der sich dem Agenten des Autors als israelischer Erziehungsminister vorgestellt hatte. Von ihm gingen die Rechte an eine alternde hebräische Schauspielerin, die sich auf diese Weise die weibliche Hauptrolle sichern wollte. Da der Direktor des Theaters damit nicht einverstanden war, tauschte er die zwei Tennessees gegen einen Max Frisch, den ein bekannter Basketballspieler von einem griechischen Antiquitätenhändler gekauft hatte. Als das Kammertheater von dieser Transaktion erfuhr, schaltete es sich blitzschnell ein und kam der Habimah um eine Nasenlänge zuvor.«

»Einen Augenblick!« Ich fühlte, wie mich die Leiden-

schaft überkam. »Wenn der Frisch noch frei ist, kaufe ich ihn.«
Felix versprach, der Sache nachzugehen. Ich warte jetzt auf seinen Bescheid. Wie ich höre, hat Frisch bereits um zwei Punkte angezogen. Arthur Miller notiert unverändert. Brecht schwankt. Ich auch. Soll ich nicht doch ein Musical kaufen?

Über die Universalität des Theaters

Die größte Faszination des Theaters besteht in seiner Universalität, die alle geographischen und sprachlichen Schranken aufhebt. Ein kultivierter Mensch, der mit der dramatischen Weltliteratur halbwegs vertraut ist, wird eine Theatervorstellung auch im Ausland genießen, in fremder Umgebung, fern der Heimat – einzig auf Grund jener allgemein menschlichen Werte, die ihm eine künstlerische und geistige Anteilnahme an dem Gebotenen ermöglichen, eine wesenhafte Identifikation, hinausgehoben über Zeit und Raum...

Das alles ist natürlich dummes Gewäsch. Es kann nur von Leuten ernstgenommen werden, die noch nie in Ferrara waren und noch nie in italienischer Sprache eine Aufführung von »Peer Gynt« gesehen haben, dem Hauptwerk des bekannten norwegischen Dramatikers Enrico Ibsen.

Ich hatte mich durch ein buntfarbenes Plakat in der Halle meines Hotels zu einem Besuch des Theaters verleiten lassen, wo eine italienische Truppe mit »Peer Gynt« gastierte, und da ich nicht nur in der Lage war, den Titel des Stücks ohne Hilfe eines Dolmetschers zu entziffern, sondern mich überdies erinnerte, im Alter von elf Jahren eine Inhaltsangabe von »Peer Gynt« gelesen zu haben, fühlte ich mich einigermaßen sicher.

Das stockende Deutsch, in dem ich ein Billet verlangte, trug mir den Respekt der Kassiererin und einen Eckplatz in der elften Reihe ein, knapp neben einer Säule aus kostbarem carrarischem Marmor. Alsbald verdunkelte sich das Haus, und die universale Faszination des Theaters begann. Nach dem Hochgehen des Vorhangs bot sich meinem Auge ein bemerkenswert luxuriöser Anblick: Das Bühnenbild bestand aus einem modernen Swimmingpool samt Stufen und Sprungbrett, aber ohne Wasser. Ein rothaariger Knabe vollführte auf dem Sprungbrett einige gymnastische Übungen und wurde von einer älteren Dame, wahrscheinlich der Inhaberin oder Vermieterin der luxuriösen Villa nebst Zubehör, heftig zurechtgewiesen, wobei sie ihn mit »Gynt« ansprach. Ich schloß daraus, daß ich die Hauptfigur des Dramas vor mir hatte. Nach einigen weiteren unbekümmerten Sprüngen auf dem Sprungbrett ging der rothaarige Knabe ab und entzog sich dadurch allen weiteren Vorwürfen der Vermieterin, die in einem wilden sizilianischen Dialekt hinter ihm herfluchte.

Im zweiten Bild, das mit dem ersten nur lose zusammenhing, fand eine Hochzeitsfeier statt. Der offenbar nicht geladene Peer Gynt dringt ein, aber keines von den versnobten Mädchen will mit ihm tanzen, denn er ist erstens arm (was man nach dem ersten Bild nicht vermutet hätte), zweitens dumm (das schon eher), drittens betrunken und viertens hat er die schlechte Gewohnheit, den Mund nicht halten zu können. Er spricht ununterbrochen, noch dazu mit hörbarem Südtiroler Akzent. Er spricht bis zu dem Augenblick, da eine blonde Opernsängerin namens Solvejg erscheint, in die er sich sofort verliebt, und zwar dergestalt, daß er mit einer anderen, der Braut des Tages, auf und davon geht.

Als der Vorhang fiel, nahm ich an, daß das Stück zu Ende wäre, stand auf, um zu applaudieren, mußte jedoch entdecken, daß ich der einzige war.

Das nächste Bild zeigt Peer allein in einem unheimlichen unterirdischen Wald, wo er mit einem vierbusigen Mon-

strum Verstecken spielt. Warum das Monstrum vier Busen hat, wird niemals klar, aber es hat vier Busen und spielt mit Peer Verstecken. Die Verwandten des Monstrums, seltsamerweise von zwergenhafter Gestalt, fordern ihn auf, sich der Untergrundbewegung anzuschließen und befestigen deren Wahrzeichen – einen langen Schweif – an seinem Hintern. Da Peers Verlangen nach einem Alfa Romeo von den Zwergen abgelehnt wird, kommt die vielversprechende Verbindung nicht zustande. In der folgenden Szene herrscht höchste politische Spannung. Peer hat sich unter seinem Lieblingssprungbrett zu einem kleinen Nickerchen hingelegt und wacht verärgert auf, als ein vorüberfahrender Lautsprecherwagen Wahlparolen in die Gegend schmettert. Für ihn mögen sie verständlich gewesen sein, für mich waren sie es nicht. Jetzt fiel mir auch ein, daß ich im Alter von elf Jahren nicht die Inhaltsangabe von »Peer Gynt« gelesen hatte, sondern von »Onkel Toms Hütte«.
Mittlerweile ist das unreife rothaarige Kind zu einem reifen rothaarigen Mann geworden und sogar zum Besitzer eines Mantels. Jetzt schlägt er mit einer Axt auf einen Baum ein und lockt durch das Geräusch die blonde Solvejg herbei, die sich unverkennbar davon beeindruckt zeigt, daß er noch immer keinen anderen Menschen zu Wort kommen läßt. Auf der Gegenseite der Bühne entsteigt dem unterirdischen Wald das vierbusige Monstrum. Es hat sich in eine Art jiddische Mamme verwandelt und führt ein kleines Kind an der Hand, in dem wir unschwer die sündige Frucht ihrer Liebesaffäre mit Boris Karloff erkennen. Peer Gynt verliert jedes Interesse an den Vorgängen und wünscht nach Kanada zu emigrieren, muß diesen Plan jedoch aufgeben, weil ihm die nötigen Devisen verweigert werden.

Als der Vorhang fiel, stand ich auf und applaudierte, denn ich nahm abermals an, daß das Stück zu Ende wäre. Es war aber nur die Pause.

Während der Pause muß Peer trotz allem nach Kanada gelangt sein und dort eine Goldgrube entdeckt haben; jedenfalls präsentiert er sich beim Aufgehen des Vorhangs in einem weißen Smoking. Auch das Sprungbrett ist wieder da, er nimmt es überallhin mit, es ist sein Fetisch, ja mehr als das, es ist ein Symbol für seine Karriere. Mit Peer befinden sich noch vier weitere Typen auf der Bühne, ein Oberkellner, ein deutscher Tourist, Lord Mountbatten und ein vierter von unbekannter Identität. Ort der Handlung ist die Wüste Sahara, wo sie am wüstesten ist, kein Grashalm weit und breit, nur das Sprungbrett. Die fünf scheinen zu Fuß in die sandige Einsamkeit gelangt zu sein oder mit einem Ruderboot, das sie hinter sich herziehen. Sie sind sehr warm gekleidet. Als Peer, seiner alten Gewohnheit treu, ununterbrochen redet und außerdem von plötzlichem Sprungbrettfieber ergriffen wird, steigen die anderen ins Boot und werden von Bühnenarbeitern hinausgezogen. Daraufhin erklettert Peer eine Palme, wird von einem Affen mit Kokosnüssen beworfen und springt wieder herunter, um das Vorbereitungstraining für den Weitsprung bei den Olympischen Spielen aufzunehmen.

Die neben mir sitzenden Italiener wollten von mir die Vorgänge auf der Bühne erklärt haben, weil ich wahrscheinlich als einziger Zuschauer alles verstand, da mich der Text nicht behinderte. Ich begann also den Umsitzenden meinerseits zu erklären, daß alles, was auf der Bühne vorging, symbolisch zu verstehen war, einschließlich des Affen, der entweder die menschliche Schwäche symbolisierte oder die Regierung.

Aus seinem mißglückten Sprungtraining zieht Peer die Konsequenz, in der Uniform eines Botenjungen ein türkisches Nachtlokal aufzusuchen. Dort wird er von einem weiblichen Steuerbeamten beschlagnahmt und wieder freigelassen, weil er Gedichte in italienischer statt in norwegischer Sprache aufsagt. Um diese Zeit waren bereits drei Stunden vergangen, weshalb ich mich abermals erhob, kurz applaudierte und zum Autobus lief.
Der Fahrer trieb mich zurück. Er sagte, es käme noch ein Akt.
In diesem letzten Akt ist der rothaarige Peer nicht mit Unrecht weißhaarig und fährt auf einem Dampfer nach Hause, ohne Kontakt zu den Matrosen zu finden, die ihn – gleichfalls nicht mit Unrecht – für senil halten. An Land gegangen, trifft er seine sämtlichen alten Freunde, zuerst den Zwergenkönig aus dem Untergrundwald, jetzt in Gestalt eines Lumpensammlers, dann einen Schmetterlingsfänger mit orthopädischen Schuhen und schließlich einen Koch mit einer leeren Suppenterrine, die das Finanzministerium symbolisiert. Sie alle gehen dem alten Peer auf die Nerven. Gerade noch rechtzeitig kreuzt die ehemals blonde Solvejg auf, ebenso gealtert wie Peer und obendrein kurzsichtig. Leider hat sie die Brille zu Hause vergessen und erkennt ihren Peer nicht mehr, was ihn so sehr erzürnt, daß er sie mitten aus der Umarmung in den Orchestergraben fallen läßt...
An diesen Teil der Aufführung erinnere ich mich aber nur dunkel. Ich wüßte nicht einmal mehr genau zu sagen, ob es ein tiefer Schlaf oder eine leichte Ohnmacht war, was mich hinderte, die letzte Stunde theatralischer Universalität voll zu genießen. Künftig werde ich im Ausland doch lieber Ballettvorstellungen besuchen; und auch die nur, wenn ich muß.

Qui peut français? Je!

Leider habe ich noch ein zweitesmal versucht, die Sprachbarriere zu durchbrechen. Schuld daran waren die hervorragenden Kritiken über »Les Frères Jacques«, das berühmte Gesangstrio, das damals Israel besuchte. »Sie singen französisch, aber man versteht jedes Wort, denn was sie singen, ist international«, lobhudelte die Presse – und das wollte ich mir anhören.

Wie sich zeigte, waren nicht nur meine Kenntnisse des Französischen gleich Null, ich hatte auch Schwierigkeiten mit dem Internationalen. Die Melodien der einzelnen Nummern fand ich recht hübsch, von den Texten hingegen verstand ich so gut wie nichts, und die Inhaltsangaben im Programmheft bedeuteten keine wirkliche Hilfe. »Molly-Malony von Tschin Pompon«, hieß es da. »Inhalt: Der Nabel einer Katze sieht wie ein Fragezeichen aus, aber die Liebe überwindet alle Hindernisse. Moral: Wer wagt, gewinnt.« Da ich nicht feststellen konnte, auf welches Lied sich diese Inhaltsangabe bezog, handelten für mich sämtliche Lieder von Nabeln und Fragezeichen.

Dessen ungeachtet wurde mir klar, daß die »Frères Jacques« große Künstler sind. Aber ich vermochte mich nicht recht auf sie zu konzentrieren. In der ersten Reihe saßen einige Angestellte der Französischen Botschaft und quittierten jede Zeile mit lautem Gelächter, das zugleich etwas Hämisches an sich hatte. »Was sind wir doch für ein kultiviertes Volk«, schien es besagen zu wollen; und, an meine Adresse gerichtet: »Warum sind Sie überhaupt hergekommen, wenn Sie nicht Französisch sprechen?« Ein Gefühl der Bitterkeit begann in mir aufzusteigen.

Schön, ich habe keine Ahnung, was die dort oben singen, sagte ich mir. Aber das soll mich nicht länger hindern, darüber zu lachen. Nach der nächsten Nummer – der Geschichte eines Nabels, der im Keller lebt und von einem Hund attackiert wird, denn Liebe gibt es überall – erhob ich mich zu voller Größe und brach in schallendes Gelächter aus. Die Wogen der Mißbilligung, die von allen Seiten auf mich eindrangen, waren beinahe körperlich spürbar...

Mit dem Fortschreiten des Abends machte ich mir eine bestimmte Lachmethode zu eigen. Sie stützte sich zum Teil auf eine mathematische Analyse der Publikumsresonanz, zum Teil auf ein Grundgesetz der Pointierungskunst, welches besagt, daß jede Schlußpointe, um richtig zu landen, einen Anlauf braucht (vergleichbar der Piste, von der das startende Flugzeug abhebt). Angenommen, die »Frères Jacques« singen jetzt die »Ballade vom halbverdeckten Nabel«. Für Ignorantenohren wie die meinen klingt das ungefähr so:

> La-la-la, lo-lo-lo,
> Lo-lo-lo, la-la-la!
> Li-li-li?
> Oh-la-la!
> Pim-pim-pim,
> Pam-pam-pam!

Instinkt und Erfahrung sagen mir, daß die Pointe im »Pam-pam-pam!« liegen muß (beim »Li-li-li?« ist bereits ein kleineres Glucksen am Platze). Ich begrüßte also jedes »Pam-pam-pam!« mit herzlichem Lachen und machte von Zeit zu Zeit meiner Begeisterung durch hörbare Ausrufe Luft:

»Welch ein köstliches Wortspiel... Ja, so etwas gibt's eben nur auf französisch... Großartig...!«
Damit erregte ich die Aufmerksamkeit der Umsitzenden, die mich mit scheuem Respekt betrachteten. Allmählich merkten sie, daß sich hinter meinem scheinbar alltäglichen Äußeren ein überragender Intellekt verbarg, ein Kunstverstand höchsten Grades, kurzum: eine geniale Persönlichkeit, von der sie, die Durchschnittsbürger, nur lernen konnten. Eine glückliche Phase der Freundschaft zwischen mir und Frankreich hatte begonnen...
Aber Monsieur le Diable schläft nicht. Gerade als ich den Gipfel meines Hochgefühls erklomm – um diese Zeit schienen selbst die »Frères Jacques«, die über meine lautstarke Anteilnahme zunächst ein wenig verblüfft waren, nur mehr für mich zu singen – gerade als ich mir ausmalte, wie meine begeisterten Sitznachbarn mich nach Schluß der Vorstellung auf ihren Schultern hinaustragen würden –, gerade da passierte etwas Unvorhergesehenes:
»Les Frères Jacques« sangen die Ballade von einem männlichen Fischnabel, der sich in einen weiblichen verliebt, aber plötzlich beginnt es zu regnen, was den Besitzer des Motels, in dessen Aquarium sich das alles abspielt, zur Verzweiflung treibt. Mitten in dieser Verzweiflung riskierte ich ein waghalsiges Gelächter – und war auf's peinlichste überrascht, als die Umsitzenden mitlachten. Sie grölten geradezu. Damit nicht genug: Auch die französischen Sprachforscher in der ersten Reihe schlossen sich meinem Heiterkeitsausbruch an. Was ging hier vor? Sollte mein unheimlicher Pointeninstinkt mich befähigt haben, an der richtigen Stelle zu lachen? Ich versuchte es während der folgenden Ballade aufs neue. Sie handelte von einer Maus, Nabel genannt, und einem eifersüchtigen Mäuserich, der sie in der Nacht immer

einsperrt, aber sie bläst trotzdem Trompete, und draußen scheint der Mond. schon vor den ersten Schlußzeilen (»Lo-lo-lo, la-la-la«) begann ich zu lachen, obwohl sie allen Berechnungen und Erfahrungen zufolge unmöglich eine Pointe enthalten konnten. Und was geschah? Das ganze Publikum lachte mit mir, laute Äußerungen der Begeisterung schwirrten durch den Raum »Großartig ... welch köstliches Wortspiel ... echt französischer Esprit...!« – Kurzum: Es sah ganz danach aus, als ob sämtliche Anwesenden plötzlich Französisch verstünden.
In Wahrheit hatten sie mir bloß meinen Einfall gestohlen. Sie äfften mich nach, das war alles.
Moral: Man soll in Israel zu keiner französischen Vorstellung gehen. Da geht man schon besser zu einer hebräischen Vorstellung in Frankreich. Oder noch besser: Man bleibt zu Hause.

Des Fiedlers Fluch

Und jetzt zur Abwechslung nach London.
Im Mittelpunkt Londons, genauer: im Mittelpunkt der Welt, erhebt sich »Her Majesty's Theatre«. Dortselbst geht allabendlich, als wäre das etwas ganz Natürliches, das jüdische Musical »Fiddler on the Roof« vor sich (das in deutschsprachigen Gegenden »Anatevka« heißt). Die Hauptrolle spielt der berühmte israelische Schauspieler Chaim Topol, unterstützt von einem größtenteils israelischen Ensemble. Topol hat einen Vertrag mit dem Theater, der ihn verpflichtet, jeden Abend persönlich aufzutreten. Das israelische Ensemble hingegen wechselt je nach Zahl und Zusammensetzung der israelischen Touristen, die sich gerade in London aufhalten. Die Bande zwischen dem Star und dem Ensemble wurden noch in Israel geknüpft, beispielsweise als das Ehepaar Billitzer aus Tel Aviv eine Reise nach London vorbereitete, wobei Frau Billitzer sich mit folgenden Worten an Herrn Billitzer wandte:
»Und vergiß nicht die Eintrittskarten zu ›Fiddler on the Roof‹!«
Daraufhin schickte Herr Billitzer ein dringendes Telegramm an *Chaim Topol London* mit folgendem Text:
»*Brauche zwei gute Sitze womöglich Mitte für 22. Juli – Billitzer.*«
Sofort nach ihrer Ankunft begaben sich die Billitzers zum Theater. Eine enorme Schlange von Wartenden empfing sie. Die Schlange ringelte sich um zwei Häuserblocks, ungeachtet des Plakats vor dem Theatereingang, das in großen Lettern verkündete: »Bis 31. Dezember vollstän-

dig ausverkauft. Einige Karten für nächstes Jahr noch erhältlich.«
Unter solchen Umständen erhebt sich die Frage, warum trotzdem so viele Leute allabendlich Schlange stehen.
Die Antwort ist einfach. Sie stehen Schlange, um zu Chaim Topol vorzudringen und mit seiner Hilfe ins Theater zu gelangen. Der betagte Bühnenportier stemmt sich der Masseninvasion tapfer entgegen und fragt jeden einzelnen der Herandrängenden, ob er von Herrn Topol eingeladen sei. Auch Herrn Billitzer fragte er. Da kam er aber schön an:
»Was heißt ›eingeladen‹? Wozu brauche ich eine Einladung? Ich bin mit Herrn Topol befreundet!«
Mit diesen Worten stürmen Herr Billitzer, seine Gattin und seine zufällig in London anwesende Schwester die Garderobe des berühmten Schauspielers und teilen ihm mit, daß sie nicht, wie telegraphisch angefordert, zwei Billetts brauchen, sondern drei, womöglich Mitte.
Topols Garderobe ist in zwei Flügel geteilt, wie es sich für einen internationalen Star gehört. Topol selbst führt soeben ein Ferngespräch.
»Sie kennen mich nicht persönlich«, brüllte die Stimme am andern Ende des Drahts. »Wir haben uns zwar einmal in Natania getroffen, aber daran werden Sie sich wahrscheinlich nicht mehr erinnern. Macht nichts. Ich habe zwei guten Freunden in London versprochen, daß ich ihnen für nächste Woche zwei Karten zum ›Fiddler‹ verschaffe. An irgendeinem Abend der nächsten Woche. Wir richten uns nach Ihnen.«
»Nächste Woche...«, antwortet Topol, während er in seinem Vormerkkalender blättert. »Nächste Woche wird es sehr schwer sein...«
»Wieso schwer? Für Sie als Star der Aufführung ist das

doch eine Kleinigkeit! Deshalb wende ich mich ja direkt an Sie. Wir haben uns in Natania kennengelernt. Also wann?«

»Das kann ich Ihnen heute noch nicht sagen. Ich telegraphiere Ihnen, sobald ich es weiß.«

»Gut. Aber vergessen Sie nicht: vorne und Mitte.«

Topol legt den Hörer auf. Er hat sich, seit er in London gastiert, kaum verändert, nur sein Haar ist von silbrigen Fäden durchzogen. Auch kann er ein nervöses Augenzwinkern nicht immer unterdrücken. Im übrigen hört er geduldig zu, wie ihm jetzt Herr Avigdor, der Inhaber des Buffets in der Autobuszentrale von Tel Aviv, die Sachlage erklärt.

»Sie haben einen großen Erfolg«, erklärt Herr Avigdor, »und den müssen Sie ausnützen. Glauben Sie mir. Ich weiß, wovon ich spreche. Sie dürfen sich nicht zu billig verkaufen. Sie müssen Geld machen, solange Sie noch berühmt sind. Wenn Sie wünschen, nehme ich das selbst in die Hand...«

»Nach der Vorstellung, bitte«, fleht Topol ihn an. »Jetzt muß ich mich für meinen Auftritt fertigmachen.«

In diesem Augenblick wird die Türe aufgestoßen und eine Gruppe von Touristen, die von einem Reisebüro in Tel Aviv betreut werden, ergießt sich in den Raum. Sie schwingen Prospekte, in denen ganz deutlich steht: »Donnerstag: Spaziergang durch den Hyde Park, Besuch im Parlament und in der Garderobe von Chaim Topol, gemütliches Beisammensein mit dem Schauspieler nach Schluß der Vorstellung, gemeinsames Abendessen.« Der Photograph, der die Gruppe begleitet, schickt sich an, die denkwürdige Begegnung im Bild festzuhalten. Während er Topol auffordert, einem der ihn Umringenden mit freundlichem Lächeln die Hand zu schütteln, ertönt das zweite Klingelsignal, welches anzeigt, daß der Vorhang in zehn Minuten aufgehen wird.

»*Doppelzimmer mit Bad und zwei Tickets für 27. Juli Gruß Dr. Friedmann*«, lautet der Text des Telegramms aus Haifa, das dem Schauspieler eben ausgehändigt wird.

Gleich darauf erscheint der Garderobier, der von einem Schwarzhändler vor dem Theater die dritte Karte für Billitzers Schwester erworben hat. Topol zahlt, da Billitzer sich in der fremden Währung nicht auskennt. Billitzer verspricht, den Betrag morgen zu retournieren oder, noch besser, ihn aus Tel Aviv zu überweisen. Unterdessen bestellt Topol das von Dr. Friedmann gewünschte Doppelzimmer mit Bad und versucht gleichzeitig, der hartnäckig an seiner Seite verbleibenden Frau Wexler etwas klarzumachen.

»Es geht nicht, Madame. Wirklich nicht. Alle Schauspieler sind für die Laufzeit des Stückes fix engagiert. Die Theaterleitung kann Ihretwegen nicht kontraktbrüchig werden...«

Die Sache ist die, daß Frau Wexler die Rolle der Heiratsvermittlerin übernehmen möchte. Sie hat in Polen große schauspielerische Erfahrung gesammelt, von der sie leider in Israel bisher noch keinen Gebrauch machen konnte, da sie nicht Hebräisch spricht. Sie spricht auch nicht Englisch, aber das kann man ja lernen, was zahlen die hier?

Topol verteilt Autogramme an einen Trupp englischer Pfadfinder und weist mit der anderen Hand das Angebot einer jüdischen Delegation aus Birmingham zurück, die ihn zum Gemeindevorsteher ernennen will, vorausgesetzt, daß er den führenden Tanz- und Gesangspart in ihrer Weihnachtspantomime übernimmt. Gestern haben sie einen ähnlichen Vorschlag dem Bischof von Liverpool gemacht, der jedoch wegen Arbeitsüberlastung ablehnen mußte. Also darf Topol sie jetzt unter gar keinen Umständen enttäuschen.

Topol enttäuscht sie und wird im gleichen Augenblick von einer blonden Flugzeug-Stewardeß umarmt, die morgen mit sämtlichen Besatzungsmitgliedern den »Fiddler« sehen will. Neun Karten, womöglich Mitte.

Topol sitzt vor dem Spiegel und schmiert sich schwarze Tusche unter die Augen, um älter auszusehen. Eine überflüssige Maßnahme. Er schaut viel älter aus, als er ahnt. Der Buffetbesitzer Avigdor steht hinter ihm und zeigt ihm, wo noch etwas Schwarz hingehört.

Drittes Klingelzeichen. Zweites Kabel von Dr. Friedmann: »*Eilsendet zwei Roundtrip Tickets Touristenklasse für 27. Juli.*«

Ein würdig aussehender Herr in Cut und Zylinder versucht an Topol heranzukommen, der ihm aber schon von weitem in hebräischer Sprache zuruft, daß es für heute wirklich keine Karten mehr gibt, Ehrenwort. Der würdig aussehende Herr wendet sich achselzuckend ab, weil er kein Wort verstanden hat. Es ist der Lord Mayor von London.

»Kommen Sie morgen zu mir ins Hotel«, ruft Topol hinter ihm her, immer noch hebräisch. Seine Stimme klingt heiser.

»Er sollte besser auf sich aufpassen«, flüstert Billitzer seiner Schwester ins Ohr und läßt eine Mentholtablette in Topols Mund gleiten. »Übrigens – wie hoch ist Ihre Gage? Angeblich 10000 Dollar pro Abend. Stimmt das?«

Letztes Signal.

Bald darauf durchflutet Topols männlicher Baßbariton

das Haus: »Tradition, Tradition...« Die Vorstellung hat begonnen. Das als kühl verschriene englische Publikum tobt vor Begeisterung, applaudiert nach jeder Gesangsnummer Topols minutenlang und vergießt Tränenströme bei der Szene, in der sich Topol von seiner Tochter, die einen Christen heiraten will, lossagt. Tradition.

Die Israelis unter den Zuschauern informieren den jeweils zunächstsitzenden Engländer, daß sie aus Israel kommen und mit Topol persönlich befreundet sind.

Nach Schluß der Aufführung gibt es zahllose Vorhänge und Hervorrufe für Topol, der sich schließlich allein verbeugt. Einigermaßen befremdend wirkt, daß er bei seiner zweiten Verbeugung von Herrn Avigdor und Frau Wexler flankiert wird. Die übrigen Israelis erwarten ihn in der Garderobe.

»Ich habe geweint«, eröffnet ihm Herr Billitzer. »Geweint wie ein kleines Kind. Auch einige Engländer habe ich weinen sehen. Daß uns Gott so etwas erleben läßt! Sie haben wirklich einen Riesenerfolg, Topol. Aber ganz unter uns: Shmuel Rodensky ist besser...«

Einer der tiefbewegten israelischen Besucher gibt zu bedenken, daß es mit Topols Erfolg nicht gar so weit her sei, weil ja der größte Teil des Publikums aus Israelis bestanden hätte, und Landsleute applaudieren immer.

»Ich finde, daß er sehr gut war«, weist der Buffet-Avigdor die Kritiker zurecht und schlägt dem erschöpften Topol ein neues Geschäft vor: einen hebräischen Stadtplan von London zu drucken, für die Besucher aus Israel. Er, Avigdor, würde dem Unternehmen seinen Namen zur Verfügung stellen, Topol das Geld.

»Unsinn«, widerspricht Billitzer, der sich einen Platz an Topols Seite erkämpft hat. »Für ihn darf es jetzt nichts anderes geben als den Film. Solange er noch berühmt ist,

muß er das ausnützen. Mein Schwager kennt einen Filmproduzenten in Brasilien...«
Ein Team des britischen Fernsehens bemüht sich vergebens, die Kamera in Stellung zu bringen. Das britische Fernsehen möchte den »König des Musicals«, wie er von der Presse genannt wird, beim Abschminken in seiner Garderobe zeigen, kann aber infolge technischer Schwierigkeiten nicht bis zu ihm vordringen.
»Ich habe Topols Vater gekannt, als Sie, Mister, noch gar nicht wußten, daß es einen Topol gibt.« Mit diesen Worten drängt Frau Wexler einen Kameramann zurück, der sie beiseiteschieben wollte. »Also seien Sie gefälligst etwas bescheidener, und erzählen Sie mir nicht, wo ich stehen soll.«
Topol öffnet die inzwischen eingetroffenen Telegramme.
»*Besorgt Babysitter für 27. Juli Friedmann*«, lautet das erste.
Topol reicht den Auftrag an seinen Garderobier weiter und macht einen unvermuteten Panthersatz in Richtung Badezimmer, wo er endlich ungestört ein paar Worte mit Danny Kaye wechseln kann. Einige Israelis fühlen sich durch sein Benehmen gekränkt und verlassen demonstrativ den Raum, um Verstärkung zu holen.
»Er ist wirklich nicht schlecht«, wendet sich Herr Billitzer an einen neben ihm stehenden Herrn. »Nur der Akzent stört ein bißchen.«
»Finden Sie?« erwidert kühl und abweisend der Herzog von Kent, der mit der Herzogin gekommen ist, um dem Star der Aufführung zu gratulieren. Billitzer – nachdem ihm klargeworden ist, mit wem er es zu tun hat – stellt sich vor und fragt das herzogliche Paar, ob man für ihn vielleicht eine Audienz bei der Königin arrangieren könnte oder etwas Ähnliches.

Ein Anruf von der israelischen Botschaft, dessen Inhalt der Garderobier durch die Badezimmertür an Topol weitergibt, kündigt für den 8. August eine Gruppe von vierzehn Parlamentariern aus Jerusalem an, und Herr Topol möchte so freundlich sein, die nötigen Vorkehrungen zu treffen, womöglich Mitte.

Avigdor berät sich mit einem Anwalt, den er aus Tel Aviv kennt, und ist einverstanden, die Partnerschaft mit Topol auf eine neue Grundlage zu stellen: 45% für ihn und 55% für Topol, der aber unverzüglich das Investitionskapital flüssigmachen muß.

Topol erscheint in der Badezimmertür. Siebzehn Photographen lassen gleichzeitig ihre Blitzlichter aufflammen, die übrigen Anwesenden stürzen auf Topol zu und verlangen Autogramme in ihre Programmhefte, in ihre Notizbücher oder auf ein von Topol bereitzustellendes Blatt Papier. Der Bürgermeister von London verabredet für Donnerstag ein Rendezvous mit Frau Wexler.

Der Herzog von Kent sucht vergebens nach seinem Theaterglas, das ihm im Gedränge entfallen ist.

Die von einem israelischen Reisebüro organisierte Gruppe macht sich zum Abendessen mit Topol bereit. Es ist eine in Großbritannien, Irland und dem gesamten Commonwealth wohlbekannte Tatsache, daß ein Teil des Publikums nach jeder Vorstellung auf Topols Kosten in einem der besseren Restaurants diniert. Tradition, Tradition. Sogar die Taxichauffeure wissen das und empfangen die aus der Bühnentür Hervorquellenden mit dem Ruf: »Topol-Tour! Topol-Tour!«

Topol schwingt sich in das erste Taxi, die Mitglieder der israelischen Dinnergesellschaft verteilen sich auf die nächsten neun Fahrzeuge und folgen dem ersten.

Der Konvoi schlägt die Richtung zum Viertel der teuersten Abendrestaurants ein. Topol sieht in seiner Brieftasche nach, ob er genug Bargeld bei sich hat, um für 40 Personen zu zahlen (36 Israelis und 4 Engländer, die sich der Gruppe auf gut Glück angeschlossen haben). Er zeigt leise Anzeichen von Müdigkeit, die sich niemand erklären kann.

»Na ja«, bemerkt Billitzer zu seiner Schwester. »Der Erfolg steigt ihm eben zu Kopf. Das ist nicht mehr der alte, freundliche Topol, wie wir ihn aus Tel Aviv kennen. Schade.«

Der Broadway ist off

Das Wichtigste für eine Off-Broadway-Theaterproduktion ist das Theater selbst. Diese verhältnismäßig kleinen Kunststätten stehen niemals leer. Sie werden ständig von produktionsgierigen Unternehmern belagert und, kaum daß sich die geringste Chance bietet, geschnappt, ohne daß der betreffende Produzent im voraus wüßte, ob das zu seinem Selbstmord führen wird oder zu einem rauschenden Erfolg. Mit Zwischenstadien hält man sich in New York nicht auf. Entweder kratzt man Wolken, oder man macht gleich am Premierenabend Pleite.

Meine eigene Situation war unter den damals gegebenen Umständen verhältnismäßig aussichtsreich. Der Produzent meines Stücks, wir nennen ihn der Einfachheit halber Joe, trug in seiner Tasche einen Mietvertrag mit der Verwaltung einer Methodistenkirche, ein signiertes, offizielles, fast schon historisches Dokument, das uns für eine unbegrenzte Dauer von drei Monaten den Gebrauch des im Kirchengebäude befindlichen Theatersaals sicherte. Es war eine reizende kleine Bühne, die Atmosphäre war intim und puritanisch zugleich, und die Proben waren im üblichen, verrückten Gang. Es war also alles in bester Ordnung.

Und dann schlug die Steuerbehörde zu. Bei unseren Methodisten traf ein amtliches Zirkular ein, demzufolge die Kirche (wie alle gleichartigen Institute auch) von jetzt an die bisherige Steuerfreiheit nur dann genießen würde, wenn sie »in keiner Weise mit einer auf Profit berechneten Organisation« zu tun hätte.

Die Kirchenverwaltung wurde von Panik befallen. Nicht wegen der Steuer, die sie vielleicht zu entrichten hätte, sondern bei dem bloßen Gedanken, daß jeder beliebige Steuerbeamte fortan in den Büchern herumschnüffeln könnte. Das durfte nicht sein. Das nicht.
Am nächsten Tag berief der Methodisten-Erzbischof, der gerade an der Reihe war, den Produzenten Joe zu sich und teilte ihm mit, daß ihre Abmachungen null und nichtig seien, und zwar infolge »höherer Gewalt« (in Amerika »Act of God« genannt), siehe § 106 des Vertrags. Joe taumelte, fiel auf die Knie und beschwor den Erzbischof, ihn nicht zu ruinieren. Als er damit nichts erreichte, brachte er in seiner Verzweiflung ein Argument vor, das er für besonders raffiniert hielt: Die Show, so sagte er, würde ohnehin keinen Profit machen, sondern durchfallen und zusperren wie die meisten ihrer Art. Um den Kirchenfürsten zu überzeugen, daß es sich wirklich so verhielte, lud er ihn – allerdings erfolglos – zu den Proben ein. Zugleich übergab er die Angelegenheit einem Rechtsanwalt, der nach sorgfältiger Prüfung des umfangreichen Vertragswerkes erklärte, daß er nichts machen könne, da eine Klage gegen Gott wenig Chancen hätte. Daraufhin verdächtigte Joe die Methodistenkirche des Antisemitismus, zog diesen Verdacht jedoch alsbald zurück und erklärte sich bereit, Methodist zu werden. Aber auch das half nichts.
Wir mußten also ein anderes Theater finden.
Wie macht man das? Ganz einfach: Man geht die Liste der bevorstehenden Premieren durch und versucht zu erraten, welche von ihnen mit größter Wahrscheinlichkeit durchfallen wird. Es gibt sogenannte »Fiasko-Experten«, die gegen entsprechendes Honorar nach Durchfällen Ausschau halten (den abgerichteten Polizeihunden

vergleichbar, denen es obliegt, Haschisch-Verstecke aufzuspüren).
Die Wahl unseres Expertenteams fiel auf das Corona-Theater, eines der bekannteren Off-Broadway-Häuser.
»Gehen wir's uns anschauen«, sagte Joe.
Wir drangen durch eine Hintertür in das kleine Gebäude ein, unsere Hüte tief ins Gesicht gezogen und unsere Füße in schalldämpfenden Gummischuhen. Ich kam mir vor wie ein Berufsgeier, der über einem werdenden Kadaver schwebt, um im richtigen Augenblick auf ihn hinabzustoßen. Aber so ist das Leben.
Auf der kleinen Bühne ging gerade eine der letzten Proben zu einem offenbar ganz netten Musical vonstatten. Sehnige Tänzer beiderlei Geschlechts erzeugten ein rhythmisches Durcheinander, der Bühnenbildner legte die letzte Hand ans Bühnenbild, die Musiker stimmten ihre Instrumente, der Regisseur brüllte sich heiser, und der Choreograph versuchte ihn zu überschreien. Wir standen in einer dunklen Ecke und beobachteten die Vorgänge.
Nach einer Weile holte der oberste Leichenfledderer tief Atem, schüttelte den Kopf und sagte:
»Nein, die kommen über die Premiere nicht hinaus. Ein sicherer Durchfall.«
Joe und ich wollten vor Freude laut aufjauchzen, unterließen das aber, um kein Aufsehen zu erregen.
Wie sich zeigte, hatten wir es bereits erregt. Aus dem halbdunklen Zuschauerraum kam ein Mann auf uns zu und fragte, wer zum Teufel wir wären und was zum Teufel wir hier suchten.
Statt irgendwelche Ausreden zu stottern, die unser nicht würdig gewesen wären, enteilten wir schnellen Schritts, rannten um das Theatergebäude herum und durch einen

anderen Eingang in den zweiten Stock hinauf, wo sich das Privatbüro des Hauseigentümers befand.
Er schien bereits auf uns gewartet zu haben.
»Wann wollen Sie Ihre Show herausbringen?« fragte er zur Begrüßung.
»Wie sieht es bis jetzt aus?« lautete Joes Gegenfrage.
»Am Mittwoch haben die dort unten Premiere. Wenn Sie wollen, können Sie Donnerstag mit den Proben anfangen.«
»Bestimmt?«
»Todsicher. Wir können sofort einen Vertrag machen.«
»Entschuldigen Sie«, unterbrach ich, »warum müssen wir bis Donnerstag warten? Die Premiere wird ungefähr um halb elf zu Ende sein, so daß wir noch am Mittwoch abend um elf anfangen können.«
»Halten Sie den Mund«, zischte mir einer der Experten zu. »Man muß die doch wenigstens die Kritiken lesen lassen.«
Mittlerweile hatte Joe mit dem Hausbesitzer einen Vorvertrag durch Handschlag abgeschlossen und durch eine Anzahlung bekräftigt. Von der Bühne hörten wir hoffnungsvolle Musik und die optimistischen Stimmen der Sänger...
Ein paar spannungsgeladene Tage folgten. Schon zur Hauptprobe schickten wir einen Spion in den Zuschauerraum. Er berichtete, daß die Show nicht gut sei aber auch nicht katastrophal schlecht.
Joe erbleichte.
»Herr im Himmel«, stöhnte er, »wenn das ein Erfolg wird, sind wir verloren.«
Ich schlug vor, den Star der Show zu vergiften oder bei der Premiere unsere Leute hinter die wichtigsten Kritiker zu plazieren, um sie durch Ausrufe des Ekels zu beein-

flussen. Meine Vorschläge wurden abgelehnt. Nur die Kritiken in der Presse und im Fernsehen konnten uns helfen.

Am Mittwochabend versammelten wir uns in unbeschreiblicher Nervosität vor dem Bildschirm. Endlich war es soweit. Kanal II meldete sich als erster mit einer lauwarmen, aber nicht wirklich mörderischen Kritik. Auf einem andern Kanal wußte irgendein Idiot sogar von »amüsanten Stellen« zu berichten. Sollte am Ende...? Man kann sich heutzutage auf nichts mehr verlassen.

Gegen Mitternacht brachte uns einer der Experten die noch druckfeuchte Morgenausgabe der »Post«. Wieder kein echter Verriß. Wenn das so weitergeht, können wir unsere Show nicht herausbringen.

Joe ertrug es nicht länger. Er ging selbst hinunter, um die »New York Times« abzufangen.

Wir warteten mit zum Bersten angespannten Nerven. Wo bleibt er so lange. Die Morgenausgabe der »Times« müßte doch schon längst draußen und Joe schon längst hier sein.

Die Türe fliegt auf. Joe, ein Lächeln überirdischer Glückseligkeit im Antlitz, schwenkt die »Times«:

»Wir sind gerettet! Ein tödlicher Verriß! Halleluja!«

Seit Donnerstag probieren wir im Corona-Theater. Es hat eine wunderbar intime Atmosphäre, nicht zu vergleichen mit der puritanischen Kühle der Methodistenkirche. Auch die Akustik ist hervorragend. Dementsprechend schreiten unsere Proben in bester Stimmung voran. Es wimmelt von neuen Regieeinfällen. Unsere Hoffnung auf einen durchschlagenden Erfolg steigert sich von Tag zu Tag.

Das einzige, was uns ein wenig stört, ist eine geheimnisvolle Gruppe dunkel gekleideter Männer, die mit tief ins

Gesicht gezogenen Hüten in einer Ecke stehen und miteinander flüstern. Einer unserer Bühnenarbeiter will gesehen haben, daß sie in den zweiten Stock hinaufgegangen sind, wo sich das Privatbüro des Hauseigentümers befindet.
Was mögen sie dort zu suchen haben? Oder gar zu besprechen? Was?

Hinter den Kulissen

Es ist ein weitverbreiteter Irrtum, daß sich die Öffentlichkeit für das Theater interessiert, daß man nur ein paar Plakate anzuschlagen braucht – und das Publikum, vom Titel des Stücks oder vom Namen des Schauspielers angezogen, kommt sofort in hellen Scharen herbeigeströmt. Die Wirklichkeit sieht anders aus. Das Publikum läßt sich von noch so lockenden Ankündigungen und noch so lobenden Kritiken in keiner Weise beeinflussen. Es glaubt nur, was es mit seinen eigenen Augen in den Tratschspalten der Boulevardpresse liest. Diese Spalten informieren den Leser über alles, was sich hinter den Kulissen abspielt. Der Leser erfährt hier weitaus mehr pikante Schlafzimmergeheimnisse, als wenn er zehnmal ins Theater geht.
Leider hat die Sache einen Haken. Das Schlafzimmer birgt keine Geheimnisse, und hinter den Kulissen spielt sich nichts ab.
Ich habe lange gezögert, diese schockierende Tatsache preiszugeben, konnte jedoch meinen Wahrheitsdrang auf die Dauer nicht unterdrücken. Nochmals sei es gesagt, langsam und deutlich: Hinter den Kulissen spielt sich nichts ab. Das absolute Nichts. Die Schauspieler kommen zumeist etwas verspätet ins Haus, begeben sich übellaunig in ihre Garderoben, machen Maske, erkundigen sich an der Kassa nach dem Besuch, erfahren, daß er 40 Prozent beträgt, warten auf ihr Stichwort und agieren während der nächsten zwei oder drei Stunden mit einer um 60 Prozent verminderten Spielfreudigkeit. Sie murmeln Flüche gegen den Autor, der keine echten Charak-

tere geschaffen hat, sondern blutleere Marionetten und dessen Dialoge von papierenen Phrasen rascheln – um den Kritiker Dov Schlofer zu zitieren, der zwar ein Idiot ist, aber diesmal hat er ausnahmsweise recht. Und warum liegen hier noch immer die Abfälle von gestern herum? Wieso kümmert sich niemand um diese Dinge? Wo ist der Bart des Propheten? In zwei Minuten muß ich auf der Bühne sein und suche noch immer meinen Bart. Wenn ich den Kerl erwische, der ihn unlängst verschwinden ließ, um sich die Schuhe damit zu putzen, dann erwürge ich ihn. Außerdem habe ich Durst. Seit Jahren verlange ich, und nicht nur ich, das ganze Ensemble verlangt seit Jahren von der Direktion, doch endlich dafür zu sorgen, daß man Tee in die Garderoben serviert bekommt, aber man bekommt keinen. Und ich könnte ihn schon deshalb gut brauchen, weil ich Grippe habe. Grippe mit Fieber. Seit drei Wochen lebe ich von Antibiotika. Ich hätte zu Hause bleiben sollen, was heißt sollen, ich hätte müssen, ich hätte mich ins Bett legen und auskurieren müssen, statt dessen komm' ich her und hab' nicht einmal etwas gegessen, laß mich abbeißen, na schön, gehen wir, bitte Ruhe, zweiter Aufruf, und diese Hitze, Vorhang auf, also bringen wir etwas Leben in die Sache, los...
Das ist es, was sich hinter den Kulissen abspielt. Und das gibt für die Tratschkolumnisten nichts her.
Was bleibt ihnen übrig, als die saftigen Histörchen, die das Publikum lesen will, zu erfinden? Wenn sie Glück haben, ist ihnen irgendein reklamesüchtiger Schauspieler oder ein betriebsamer Agent dabei behilflich, aber in den meisten Fällen müssen sie ihr eigenes Hirn zermartern. Das Ergebnis sieht dann ungefähr folgendermaßen aus:
»Gestern abend beschloß Schaul Polakoff, der bekannte

Charakterdarsteller, seinem Kollegen Guttermann einen Streich zu spielen. In einer ihrer gemeinsamen Szenen hat Guttermann einen irdenen Maßkrug mit Bier auszutrinken, und Polakoff ersetzte das Bier durch Joghurt. Guttermann mußte die zähe Masse, die ganz und gar nicht nach seinem Geschmack war, hinunterschlucken. ›Das machst du mir kein zweitesmal!‹ flüsterte er hernach seinem Partner zu.«

Der Redakteur, bei dem der Tratschkolumnist diese humorsprühende Geschichte abliefert, stellt mit saurer Miene fest, daß sie vor wenigen Tagen in einem Konkurrenzblatt abgedruckt war, nur handelte es sich dort um zwei Schauspielerinnen und um Terpentin statt Sodawasser. Die Geschichte erscheint trotzdem, weil die Spalte gefüllt werden muß und weil Zeitungsleser ein kurzes Gedächtnis haben. Sie wird noch mehrmals erscheinen, so lange, bis alle Getränkvariationen erschöpft sind, Lebertran statt Brandy, Rizinusöl statt Wein, essigsaure Tonerde statt Milch. Erst wenn es wirklich nichts mehr zu vertauschen gibt, machen sich die Tratschkolumnisten auf, um Neuland zu entdecken. Aber der Spaß hält sich weiterhin in Grenzen, und die richtig aufregenden Dinge, die das Publikum wirklich interessieren würden, scheitern einfach daran, daß sie nicht passieren. Weder wird Schlomo Emanuelis Freundin in zärtlichem Tête-à-tête mit Eleasar G. Bullitzer überrascht, noch schießt Lydia Brodsky in wilder Eifersucht ihrem ungetreuen Gatten eine Kugel in den Kopf, weil er mit Honigmanns geschiedener Frau an einer von Itamar Sortschenko veranstalteten Orgie teilgenommen hat, bei der Jarden Podmanitzki als Türsteher fungierte, noch ereignet sich sonst etwas von Bedeutung.

In der zweiten Hälfte unseres Jahrhunderts hat sich der

Sex vom Theater gelöst und wurde selbständig. Verglichen damit, was sonst überall passiert, ist das Theater heute ein Trappistenkloster.

Die Zeiten, in denen sinnlos verliebte Millionäre aus dem Pantöffelchen ihrer angebeteten Primadonna Champagner tranken, sind längst vorbei, weil es dem Schuhwerk schadet. Und die legendäre Couch im Zimmer des Intendanten, auf der so manche Karriere oder, im Gegenteil, so mancher Sittlichkeitsprozeß seinen Anfang genommen hat, steht heute in der Ordination des Psychoanalytikers, der damit beschäftigt ist, die Komplexe seiner Patienten aus der Theaterwelt zu entknoten.

Unter diesen Patienten befindet sich auch der Tratschkolumnist, der mangels geeigneter Geschichten an schweren Depressionen leidet.

Das Idol

Kurzdrama, im Hauptpostamt spielend
PODMANITZKI (stürmt atemlos herein): Ich muß zu ihm! Ich muß sofort zu ihm!
ZWILLINGER (der Portier, sitzt in seinem Verschlag, kaut Sonnenblumenkerne): He! Wo brennt's denn?
PODMANITZKI: Ich muß mit dem Abteilungsleiter sprechen.
ZWILLINGER: Immer mit der Ruhe. Um was handelt es sich?
PODMANITZKI: Man hat mich verständigt, daß ein eingeschriebener Brief für mich angekommen ist und verlegt wurde.
ZWILLINGER: Da müssen Sie sich an das Postamt wenden.
PODMANITZKI: Danke vielmals. Guten Tag.
ZWILLINGER: Guten Tag.
PODMANITZKI (hält plötzlich inne): Ja – aber wieso? Hier ist doch das Postamt?
ZWILLINGER: Natürlich.
PODMANITZKI: Warum sagen Sie mir dann, daß ich mich an das Postamt wenden muß?
ZWILLINGER: Weil Sie sich an das Postamt wenden müssen.
PODMANITZKI: Hören Sie – ich habe keine Zeit für Ihre Scherze. In einer halben Stunde muß ich auf der Probe sein.
ZWILLINGER: Immer mit der Ruhe. Wer sind Sie?
PODMANITZKI: Ich bin Jarden Podmanitzki.
ZWILLINGER: Wer?

PODMANITZKI (mit Betonung): Jarden Podmanitzki.
ZWILLINGER (unbeeindruckt): Und was wollen Sie?
PODMANITZKI (fassungslos): Jarden Podmanitzki. Der Schauspieler. Jetzt am Kammertheater.
ZWILLINGER: Ich habe gefragt, was Sie wollen.
PODMANITZKI: Und ich habe Ihnen gesagt, daß hier ein eingeschriebener Brief für mich liegt. Den will ich haben. Ich bin sicher, daß ein Scheck drin ist.
ZWILLINGER: Wie hoch?
PODMANITZKI: 150 Pfund.
ZWILLINGER: Von wem?
PODMANITZKI: Von meiner Großmutter.
ZWILLINGER: Wie alt ist sie?
PODMANITZKI: Wo ist der Abteilungsleiter?
ZWILLINGER: Dritte Tür links.
PODMANITZKI (stürzt davon).
ZWILLINGER (sieht ihm gedankenvoll nach).
PODMANITZKI (kehrt atemlos zurück): Es gibt keine.
ZWILLINGER: Was?
PODMANITZKI: Es gibt auf der linken Seite keine Tür.
ZWILLINGER: Nicht möglich.
PODMANITZKI: Keine einzige.
ZWILLINGER (achselzuckend): Ja dann...
PODMANITZKI (brüllt): Warum haben Sie mich dorthin geschickt?
ZWILLINGER: Probieren geht über Studieren.
PODMANITZKI: Ich werde mich beim Generalpostmeister beschweren.
ZWILLINGER: Den werden Sie nicht finden.
PODMANITZKI: Sie sind ein Lümmel.
ZWILLINGER: Sie sind selber ein Lümmel. Auch Ihr Vater.
PODMANITZKI: Ihr Vater und Ihr Großvater!

ZWILLINGER: Ihr Großvater, Ihr Urgroßvater und Ihr Ururgroßvater!
PODMANITZKI: Der Vater Ihres Ururgroßvaters und – oj! (Greift sich ans Herz)
ZWILLINGER: Einen Augenblick.
PODMANITZKI: Was?
ZWILLINGER: Entschuldigen Sie – sind Sie vielleicht Schauspieler?
PODMANITZKI: Was heißt »vielleicht?« Ich *bin* Schauspieler.
ZWILLINGER: Sie sind... Sind Sie nicht...
PODMANITZKI: Jarden Podmanitzki.
ZWILLINGER (fassungslos vor Aufregung): Nein!!
PODMANITZKI: Ja!!
ZWILLINGER: Warum haben Sie das nicht gleich gesagt? Welche Ehre... Bitte nehmen Sie Platz.
PODMANITZKI (nimmt Platz): Ich bin in großer Eile, mein Freund. In einer halben Stunde muß ich auf der Probe sein.
ZWILLINGER: Bitte bleiben Sie ein paar Minuten... Nur ein paar Minuten, ich bitte Sie... Nein, diese Ehre...
PODMANITZKI: Ich möchte mit dem Abteilungsleiter sprechen.
ZWILLINGER (krümmt sich vor Verlegenheit): Nein wirklich... Sie müssen entschuldigen... Ich hatte keine Ahnung... Ich weiß gar nicht, wie ich das sagen soll... So eine Ehre... so ein Schauspieler... Die werden zu Hause Augen machen, wenn ich's ihnen erzähle... Nein, so etwas... daß ich Sie nicht sofort erkannt habe... Ich wollte Sie immer schon persönlich kennenlernen... Dabei hatte ich sofort ein ganz bestimmtes Gefühl – gleich wie Sie hereingekommen sind... Gleich im ersten Moment hab ich mir gedacht: Wer ist dieser lächerliche

Zwerg? Man muß ja schon lachen, wenn man sein Gesicht sieht... Nein, diese Ehre...
PODMANITZKI: In einer halben Stunde beginnt die Probe.
ZWILLINGER: Wo hab ich Sie nur gesehen? Ich muß Sie schon irgendeinmal gesehen haben...
PODMANITZKI: Führen Sie mich zum Abteilungsleiter.
ZWILLINGER: Halt, ich hab's! In der Habimah... Warten Sie... Sie haben einen Negerpriester gespielt, der seinen Sohn in Johannesburg sucht.
PODMANITZKI: Das war Aron Honigmann.
ZWILLINGER: Was sagen Sie? Honigmann! Ein herrlicher Schauspieler! Gott, hab ich mich gut unterhalten bei dem Stück. Ich hab mich beinah gewälzt vor Lachen... (Lacht, besinnt sich plötzlich) Und wer sind *Sie*, wenn ich fragen darf?
PODMANITZKI: Ich bin Jarden Podmanitzki.
ZWILLINGER: Vom –?
PODMANITZKI: Vom Kammertheater.
ZWILLINGER: Was ist das?
PODMANITZKI: Eine städtische Bühne.
ZWILLINGER (hält den gerade vorbeikommenden Kaddasch auf): Augenblick, Herr Kaddasch. Kennen Sie ein gewisses Kammertheater?
KADDASCH (bleibt stehen): Natürlich. (Blick auf Podmanitzki) Jarden Podmanitzki!
PODMANITZKI (Blick auf Zwillinger): In der Tat.
KADDASCH: Welche Ehre! Ich habe Sie in Ihrer jüngsten Rolle gesehen. Hervorragend.
ZWILLINGER: Was heißt hervorragend? Grandios!
KADDASCH: Gestatten Sie: Alexander Kaddasch, Postoberoffizial.
PODMANITZKI: Freut mich. (Mit Seitenblick auf Zwillinger) Jarden Podmanitzki.

KADDASCH: Ich will Ihnen nicht schmeicheln, aber Sie waren großartig.
PODMANITZKI: Ich bitte Sie. Es war eine dankbare Rolle.
KADDASCH: Ich verstehe, ich verstehe...
PODMANITZKI: Hauptsache, daß es Ihnen gefallen hat.
KADDASCH: Gefallen? Ich war hingerissen! Und meine Frau hat sich direkt in Sie verliebt.
PODMANITZKI: Ich bitte, meine Empfehlungen zu bestellen.
KADDASCH: Am besten fand ich die Szene, wo Sie als alter Kurde... Sie wissen ja...
PODMANITZKI: Ich? Als alter Kurde?
KADDASCH: Ja. Erinnern Sie sich nicht? Eine überwältigende Szene.
PODMANITZKI (trocken): Es ist ein eingeschriebener Brief für mich da.
KADDASCH: Wirklich? Apropos Brief – da muß ich Ihnen einen köstlichen Witz erzählen. (Will ihn beiseite zerren) Sie verstehen doch Jiddisch?
PODMANITZKI: Ich bin in Eile.
KADDASCH: Also hören Sie. Ein Volkswagen kommt durch die Allenby-Straße gesaust, der Fahrer steckt den Kopf heraus und schreit: »Hallo! Wer kennt sich in Volkswagen aus?« (Lacht)
ZWILLINGER: Hahahaha... Er weiß nämlich nicht, wo die Bremse ist.
KADDASCH: Genau. Der kleine Käfer saust durch die Allenby-Straße, und der Fahrer weiß nicht...
PODMANITZKI: ...wo die Bremse ist. Deshalb steckt er den Kopf heraus und schreit: »Hallo! Wer kennt sich in Volkswagen aus?«
ZWILLINGER und KADDASCH (lachen wie verrückt).
PODMANITZKI: Weil er nicht weiß, wo die Bremse ist.

ZWILLINGER und KADDASCH: Bruhahaha...
ZWILLINGER (keuchend): Der kann vielleicht Witze erzählen, dieser Podmanitzki! Und wie er die Pointen bringt!
KADDASCH: Da sieht man eben den Routinier.
CHESCHWAN (tritt ein): Was ist denn hier los?
KADDASCH (brüllt Zwillinger an): Lassen Sie dieses idiotische Lachen! Wir sind hier in einem Amt, oder nicht?
CHESCHWAN (Blick auf Jarden): Augenblick... Sie sind doch der Schauspieler vom... vom... Nicht sagen... Es liegt mir auf der Zunge...
PODMANITZKI: Jarden Podmanitzki.
CHESCHWAN: Richtig! Wahrscheinlich haben Sie wieder einen Witz erzählt, was? Ja, das lustige Künstlervölkchen! Immer zu Späßen aufgelegt, was? (Schlägt ihm auf die Schulter) Hahaha! Wollen Sie mich nicht auch mitlachen lassen, altes Haus? Na? Schießen Sie los! Um was handelt sich's?
PODMANITZKI: Es handelt sich um einen eingeschriebenen Brief, der verlegt wurde.
ZWILLINGER, KADDASCH und CHESCHWAN (bersten vor Lachen).
CHESCHWAN: Köstlich! Zum Schießen! Ein eingeschriebener Brief... Was ihr für Einfälle habt, ihr Schauspieler... Verlegt... (Schüttelt sich vor Lachen und deutet dabei auf den Zettel, den Podmanitzki in der Hand hält) Was ist das?
PODMANITZKI: Die Nachricht, daß der Brief verlegt wurde.
CHESCHWAN (liest, fährt auf Kaddasch los): Das ist ein Skandal!
KADDASCH (zu Zwillinger): Haben Sie gehört?!
PODMANITZKI: Ich bin in Eile, meine Herren.

ZWILLINGER: Er hat eine Probe mit dem Volkswagen.

CHESCHWAN: Halten Sie den Mund, Zwillinger. Das ist keine Art, Beschwerden des Publikums zu behandeln! Und mit Ihnen, Herr Kaddasch, spreche ich später noch unter vier Augen.

KADDASCH: Jawohl. (Zu Zwillinger) Grinsen Sie nicht! (Ab)

CHESCHWAN (zieht Podmanitzki zur Seite): Ich habe alle Kritiken über Ihre letzte Rolle gelesen. Der eine Kritiker – ich habe vergessen, wie er heißt – versteht überhaupt nichts vom Theater. Kümmern Sie sich nicht um ihn.

PODMANITZKI: Das sowieso. Wer liest schon Kritiken? (Seufzt) Ich.

CHESCHWAN: Unsinn. Wissen Sie, was Sie tun sollten?

PODMANITZKI: Nicht genau.

CHESCHWAN: Ich sag's Ihnen. Hören Sie gut zu. Sie brauchen drei Dinge. A: ein gutes Stück, B: einen guten Regisseur, C: eine gute Rolle. Und natürlich müssen Sie die gute Rolle auch gut spielen. Das ist alles.

PODMANITZKI: Sie haben den Stein der Weisen gefunden. Darf ich's mir aufschreiben? Sonst vergeß ich's vielleicht.

CHESCHWAN: Aber gewiß. Schreiben Sie's nur auf. A, B, C. *Ich* versteh nämlich etwas vom Theater. Ich wurde seinerzeit wiederholt von der »Teatrikowskaja Podolbaskinoja« eingeladen. Selbst heute noch fordert man mich immer wieder auf, mich um verschiedene Theater zu kümmern. Leider habe ich keine Zeit.

PODMANITZKI: Auch ich habe keine Zeit.

CHESCHWAN: Ja, richtig. Sofort. Nur noch eine Kleinigkeit. Meine Frau sekkiert mich schon seit Wochen, daß sie ins Theater gehen will. Könnten Sie uns drei Karten verschaffen? Möglichst in der Mitte?

PODMANITZKI: Gern. Drei?
CHESCHWAN: Ja. Meine Schwester will auch gehen – mit ihrem Mann.
PODMANITZKI: Also vier.
CHESCHWAN: Stimmt. Vier im ganzen. Egal für welchen Tag.
PODMANITZKI: Dann sagen wir: Montag?
CHESCHWAN: Lieber Mittwoch.
PODMANITZKI: Aber am Mittwoch spiele ich nicht.
CHESCHWAN: Ich habe leider nur den Mittwoch abend frei. Wir müssen bei Mittwoch bleiben.
PODMANITZKI (säuerlich): Na schön. Vier Karten für Mittwoch.
CHESCHWAN: Danke. Ich habe mich sehr gefreut, Sie kennenzulernen. Auf Wiedersehen.
PODMANITZKI: Halt, halt! Was ist mit meinem eingeschriebenen Brief?
CHESCHWAN: Wir werden der Sache nachgehen. Also sechs Karten für Mittwoch. (Ab)
PODMANITZKI: Möglichst in der Mitte.
ZWILLINGER: Ich will auch zwei Karten haben.
PODMANITZKI: Bitte sehr. Sie werden an der Abendkasse bereitliegen.
ZWILLINGER: Danke, Herr Honigmann.
PODMANITZKI: Ich bin Jarden Podmanitzki.
ZWILLINGER: Wenn schon. Ein Schauspieler ist ein Schauspieler.
LEA BIRNBAUM (stürzt aufgeregt herein): Herr Podmanitzki? Mein Name ist Lea Birnbaum. Ich bin hier Sekretärin. Haben Sie Ihre letzten Kritiken gelesen?
PODMANITZKI: Leider.
LEA: Vergessen Sie's. Lauter Unsinn. Ich verehre Sie schon seit Jahren. Ich komme zu jeder Ihrer Premieren.

PODMANITZKI: Und ich komme zu spät zur Probe.

LEA: Probe... Welch ein Zauber von diesem Wort ausgeht! Ich schwärme für das Theater.

PODMANITZKI (nervös): Freut mich, freut mich.

LEA: Ich habe selbst schon ein paar Theaterstücke geschrieben.

PODMANITZKI: Interessant.

LEA: Wenn Sie nichts dagegen haben, komme ich einmal zu Ihnen und lese Ihnen ein paar Seiten vor. Wieviel zahlen Sie für ein Stück?

PODMANITZKI: Ein Vermögen, Fräulein Birnbaum, ein Vermögen. Aber zuerst möchte ich den eingeschriebenen Brief haben.

ZWILLINGER: Es ist ein Scheck von seiner Großmutter drin.

LEA: Ich werde die Sache in die Hand nehmen. Kann ich Sie morgen besuchen?

PODMANITZKI: Ja.

LEA: 14 Uhr 30?

PODMANITZKI: 14 Uhr 30 geht. Aber ich werde nicht viel Zeit haben.

LEA: Da fällt mir ein: Morgen kann ich nicht. Ich habe schon zwei Verabredungen für den Nachmittag. Wie wär's mit Freitag?

PODMANITZKI: Auch gut.

LEA: Wann?

PODMANITZKI: Um fünf Uhr in der Früh. Aber jetzt verschaffen Sie mir endlich meinen Brief! Und beeilen Sie sich!

LEA: Gut, ich nehme ein Taxi. (Notiert) Freitag, fünf Uhr. Paßt mir sehr gut ins Programm.

PODMANITZKI: Eigentlich – warum so spät? Warum nicht schon um drei?

LEA: Ich mache nicht gern Besuche bei Mondschein.
PODMANITZKI (beherrscht sich mühsam): Wenn ich jetzt nicht sofort mit dem Abteilungsleiter sprechen kann, zertrümmere ich die Einrichtung.
LEA: Was ist denn los mit Ihnen? (Schon in der Tür) Ich habe auch eine sehr schöne Stimme.
PODMANITZKI (brüllt): Hinaus!
ZWILLINGER: Alle Leute belästigen Sie, Herr Podmanitzki. Alle wollen Karten von Ihnen – oder wollen Ihnen etwas vorsingen... (Beginnt eine Melodie aus »Oklahoma« zu trällern)
PODMANITZKI (stöhnt auf, will entfliehen, stößt mit dem hereinkommenden Inspektor Weinberger zusammen).
INSPEKTOR: Ich höre, daß wir einen bekannten Schauspieler zu Gast haben. Mein Name ist Inspektor Weinberger.
PODMANITZKI: Jarden Podmanitzki.
INSPEKTOR: Weiß ich, weiß ich. Sie kennt man doch... Was wollte ich Ihnen sagen...
PODMANITZKI: Ja. Ich habe die Kritiken gelesen und vergessen. Lauter dummes Zeug.
INSPEKTOR: Sie nehmen mir die Worte aus dem Mund.
PODMANITZKI: Kann ich etwas für Sie tun, Herr Inspektor?
INSPEKTOR: Ja. Einen Augenblick, Herr... Herr...
PODMANITZKI: Podmanitzki.
INSPEKTOR: Wie bitte?
PODMANITZKI: Jarden Podmanitzki.
INSPEKTOR: Natürlich. Also, es handelt sich um meine Cousine. Ein sehr begabtes Mädchen. Kann tanzen, singen und kochen.
PODMANITZKI: Ich habe derzeit keine Absicht, mich zu verehelichen.

INSPEKTOR: Wer spricht von Ehe? Sie möchte zum Theater.
PODMANITZKI: Soll sie.
INSPEKTOR: Sie hat auch schon einen Kurs gemacht.
PODMANITZKI: Was für einen Kurs?
INSPEKTOR: Stenographie. Was würden Sie ihr als nächstes raten, Herr... Herr...
PODMANITZKI: Honigmann.
INSPEKTOR: Herr Honigmann. Vielleicht können Sie ein gutes Wort bei der Habimah für sie einlegen. Ein Wort von Ihnen würde genügen.
PODMANITZKI: Ein Wort? Es genügt, wenn ich pfeife.
INSPEKTOR: Um so besser. Rufen Sie doch gleich einmal dort an.
PODMANITZKI: Wer? Ich? Wo?
INSPEKTOR: Zwillinger, verbinden Sie uns mit der Direktion der Habimah.
ZWILLINGER (verbindet).
PODMANITZKI (röchelt): Mein Brief...
INSPEKTOR: Was für ein Brief?
ZWILLINGER (am Telephon): Hallo? Einen Augenblick!
PODMANITZKI (reißt ihm den Hörer aus der Hand, spricht sehr schnell): Habimah? Schalom. Ich wünsche, daß Sie die Cousine von Herrn Weinberger engagieren. Sofort. Kein Wort weiter. Es ist ein Befehl. (Pfeift, legt den Hörer auf) Sie ist engagiert.
INSPEKTOR: Vielen Dank. Ich wußte ja, daß es klappen wird. Das Mädel ist so begabt. Übrigens – es geht mich ja nichts an – aber was machen Sie hier?
PODMANITZKI: Ich suche meinen eingeschriebenen Brief.
INSPEKTOR: Dann will ich nicht länger stören. (Ab)
BEAMTER (steckt den Kopf zur Tür herein): Hallo, Podmanitzki!

PODMANITZKI: Ja?
BEAMTER (hält zwei Finger in die Höhe).
PODMANITZKI: In Ordnung. Zwei Karten in der Mitte. Liegen an der Abendkassa unter der Chiffre »Eingeschriebener Brief«.
BEAMTER: Gut. (Verschwindet)
TIRSA (kommt mit Zwillinger).
ZWILLINGER: Darf ich Ihnen unsere zweite Sekretärin vorstellen?
TIRSA: Tirsa Gadol.
PODMANITZKI: Stanislawski.
TIRSA: Ich bin eine große Verehrerin von Ihnen. (Zu Zwillinger, flüsternd) Er ist ein Schauspieler, nicht wahr?
ZWILLINGER: Sagt er.
TIRSA (zu Podmanitzki): Ich wollte Sie um etwas bitten.
PODMANITZKI: Wie viele und für wann?
TIRSA: Nein, ich gehe nie ins Theater. Nur ins Kino.
PODMANITZKI: Wo ist mein eingeschriebener Brief?
TIRSA: Davon weiß ich nichts. Ich meine etwas anderes. Nächste Woche findet der Universitätsball statt.
PODMANITZKI: Ich tanze nicht.
TIRSA: Mein Freund tanzt. Aber ich habe kein Abendkleid.
PODMANITZKI: Gut. Ich werde Ihnen eins nähen.
TIRSA: Nicht nötig. Man hat mir erzählt, daß die Frauen in »My Fair Lady« so schöne Kostüme getragen haben.
PODMANITZKI: Ich werde Ihnen einige Modelle vorlegen.
ZWILLINGER: Und dann suchen wir uns eins aus.
TIRSA: Aber kein schwarzes.
PODMANITZKI: Nein. Niemals.
ZWILLINGER: Gelb wäre besser.
TIRSA: Oder weinrot.
PODMANITZKI: Vielleicht mit einem violetten Saum?

TIRSA: Nicht schlecht. Aber es ist sehr dringend.
PODMANITZKI: Ich breche noch heute in den Fundus ein. Noch in der Nacht.
TIRSA: Danke. (Zu Zwillinger) Er ist doch sehr nett.
PODMANITZKI (heult auf): Wo ist mein eingeschriebener Brief?
MAZALGOWITSCH (kommt mit einem Brief in der Hand): Hier, Herr Podmanitzki. Hier in meiner Hand.
PODMANITZKI: Gott sei Dank. (Wirft sich auf den Brief)
MAZALGOWITSCH (wehrt ab): Nein, nein, so schnell geht das nicht, Herr Podmanitzki. Nur Geduld. Wir haben vorher noch eine Kleinigkeit zu besprechen. Mein Name ist Mazalgowitsch. Ich bin der Abteilungsleiter. Sehr erfreut, Ihre Bekanntschaft zu machen. Samstag abends veranstaltet unsere Belegschaft ihre alljährliche Betriebsfeier. Haben Sie nicht ein paar lustige Nummern?
PODMANITZKI: Ich habe einen eingeschriebenen Brief!
MAZALGOWITSCH: Sehr gut. Den können Sie auf jeden Fall singen, und noch zwei oder drei passende Stücke dazu. Ihnen muß ich doch keine Ratschläge geben.
PODMANITZKI: Nein. Den Brief.
MAZALGOWITSCH: Wir zahlen natürlich kein Honorar. Woher sollten wir das Geld nehmen? Aber Sie werden sich bei uns sehr wohl fühlen.
PODMANITZKI (reißt ihm den Brief aus der Hand).
MAZALGOWITSCH: Aber Herr... Herr...
PODMANITZKI: Mein Scheck, mein Scheck... (reißt den Brief auf, liest) »Lieber Jarden, wahrscheinlich kannst Du Dich nicht mehr an mich erinnern, wir sind zusammen in die Schule gegangen, und ich möchte Dich bitten, mir für Deine nächste Premiere zwei Karten zu verschaffen. Möglichst in der Mitte. Dein dankbarer Mischa.«

Wohltun geht auf die Nerven

Nichts fasziniert den Durchschnittsbürger so sehr wie die persönliche Gegenwart eines Schauspielers. Daraus erklärt sich, warum Textilhändler verhältnismäßig hohe Summen dafür zahlen, mit echten lebendigen Stars in Tuchfühlung zu kommen. Und dies wiederum hat den berühmten »Variety Club«, die internationale Wohltätigkeitsorganisation der Kunst- und Theaterwelt, dazu bewogen, die hier vorhandenen Energien für menschenfreundliche Zwecke auszunützen.

So wurde zur Unterstützung notleidender israelischer Kinder vor einiger Zeit auch bei uns eine Zweigstelle des »Variety Club« gegründet. Für das exklusive Eröffnungsbankett im Hilton-Hotel hatten zahlreiche internationale Stars ihre persönliche Anwesenheit in Aussicht gestellt, an der Spitze – der Berichterstatter bittet um die Erlaubnis, Atem zu holen – an der Spitze James Bond recte Sean Connery!

Die Reaktion der als zurückhaltend bekannten israelischen Öffentlichkeit war lauwarm. Die fünf oder sechs Mordfälle, die sich im wütenden Kampf um die goldumrandeten Einladungskarten ereigneten, wurden von der Polizei vertuscht, und zwei Wochen vor dem großen Ereignis wußte jedermann im Lande, ob er zur Oberschicht gehörte oder zum Lumpenproletariat. Wenn zwei Chancenreiche einander auf der Straße begegneten, pflegte in ihr Gespräch die unauffällige Frage einzusickern:

»Übrigens – sind Sie eingeladen?«

Worauf der Befragte meistens antwortete:

»Ich habe den heutigen Posteinlauf noch nicht gesehen.

Aber um die Wahrheit zu sagen: gar so viel liegt mir nicht daran.«

Auch die schweigende Mehrheit der Nichteingeladenen hatte eine Art Sprachregelung getroffen:

»Aufgepaßt, ihr Snobs!« zischten sie den Eingeladenen hämisch zu. »Ihr dürft das Scheckbuch nicht zu Hause vergessen!«

Das war zweifellos ein Tiefschlag, aber er hinterließ, wie das bei Tiefschlägen üblich ist, eine gewisse Wirkung. In der Tat: Wem galt die Einladung? Der Person oder dem Bankkonto? Und warum kamen alle diese Schauspieler und Regisseure und Playboys und sonstigen Mitläufer herbeigeströmt? Wenn sie unseren notleidenden Kindern helfen wollen, können sie das auch aus der Ferne tun, ohne sich zur Schau zu stellen. Wer soll denn überhaupt für den ganzen Wirbel zahlen? Wer? Am Ende wir selbst?

Es galt, der Sache auf den Grund zu gehen. Die Einladungen und Ankündigungen wurden einer genauen Textanalyse unterzogen, Leute, die den Veranstaltern nahestanden, wurden um Auskunft gebeten, Drähte begannen zu surren, Verbindungen begannen zu spielen. Allen erreichbaren Informationen zufolge bestand keine wirkliche Gefahr einer Schröpfung. Und selbst wenn etwas dergleichen geplant war, würde es in unauffälliger und würdiger Form geschehen.

Dennoch blieb die Ungewißheit bestehen.

»Sind Sie sicher«, so fragte man einander, »daß es sich hier nicht um eine ganz gewöhnliche Sammelaktion handelt?«

Der Schatten einer überdimensionalen Mausefalle lag über dem Alltag. In der Boulevardpresse las man, daß zu dem Gala-Abend »zahlreiche Persönlichkeiten von Rang« eingeladen waren. Wahrlich ein dehnbarer Be-

griff. Was heißt hier »Rang«? Welcher »Rang« war gemeint? Der gesellschaftliche? Der geistige? Oder vielleicht doch der finanzielle? Allmählich beneidete man die Angehörigen der nichteingeladenen unteren Schichten.
Auch ich wurde von unerquicklichen Gedanken heimgesucht. Ich habe ein gutes Gewissen, ich tue, was ich kann, ich unterstütze die öffentliche Fürsorge, ich kaufe alljährlich ein Los der Wohltätigkeitslotterie – und jetzt soll ich mir plötzlich von James Bond persönlich mein Geld aus der Tasche ziehen lassen? Selbstverständlich wünschen wir unsere Kinder glücklich zu sehen, wir lieben ihr seliges Lächeln, wir gönnen ihnen alles Gute, aber es gibt Grenzen. Als mein jüngerer Sohn im Winter an Keuchhusten litt, hat niemand einen Finger gerührt, um ihm sein Schicksal zu erleichtern. Wie komme ich dazu, für fremde Kinder...
»Immerhin wird ein Dinner serviert«, lautete eine zu Besänftigungszwecken ausgesprengte Nachricht. »Und das Hilton hat eine bekannt gute Küche.«
Zu Hause habe ich eine noch bessere. Ein Dinner ist kein Grund, sich lebensgefährlichen finanziellen Bedrohungen auszusetzen.
Theoretisch bestand die Möglichkeit, die Einladung zurückzuschicken. Niemand schickte sie zurück. Alle Eingeladenen erschienen bleich, angespannt, zitternd vor mühsam verhaltener Erregung, und ihre blutleeren Lippen murmelten unhörbare Gelöbnisse:
»Von mir bekommen sie nicht einen Pfennig. Es ist Sache der Regierung, sich um unsere Kinder zu kümmern.«
Die Regierung war denn auch anwesend. Die Ministerpräsidentin war anwesend. Der Verteidigungsminister

war anwesend. Und der Finanzminister. Und die Geschäftswelt. Im- und Export. Alles mögliche. Nicht zu vergessen die Tratschkolumnisten.
»Na also«, flüsterte die Gattin eines Bauunternehmers, als sie das reich gedeckte Buffet überblickte. »Die Sache ist klar. Hier wird Geld gesammelt, und zwar gründlich.«
Die Plätze an den Tischen waren namentlich gekennzeichnet, so daß den Eingeladenen nicht einmal die kleine Freiheit verblieb, sich zu setzen, wohin sie wollten. Mißgünstige Blicke trafen die wenigen Glücklichen, deren Plätze sich in der Nähe des Ausgangs befanden. Sie konnten, wenn's gefährlich wurde, ohne größeres Aufsehen verschwinden. Über den Tischen hingen in enormer Vergrößerung die Photos pausbäckiger Kinder beiderlei Geschlechts.
Der offizielle Teil begann. Er verlief sachlich, nüchtern und langandauernd. Ein grauhaariger Brite sorgte mittels Mikrophons für einen disziplinierten Ablauf. Als erster erhob sich der Vorsitzende der »Variety«-Weltorganisation, las aus einem goldenen Buch die Namen vieler amerikanischer Bürger und überreichte der Ministerpräsidentin eine goldene Rolle. Die Ministerpräsidentin nahm die goldene Rolle mit der Versicherung entgegen, daß sie nichts sehnlicher wünsche, als Zweigniederlassungen in Kairo und Damaskus zu gründen, um den notleidenden arabischen Kindern zu helfen. Diese goldenen Worte trugen ihr lebhaften Beifall ein. Hierauf erhob sich die Schauspielerin Maureen O'Hara und erkundigte sich bei den Anwesenden, ob es auf Erden etwas Schöneres gebe, als zu geben und immer wieder zu geben. Die anwesenden Israelis vergewisserten sich, daß sie ihre Scheckbücher nicht mitgenommen hatten, und nickten befriedigt.

Aber es half nichts. Der schicksalsträchtige Augenblick des Spendenaufrufs rückte unaufhaltsam näher. In wenigen Minuten, vielleicht schon wenigen Sekunden, würde der Vorsitzende sich an Baron Edmond de Rothschild wenden und fragen:
»Was dürfen wir als Ihre Spende notieren, Baron?«
Lässig kommt die Antwort:
»Ich spende 5000 Shekel.«
Stürmischer Applaus.
Als nächster ist der Generalsekretär des Gewerkschaftsbundes an der Reihe:
»Und wieviel zeichnen Sie?«
»10 000 Shekel.«
Und jetzt, während das Händeklatschen langsam verklingt, jetzt bin's ich, an den der Vorsitzende die Frage richtet:
»Sie dort, mein Herr – ja, Sie, im dunkelblauen Anzug – was spenden Sie?«
»Dreißig Shekel... in bar...«
Nein, das geht nicht. Das wäre kläglich. Ich werde mindestens fünfzig Shekel zeichnen müssen. Schön, dann also sechzig, wenn ich schon in der Falle sitze. Soll ich mich vor dem ganzen Land blamieren? Aller Augen sind auf mich gerichtet. Warum bin ich gekommen? Ich werde 100 000 Shekel spenden und die Spende nachher rückgängig machen. Wer kann mich daran hindern? Ich habe mich eben geirrt, ich habe 100 gemeint, nicht 100 000...
Der Exporteur neben mir grinst teuflisch vor sich hin. Er hat sein gesamtes Vermögen vor wenigen Tagen auf den Namen seiner Frau überschreiben lassen.
Die Stimmung ist zum Bersten angespannt. Man kann unter solchen Umständen nicht einmal essen. Wie soll das weitergehen?

Da ... was ist das? Ein Murmeln geht durch die Reihen der Anwesenden, ein Murmeln der Erleichterung.

Der Vorsitzende der Weltorganisation hat soeben einen goldenen Scheck ausgefüllt, erhebt sich und reicht ihn an Sean Connery weiter.

Der König der Spione erhebt sich seinerseits, um den Scheck dem Obmann der israelischen Zweigorganisation auszuhändigen, und spricht die Worte:

»Die Weltorganisation überreicht Ihnen den Betrag von 300 000 Dollar.«

Verflogen sind die Ängste, leuchtende Klarheit durchflutet den Saal. Die Namen der amerikanischen Bürger, die der Vorsitzende verlesen hatte, waren die Namen der Spender. Der amerikanische »Variety Club« hatte der israelischen Zweigorganisation 1 000 000 Shekel als Anfangskapital zur Verfügung gestellt. Gewiß, die Hälfte der Summe wird zur Deckung der heute aufgelaufenen Spesen verwendet werden, aber auch eine halbe Million ist eine ganz schöne Summe. Warum hat man uns das nicht vorher gesagt. Das Gala-Diner wäre dann in einer ganz anderen, in einer geradezu wohltätigen Stimmung vor sich gegangen.

»Meine Damen und Herren«, verkündete der Vorsitzende der Weltorganisation, »der israelische ›Variety Club‹ hat seine Tätigkeit aufgenommen.«

Eine wunderbare Einrichtung, dieser Club. Er hat eine große Zukunft in unserem Land.

Das drahtlose Theater

Man könnte es ebenso gut »Die unsichtbare Bühne« nennen, weil man es nicht sieht, sondern nur hört, meistens auf einsamen Autofahrten. Ich spreche vom Hörspiel, das ungefähr um die Mitte dieses Jahrhunderts von der teuflischen Erfindung des Fernsehens kaltblütig umgebracht wurde. Es ist ein Jammer, daß es das Hörspiel nicht mehr gibt, daß dieser unendliche Tummelplatz der Phantasie, der noch die schlechteste Vorlage zu einem eindrucksvollen akustischen Erlebnis aufmöbeln konnte, der Vergangenheit angehört.
»Jetzt brauche ich einen Wirbelsturm und das Geräusch von sechzig untergehenden japanischen Kriegsschiffen«, sagte der Hörspielregisseur zum Tonmeister. Und Weinreb antwortete: »Einen Wirbelsturm hab ich nicht. Nur einen leicht angekratzten Schirokko.«
Das alles ist, wenn man so sagen darf, im Winde verweht. Zwar kämpft der Rundfunk immer noch um seinen Platz unter den Massenmedien, zwar sendet er immer noch Hörspiele wie in vergangenen Tagen, aber das unerläßliche Merkmal aller wirklich hochklassigen Kunst hat er eingebüßt: das Budget. Techniker und Schauspieler sind der Lockung des Geldes in Richtung Fernsehen gefolgt. Das Hörspiel stellt keine künstlerischen Probleme mehr, nur noch organisatorische. Wenn man die nötige Anzahl mittelmäßiger, schlecht bezahlter Schauspieler zusammenbekommt, wenn die Mikrophone funktionieren und das Tonband nicht reißt, dann sind die Voraussetzungen für einen drahtlosen Triumph gegeben.
Mir selbst ist er nur ein einziges Mal geglückt.

Wie fast alle bedeutenden Ereignisse, begann auch dieses mit einem ohrenbetäubenden Klingelsignal kurz nach Mitternacht.
Ich kroch zum Telephon, hob den Hörer ab und sagte: »Falsch verbunden.« Aber es war der Direktor der Gedenktag-Abteilung unseres Rundfunks, der dringend mit mir zu sprechen wünschte. Er hatte vergessen, daß am Wochenende die 39. Wiederkehr des Todestages von Mendele Mocher Sfarim fällig war, und deshalb sollte ich jetzt in größter Eile ein Hörspiel über Leben und Werk dieses hervorragenden jiddischen Erzählers zusammenstellen, sehr lustig, sehr unterhaltend und auf sehr hohem literarischem Niveau.
»Sie müssen das Manuskript bis morgen fertig haben«, sagte der Abteilungsdirektor. »Wir lassen es dann sofort von unserer Sekretärin abschreiben, haben am Donnerstag Probe und am Freitag um 17 Uhr Aufnahme. Um 17.45 Uhr senden wir. Nehmen Sie die besten Schauspieler, die Sie finden können. Die nahezu unbegrenzten finanziellen Mittel des Rundfunks stehen Ihnen zur Verfügung.«
Ich machte mich unverzüglich an die Arbeit und durchstöberte in meiner Bibliothek sämtliche Werke von Mendele Mocher Sfarim, ohne auch nur ein einziges mit Geräuscheffekten zu finden. Erst im Morgengrauen fiel mir die Lösung ein. Vor zwei Jahren hatte ich einen köstlichen Sketch für das Unterhaltungsprogramm geschrieben, der damals mit irgendeiner idiotischen Begründung — »nicht lustig genug« oder so — abgelehnt worden war. Dieser Sketch schien mir genau das richtige für die Gedenktag-Sendung zu sein. Er handelte von einem jungen Mechaniker, der in die Wohnung einer Mittelstandsfamilie gerufen wird, um die Schreibmaschine

zu reparieren, dort aber nur den taubstummen Großvater und die Hausgehilfin antrifft, in die er sich zum Schluß verliebt. Ich will nicht behaupten, daß diese Geschichte zu den Meisterwerken der zeitgenössischen Literatur zählt, aber mit dem Verfassernamen Mendele Mocher Sfarim würde sie zweifellos durchkommen.

Der Direktor der Gedenktag-Abteilung bestätigte meine Zuversicht und fügte hinzu, daß wir von unseren Klassikern noch eine Menge lernen könnten. Er verlangte nur eine ganz kleine Änderung. Dem jüngeren Teil des Publikums zuliebe sollte ich mit einem positiven Ausklang schließen und den Mechaniker sagen lassen:

»Hoffentlich wird uns das nächste Jahr den Frieden bringen, nach dem wir uns alle sehnen!« Ich akzeptierte seinen Vorschlag und führte die gewünschte Änderung an Ort und Stelle durch. Dann suchten wir zusammen die Sekretärin auf. Sie wog das Manuskript in der Hand und erklärte:

»Frühestens in zwei Wochen. Ich habe noch sechzehn Sendungen für die Reihe ›Lebendige Anatomie‹ zu tippen.«

Der Direktor zog daraus die einzig mögliche Konsequenz und nahm das Manuskript mit nach Hause, wo er es selbst tippen wollte. Ich meinerseits begab mich ins Schallplattenarchiv, um eine passende Hintergrundmusik auszusuchen. Ein nervöser junger Mensch, offenbar fremd in dieser Abteilung, empfing mich. Die eigentlichen Schallplatten-Experten, zwei an der Zahl, waren für die erkrankten Nachrichtensprecher eingesprungen. Der Fremdling erkundigte sich nervös nach meinen Wünschen. Kaum hatte ich »Mendele« gesagt, als er mich jubelnd unterbrach:

»Hab ich, hab ich! Die Ouvertüre zu ›Hochzeit im

Schnee‹ von Amadeo Pizzicati. Pam-pam-papam-pam...«

Ich teilte ihm mit, daß ich außerdem noch das Geräusch einer Schreibmaschine sowie etwas Vogelgezwitscher brauchte, und erhielt die feste Zusage, daß er mir auch das verschaffen würde.

Die folgenden drei Tage verbrachte ich mit dem Warten auf das Manuskript (der Direktor konnte nur mit einem Finger tippen).

Am Mittwoch eilte ich mit dem fertigen Manuskript ins Café Noga und engagierte die drei Schauspieler, die für die drei Rollen am besten geeignet und außerdem als einzige im Café Noga anwesend waren, nämlich Jarden Podmanitzki (Mechaniker), Mitzi Ben-Ziegler (Stubenmädchen) und einen unter dem Namen »Trask« bekannten Chargenschauspieler (taubstummer Großvater). Alle drei freuten sich sehr über das Engagement und ließen keinen Zweifel daran, daß sie es nicht der erbärmlichen Gage wegen annahmen, sondern um mir einen persönlichen Gefallen zu tun, sonst könnte ich vielleicht einmal schlecht über sie schreiben.

Wir legten den Probenplan fest. Jarden Podmanitzki war am Donnerstag bereits ab 6 Uhr früh beschäftigt, Mitzi Ben-Ziegler war immer nur am Morgen frei. Einzig Trask konnte beliebig disponieren, verlangte jedoch 20 Shekel Vorschuß. Wir einigten uns schließlich auf Donnerstag 5.25 Uhr im Studio 5, wo wir die erste der insgesamt vier Proben abhalten wollten.

Am nächsten Morgen um 4.30 Uhr besuchte ich auf dem Weg ins Studio den Gedenktag-Direktor. Er stellte gerade die Sportsendung zusammen, weil der Sportredakteur den politischen Kommentator ersetzen mußte, der für den Kapellmeister des Blasorchesters eingesprungen

war. Der Direktor zeigte sich von meinem Bericht über den bisherigen Ablauf der Dinge vollauf befriedigt, bis auf die 20 Shekel Vorschuß, die er wörtlich als »hellen Wahnsinn« bezeichnete. Möglicherweise würde ich nur 8,50 Shekel ersetzt bekommen und den Rest aus meiner eigenen Tasche draufzahlen müssen. Das möge ich mir eine Lehre sein lassen, sagte er.
Ich ließ sie es mir sein und ging ins Studio 5, wo die Probe stattfinden sollte, aber es war niemand dort, und es kam niemand. Um 11 rief ich im Theater an. Der Portier hob den Hörer ab, brummte: »Sie ist nicht hier!« und legte auf. Zu Mittag ging ich in die Kantine, um eine Kleinigkeit zu essen, und fand dort meine drei Schauspieler versammelt.
Warum sie nicht gekommen wären, fragte ich.
Weil ich ihnen kein Taxi geschickt hätte, antworteten sie.
Das traf zu. Ich hatte vergessen, daß zu den Gewohnheitsrechten der vom Rundfunk engagierten Schauspieler die Abholung durch ein Taxi gehörte. Auf meine inständigen Bitten erklärten sich die drei schließlich bereit, heute abend nach der Vorstellung im Studio 6 mit mir zu proben. Da jeder von ihnen in einem anderen Theater auftrat, mußte ich drei Taxis organisieren, was mir mit einiger Mühe gelang.
Pünktlich um Mitternacht fuhren die drei Taxis im Studio vor, aber nur eines war besetzt, und zwar von Trask. Die Fahrer der beiden anderen gaben an, daß sie vergebens auf ihre Passagiere gewartet hätten und daß über deren Aufenthalt nichts in Erfahrung zu bringen war. In meiner Not – die Sendung sollte ja schon am nächsten Tag stattfinden – gab ich Trask die Hauptrolle und probte mit ihm den Mechaniker. Er küßte mir dankbar die Hand, fiel mir mehrmals um den Hals und konnte vor

Erregung kaum sprechen, was sich auf die Probenarbeit äußerst nachteilig auswirkte.

Am nächsten Tag verstreute ich in allen drei Theatern und im Café Noga bunte Zettel mit gleichlautendem Text, der den drei Schauspielern dringlich nahelegte, sich um 5 Uhr im Studio 4 zur Aufnahme einzufinden. Da mir das nicht sicher genug schien, nahm ich eine Stunde vorher ein Taxi, um sie persönlich einzusammeln.

Podmanitzki war nicht zu Hause. Seine Nachbarn glaubten zu wissen, daß er seinen kleinen Neffen in den Zoo geführt hatte.

Nach einigem Suchen entdeckte ich ihn vor dem Affenkäfig und stellte ihn zur Rede.

»Ich wäre ganz bestimmt gekommen«, versicherte er mir. »Ich wollte dem Kleinen vorher nur den neugeborenen Schimpansen zeigen.«

In Podmanitzkis Begleitung machte ich mich auf die Suche nach Mitzi Ben-Ziegler, mit der sich's erheblich schwieriger verhielt. Sie hatte sich in der vorangegangenen Nacht, auf der Rückfahrt von einem Gastspiel in Beerscheba, eine schwere Erkältung zugezogen, lag mit 39 Grad Fieber im Bett und war so heiser, daß sie unmöglich die Hausgehilfin spielen konnte. Ich schrieb ihre Rolle auf »Butler« um, was gewisse Akzentverschiebungen in der Liebesgeschichte nach sich zog, aber darüber konnte ich mir jetzt nicht mehr den Kopf zerbrechen.

Trask war nicht zu Hause, und von seiner Frau erfuhren wir lediglich, daß er vor zwei Stunden mit einem Koffer die Wohnung verlassen hatte. Was tun? Auf der Fahrt ins Studio beschloß ich, die Rolle des Stubenmädchens zu übernehmen, Mitzi Ben-Ziegler würde den taubstummen Großvater spielen und Podmanitzki den Mechaniker.

Im Rundfunkhaus angelangt, hatten wir noch insgesamt

43 Minuten Zeit bis zur Sendung. Ich brüllte nach dem Techniker. Er war – da er nicht mehr glaubte, daß wir noch kommen würden – ins Studio 2 gegangen, um Michael Strogoff zu spielen, den Kurier des Zaren. Unter Mißachtung aller roten Lichter und »Ruhe!«-Signale drang ich ins Studio 2 ein, riß den Techniker an mich und zerrte ihn zum Studio 3, das für unsere Aufnahme vorgesehen war. Leider hatte er den Schlüssel nicht bei sich. Um die Zeit nicht nutzlos zu vergeuden, wollte ich im Studio 4 die Schallplatten mit der Hintergrundmusik abhören. Eine schwere Enttäuschung harrte meiner. Der Rákoczi-Marsch, den man mir statt der Ouvertüre von Pizzicati geschickt hatte, war in völlig unspielbarem Zustand, das versprochene Vogelgezwitscher fehlte überhaupt, und das Tonband, auf dem die Schreibmaschine klappern sollte, enthielt die Salven eines Maschinengewehrs. Ich rannte zur Schallplatten-Abteilung, aber sie war bereits geschlossen. Bis zur Sendung fehlten noch 37 Minuten.

Gerade als ich aus dem Gleichgewicht zu geraten drohte, wurde ich von einem alten Jemeniten, der den Korridor säuberte, gerettet. Er erklärte sich bereit, durch Pfeifen und rhythmisches Schlagen auf seinen Mülleimer die nötige Hintergrundmusik zu erzeugen. Jetzt war alles soweit in Ordnung. Ich änderte die Schreibmaschine des Manuskripts in ein Maschinengewehr und bekam endlich Verbindung mit dem Direktor, der mir mitteilte, daß auch er keine Ahnung hätte, wo sich der Schlüssel zum Studio 3 befände, er wüßte nur, daß das Studio 3 niemals versperrt würde.

Von den jetzt noch verbliebenen 29 Minuten wollten wir möglichst produktiven Gebrauch machen, aber Podmanitzki verlangte nach einem Tee, den ich selbst zubereiten mußte, denn in der Kantine gab es kein Personal mehr; es war auf einer Hochzeit.

Knapp 16 Minuten vor der Sendung leuchtete das rote »Ruhe!«-Signal auf, und wir begannen im Studio 7 mit der Aufnahme (Studio 3 war versperrt). Podmanitzki brachte seinen Text recht gut, zumal, wenn man bedenkt, daß er ihn zum erstenmal sah; allerdings störte es ein wenig, daß er auch die Regiebemerkungen mitlas, zum Beispiel »In höchster Erregung« oder »Musik schwillt an« oder »Schreibmaschinengeräusch im Hintergrund«. Ich selbst kam mit der Rolle des Stubenmädchens glatt zurecht, nur auf Seite 4 meines Textes blieb ich hängen, denn sie fehlte; der Direktor hatte versehentlich die Seite 3 zweimal abgeschrieben. Da die Zeit drängte, wollte ich wegen einer solchen Kleinigkeit die Aufnahme nicht verzögern und schob Mitzi Ben-Ziegler geistesgegenwärtig einen Zettel zu, mit der Bitte, sie möchte irgend etwas von unserem großen Nationaldichter Chaim Nachman Bialik rezitieren. Mitzi wußte glücklicherweise das »Lied an die Rose« auswendig, und damit waren wir aus dem Wasser.

Gegen Ende der Sendung bekamen wir plötzlich das grüne Lichtsignal für »Störung«: Der Techniker hatte nicht unseren Sketch aufgenommen, sondern ein Streitgespräch der beiden Aufwartefrauen im Studio 2, das er irrtümlich für den Sketch gehalten hatte...

Mittlerweile war es Zeit für den Sendebeginn. Der Sprecher entschuldigte sich mit technischen Schwierigkeiten, und statt des geplanten Hörspiels wurde der »Totentanz« von Saint-Saëns gesendet. Wir unsererseits beschlossen, da wir nun schon beisammen waren, den Sketch in aller Ruhe zu wiederholen und ihn für einen anderen Jahrestag aufzubewahren. Nachdem wir den alten Jemeniten mit seinem Mülleimer zurückgerufen hatten, begannen wir von vorne. Diesmal ging es noch besser, bis Podmanitzki plötzlich von einem Hustenanfall geschüttelt wurde. Ich wollte unterbrechen, aber Podmanitzki winkte ab. Auch das war mir recht. Wir würden in der Ansage ganz einfach erklären, daß der Mechaniker an Tuberkulose litte.

Beim Fortgehen übergab mir der Portier eine telephonische Nachricht von Trask: Er hatte eine Einladung zu einem Bunten Abend in Nazareth angenommen (25 Shekel) und würde sich freuen, nächstens wieder mit mir zu arbeiten.

Zu Hause warf ich mich aufs Bett, riß mir die Kleider und die kalten Kompressen vom Leib, mit denen die beste Ehefrau von allen mich umwickelt hatte, und begann zu brüllen wie ein tobsüchtiger Stier. Ich beruhigte mich erst, als der Direktor der Gedenktag-Abteilung eintraf, um mir zum vorzüglichen Gelingen der Sendung zu gratulieren. Es stellte sich heraus, daß man unsere zweite Aufnahme live gesendet und den »Totentanz« vom Tonband auf Tonband überspielt hatte. So etwas kann vorkommen.

Die Kritiken waren durchaus zufriedenstellend. Im »Wöchentlichen Radiohörer« hieß es unter anderem: »Mit großem Vergnügen hörte ich den Sketch von Mendele Mocher Sfarim, obwohl er einiges an Aktualität vermissen ließ. Besetzung und Darstellung hielten gutes Niveau, nur Jarden Podmanitzkis Stimme klang für einen schwer Lungenkranken etwas zu heiter. Lobende Erwähnung verdient die Hintergrundmusik, die mit Flöte und Flamenco-Trommel wesentlich zur folkloristischen Atmosphäre beitrug. Die einfallsreiche Regie erreichte ihren Höhepunkt, als der taubstumme Großvater das Knattern eines Maschinengewehrs mit dem Klappern einer Schreibmaschine verwechselte. Hier kam die Friedenssehnsucht unseres Volkes zu bewegendem Ausdruck.«

Die Sieger

Die Sieger – um nicht zu sagen: die Mörder – sind der Film und sein zurückgebliebener Vetter, das Fernsehen. Sie haben das Theater auf dem Gewissen.
Eigentlich ist das Ganze eine Art Bruderkrieg, denn ohne Theater wären Film und Fernsehen undenkbar. Sie sind eine erweiterte Variante des Theaters, erweitert um Indianerschlachten, Mondflüge und Brigitte Bardot. Wer wollte leugnen, daß die Filmleinwand der Bühne gegenüber eine Unmenge von Vorzügen aufweist? Im Theater sieht der Galeriebesucher die Schauspielerin Kischinowskaja aus der Vogelperspektive, im Kino kann er ihr, wenn er und die Kamera Lust dazu haben, unter die Röcke schauen. Auch die Schauspielerin wird den Film vorziehen, besonders wenn sie wenig Talent, dafür aber einen hübschen Busen hat. Auf der Bühne bekommen die Zuschauer sehr leicht das nichtvorhandene Talent zu merken. Auf der Filmleinwand merken sie nur den vorhandenen Busen. Und manch ein Regisseur ist dadurch berühmt geworden, daß er aus einer kleinen Stenotypistin einen großen Star gemacht hat.
»Gestern nacht habe ich durch Zufall die ideale Julia entdeckt.«
»Wo?«
»In meinem Schlafzimmer.«
Keine Angst, sie wird tatsächlich eine ganz gute Julia abgeben. Sie wird nicht viel zu reden haben, und wenn's auch mit dem wenigen Text nicht klappt, wird man ihren Mundbewegungen die tragfähige Stimme der Schauspielerin Kischinowskaja unterlegen (die fürs Synchronisie-

ren eine beträchtliche Gage einsteckt). Hauptsache, daß die junge Dame aus Verona richtig beleuchtet wird, daß sie sich möglichst oft, ehe ein Bild ausblendet, zu entkleiden beginnt und daß man für die Reitszenen ein attraktives Double findet.
Gibt es dergleichen im Theater? Welche Schlafzimmer-Entdeckung eines Intendanten hat es jemals auf der Bühne bis zur Julia gebracht? Die Statistik beweist, daß der Scheidungsquotient unter Filmregisseuren fünfmal höher ist als unter Bühnenregisseuren. Kommt noch hinzu, daß ein Filmproduzent in weit geringerem Maß von der Kritik abhängt, weil er in 200 Städten gleichzeitig Premiere hat und die Hälfte der Produktionskosten bereits einkassieren kann, bevor der erste Kritiker zuschlägt. Andererseits ist er Gefahren ausgesetzt, die seinem Gegenstück vom Theater, dem Intendanten, erspart bleiben. Offene Magengeschwüre mit einer Perforation bis zu 35 mm finden sich in der Regel nur bei Filmproduzenten, denen der Regisseur des gerade in Arbeit befindlichen Western am Ende eines Drehtags die beiläufige Mitteilung macht:
»Morgen um sieben Uhr brauche ich eine Büffelherde. Gute Nacht.«
Wo der Produzent bis morgen früh achtzig Büffel hernehmen soll, kümmert den Regisseur nicht. Solange die Dreharbeiten andauern, ist er der absolute Alleinherrscher. Erst nachher kann ihn der Produzent (falls seine aufgeplatzten Magengeschwüre das zulassen) in den Hintern treten und ihn auf griechisch verfluchen. Es sei denn, der Film wird ein Kassenschlager. Dann verwandelt sich der Fußtritt übergangslos in eine Umarmung.
Der Film ist eine üppige Dschungellandschaft, das Theater eine dürftige Topfpflanze.

Oder aber auch: Das Theater ist ein getreues Eheweib, der Film eine blonde Mätresse in einem roten Bikini.
Was würden Sie wählen?
Ich muß gestehen, daß Rot meine Lieblingsfarbe ist. Und eine Kamera-Anweisung etwa des Wortlauts »Totale auf die langsam herannahende Flut« ist ein Kinderspiel im Vergleich zu einer Diskussion über die letzte Szene vor dem Fallen des Vorhangs. In einer solchen Diskussion muß jeder Mitwirkende zu Wort kommen, damit keine Beleidigungen entstehen. Im Filmatelier hingegen gehen die übrigen Schauspieler, während Abraham mit Gott rechtet, in die Kantine und trinken ein Bier. So einfach ist das. Auch ein Drehbuch zu schreiben, ist ganz einfach. Man schreibt es genauso wie ein Theaterstück, nur ohne Wände und mit regelmäßig eingestreuten Fachausdrükken: »Kamera schwenkt von oben auf halbnah und fährt mit Wischblende in die Totale zurück« oder so ähnlich. Der Regisseur ignoriert diese Anweisungen sowieso, aber sie beeindrucken wenigstens den Geldgeber, der im Privatleben ein erfolgreicher Schrotthändler ist.
Ein weiterer Vorteil des Films besteht darin, daß man die Hauptdarstellerin, die in München auf der Couch liegt, in eine Archivaufnahme von Hongkong einblenden kann, so daß die betreffende Szene statt in einem Münchner Atelier im Fernen Osten spielt. Oder man sieht Jarden Podmanitzki, wie er mit wütenden Tritten gegen das versperrte Tor der Festung anrennt, um Kunigunde zu befreien. Die doppelte Knochenfraktur, die er sich dabei zuzieht, sieht man nicht, denn in der nächsten Szene ist Kunigunde schon befreit und liegt schluchzend in seinen Armen, nicht in seinen Beinen.
Der Film hat das Theater überholt. Der Film verhält sich zum Theater wie ein Helikopter zum Bergsteiger. Wieso

gibt's das Theater überhaupt noch? So wahr mir Gott helfe: Ich weiß es nicht. Ich persönlich schreibe nur deshalb Theaterstücke, weil der Name des Autors in großen Lettern auf den Plakaten steht, während er im Film nur ganz klein zwischen dem technischen Berater und dem Maskenbildner aufscheint. Das ist der einzige Vorteil des Theaters, den ich kenne. Vielleicht kann man auch noch nach Schluß eines Musicals am Bühneneingang warten, um herauszufinden, ob schon jemand anderer auf die Zweite von links wartet oder ob sie noch frei ist. Wenn man an der Zweiten von links in der Verfilmung dieses Musicals Gefallen findet, ist es bedeutend mühsamer, an sie heranzukommen. Man müßte da erst die Archive der Produktionsfirma durchstöbern, nur um zu entdecken, daß der Film im Jahre MCMLVIII gedreht wurde, und bevor man das endlich in eine verständliche Jahreszahl übersetzt hat, ist die Zweite von links längst verheiratet und Mutter dreier Kinder.

Theater und Film konkurrieren nicht einmal miteinander. Der einzige Berührungspunkt, der zwischen ihnen noch besteht, ist die Jagd nach dem Schauspieler, ohne den sie beide nicht auskommen.

Das Geisterkommando

Ich selbst begegnete diesem Problem während der Dreharbeiten zu meinem Abenteuerfilm »Wo sich die Adler paaren«, zweifellos einem der kühnsten Unternehmungen in der Geschichte der heimischen Filmindustrie, geschrieben und inszeniert von mir, finanziert von ausländischem Geld, nämlich durch eine Subvention der Regierung. Die Handlung beruhte auf einer wahren Geschichte meiner Phantasie: Ein israelischer Kommandotrupp sprengt die Raketenbasis von Tanger und kehrt ohne Verluste ins Atelier zurück, was gar nicht einfach ist, denn die Schauspieler müssen Ägypten, Libyen und Algerien zu Fuß durchqueren. Aber dafür bezahle ich sie ja gut.
Bei den ersten Szenen ging alles glatt ab. Der Kommandant des Kommandotrupps – Jarden Podmanitzki in der Rolle des grimmigen Grischka – rief seine Leute zusammen, führte sie drei Tage und drei Nächte lang durch die Sahara (für die der im Negev gelegene Kibbuz Ejn-Schachar als Double einsprang), kam am vierten Tag vor meiner Hütte an und trat ein und sagte:
»Morgen muß ich nach Tel Aviv zurück.«
»Verrückt geworden? Morgen geraten Sie in einen feindlichen Hinterhalt, das wissen Sie doch.«
»Tut mir leid. Die Sekretärin der Theaterdirektion hat vorhin eigens angerufen. Wir beginnen morgen mit den Proben zu ›Hamlet‹. Ich spiele den Geist des Vaters. Auf diese Rolle habe ich mein Lebtag gewartet.«
»Sie wollen also kontraktbrüchig werden?«
»Ich will nicht, ich muß. Ich bin Mitglied eines Kollektivs. Wenn ich kann, komme ich wieder. Alles Gute!«

Damit entfernte er sich in nördlicher Richtung.
Ich beschloß, die Dreharbeiten planmäßig weiterzuführen und nur in den Dialog einen Satz einzufügen, eine kurze Erklärung für das plötzliche Verschwinden des Truppenkommandanten infolge plötzlicher Hamlet-Proben. Der Dialog fand zwischen einem Sergeant namens Trippoli und dem Funker statt.
Funker: »Wir nähern uns Tanger. Aber Grischka ist nirgends zu sehen. Wo steckt er?«
Trippoli (mit vielsagendem Lächeln): »Er wird rechtzeitig da sein, verlaß dich auf ihn...«
Leider konnte man sich nicht auf ihn verlassen. Noch in der Nacht rief Podmanitzki mich an: Das Kollektiv hatte eine zusätzliche Rolle für ihn erarbeitet, und zwar den Geist des Großvaters, für den er den Text selbst schreiben sollte. Damit war sein Wochenende ausgelastet.
»Podmanitzki«, sagte ich, »Sie sind entlassen.«
Er wollte noch wissen, wieviel Pönale ich ihm zahlen würde, aber ich ließ mich auf keine Debatte ein und hängte ab.
Die Lage, in der ich mich befand, war selbst für israelische Begriffe schwierig. Laut Drehbuch sollte die ganze Einheit ohne Verluste zu ihrer Ausgangsstellung zurückkehren, aber als ich das schrieb, hatte ich nicht mit Hamlet-Proben gerechnet.
Es gab nur eine einzige Lösung: Grischka mußte sterben. Um seinen Tod künstlerisch zu verbrämen, forderte ich von der Produktionsleitung einen jungen Aasgeier an, der schaurig krächzend in den Lüften kreisen und bei Gelegenheit herabstoßen sollte.
Podmanitzkis Tod wurde vom Sergeant Trippoli in einer neuen Dialogwendung gemeldet:
»Sie haben Grischka getötet ... das werden sie teuer

bezahlen!« Und dazu hob er wie zum Schwur seine nervige Rechte.
Dann setzt der Kommandotrupp den im Drehbuch vorgezeichneten Weg durch die Wüste fort, geführt von der Tochter des Beduinenscheichs, Zipi Weinstein, die sich ursprünglich in Grischka und unter den jetzt gegebenen Umständen in Trippoli verliebt hatte. Der Trupp durchquerte die Sahara und war – erschöpft, aber mit unvermindertem Kampfesmut – soeben im Kibbuz angekommen, als auf dem Kamm eines nahegelegenen Sandhügels Grischka erschien und uns schon von weitem zurief:
»Das Ganze halt! Der Regisseur hat Grippe! Ich bin bis Dienstag beurlaubt!«
»Ihr Pech, Podmanitzki!« brüllte ich zurück. »Sie sind gestern gefallen. Der Aasgeier ist schon bestellt!«
Indessen überlegte ich, daß Podmanitzki für seine Mitwirkung an diesem Film eine enorme Gage bekam und daß es pure Geldverschwendung wäre, ihn nicht voll auszunützen. Da die Nachricht von seinem Tod bereits abgedreht war, würde er, so entschied ich, auch für uns einen Geist spielen, würde als solcher das Lagerfeuer seiner einstigen Kameraden umschweben und ihnen den richtigen Weg durch die Sahara weisen. Im übrigen hatte sich Podmanitzki genau im richtigen Augenblick eingefunden, denn Trippoli war noch nicht aus Ejlat zurückgekommen. Dieser überaus gesuchte Schauspieler wirkt immer gleichzeitig an mindestens drei Filmen mit. Im vorliegenden Fall begann er seine Tätigkeit kurz vor Mitternacht in Galiläa, traf in der Morgendämmerung bei uns ein, drehte bis Mittag und wurde dann vom Jeep eines amerikanischen Fernsehteams nach Ejlat abgeholt, wo er bis Mitternacht vor der Kamera stand. Heute war er auf dem Weg von Galiläa zu uns in Verlust geraten, vielleicht

eingeschlafen oder von Beduinen entführt worden, wer konnte das wissen. Jedenfalls mußten wir ohne ihn weitermachen.
Ein Mitglied der Kommando-Einheit – im Hauptberuf Kuhhirt und vom Kibbuz zur Verfügung gestellt – übernahm die dialogische Aufklärung:
»Leute«, sagte er mit gepreßter Stimme in Großaufnahme, »Trippoli ist gefallen.«
»Er hat unsern Rückzug gedeckt«, setzte gleichfalls in Großaufnahme ein anderer hinzu. »Er ganz allein. Er hat bis zur letzten Kugel gekämpft.«
Erst jetzt fiel mir auf, daß ich nach Grischkas und Trippolis letalem Abgang keinen einzigen namhaften Schauspieler in meinem Kommando hatte. Aber dagegen ließ sich noch etwas machen.
Die nächste Szene erwies sich als sehr wirkungsvoll. Zipi Weinstein trat hinter einem Sandhügel hervor und den führerlos dahinmarschierenden Soldaten in den Weg:
»Ich bin auf eurer Seite und übernehme die Führung«, sagte sie in militärisch knappem Ton.
Damit war das Führerproblem gelöst, nicht aber das Problem ihres Vaters, des edlen Beduinenscheichs. Kurz entschlossen ließ ich auch ihn hinter dem Hügel hervortreten.
»Kapitän Lollik Tow von der israelischen Gegenspionage«, stellte er sich vor und nahm die Kefiah vom Kopf. »Mir nach!«
Und an dem allen war Trippoli schuld, der vermutlich auf irgendeiner Tankstation schnarchte.
Immerhin waren die Reihen der tapferen Krieger jetzt wieder aufgefüllt, an ihrer Spitze marschierte der neue Kommandant. Die Wüstensonne brannte herab, und am Abend hatte er einen Sonnenstich.

»Für den Film«, entschied ich, »hat er keinen Sonnenstich, sondern Malaria. Er wird dem Trupp auf einer Bahre vorangetragen.«

Der Kuhhirt und der Funker übernahmen diesen anstrengenden Part und teilten mir nach Beendigung der Aufnahmen mit, daß sie ihn nicht mehr übernehmen würden. Der Gegenspionage-Kapitän war ihnen zu schwer. Obendrein aß er die ganze Zeit.

Was tun? Es half nichts – auch Lollik mußte dran glauben. Ein Dumdum-Geschoß erledigte ihn aus dem Hinterhalt.

Die Tochter des emeritierten Scheichs warf sich über die väterliche Leiche und schluchzte herzzerreißend.

Aus dieser Tätigkeit wurde sie von den verzweifelten Rufen eines plötzlich herbeieilenden Managers aufgestört:

»Fräulein Weinstein! Wo stecken Sie, Fräulein Weinstein? Ihr Solo kommt dran! Wir warten auf Sie! Schnell, schnell!«

Wie sich herausstellte, wirkte Zipi Weinstein inzwischen bei den Darbietungen einer neuen jemenitischen Tanzgruppe in Haifa mit. Auch sie, das sagte mir eine innere Stimme, würde ich bei unseren Dreharbeiten nie wieder zu sehen bekommen. Folklore schlägt Film.

Ich beförderte sie durch einen tödlichen Sturz von einem nahegelegenen Felsen ins Jenseits. Natürlich konnte man sie nicht wirklich stürzen sehen, weil sie ja nach ihrem Solo mit den Jemeniten weiterzog. Also verlegte ich die Kamera ins Kommando-Zelt, wo man von fern den Todesschrei einer weiblichen Stimme hörte. Bald darauf trat mit gesenktem Kopf und sichtlich gebrochen der Kuhhirt ein:

»Sie hat sich zu weit vorgewagt ... aber sie mußte nicht lange leiden ... ihr letztes Wort war Tanger.«

An dieser Stelle ließ sich der Funker zu einer Bemerkung hinreißen, die ich nur als zynisch empfinden konnte. Er behauptete, Tanger gehöre zu den ganz wenigen Ländern dieser Gegend, mit denen wir uns nicht im Kriegszustand befänden, weshalb es vielleicht ratsam wäre, die ganze Kommandoaktion abzusagen. Ich brachte den drittklassigen Komparsen, dem ich eine geradezu lächerlich hohe Gage zahlte, durch einen eisigen Blick zum Schweigen.
Für Zipi Weinstein flocht ich ein würdiges Begräbnis ins Drehbuch ein. Begräbnisse wirken im Film immer gut. Man kann sie auch ohne Schauspieler drehen. Grischkas Geist hielt die Grabrede, die ich, meine Schreibmaschine auf den Knien, noch rasch gedichtet hatte.
Nach dem Begräbnis nahm mich Grischka beiseite:
»Ich habe über meine Rolle nachgedacht«, erklärte er. »Mein jetziger Tod befriedigt mich nicht. Wer stirbt schon gerne unsichtbar. Es wäre sowohl vom dramatischen wie vom rein optischen Standpunkt besser, wenn ihr mich im Wüstensand begrabt. Eine Art neuer Moses, dem es nicht mehr vergönnt war –«
»Podmanitzki«, unterbrach ich ihn, »was soll das?«
»Ich hab das so im Gefühl. Mir ist nach Sterben und Begrabenwerden zumute.«
»Und warum?«
»Mein Sohn bekommt morgen vormittag das Abgangszeugnis vom Kindergarten, und ich habe ihm versprochen dabei zu sein. Lassen Sie mich heute nacht sterben. Ich werde Ihnen mein Leben lang dankbar sein.«
»Möchten Sie mir«, brüllte ich ihn an, »vielleicht sagen, wer eigentlich Tanger erobern soll, wenn mir alle Eroberer wegsterben?!«
»Das Kind«, fuhr Podmanitzki unbeirrt fort, »hat eigens für diese Feier ein Gedicht auswendig gelernt.«

»Hol Sie der Teufel!«
Der Teufel holte ihn in Gestalt einer Mine, mit deren Hilfe ich Grischkas Geist endgültig explodieren ließ.
Als auch Podmanitzki von uns gegangen war, mußte ich die Sachlage neu überdenken. Suchend spähte ich umher. Mein Blick fiel auf den für insgesamt fünf Drehtage engagierten Funker. Es scheint ein unheilkündender Blick gewesen zu sein, denn jener verkroch sich zitternd hinter einem rostigen Weinfaß, das in der Ecke des Produktionsbüros stand. Und da kam mir ein genialer Einfall. Ich starrte den Funker an und trat langsam auf ihn zu.
»Nein«, flüsterte er mit angstverzerrtem Gesicht. »Das nicht. Das können Sie mir nicht antun... Ich habe noch für zwei Tage Vertrag... Ich bin jung... Ich will leben! Nein!« Und seine Stimme ging in ein unartikuliertes Wimmern über.
Am nächsten Tag ließ ich ihn in der Wüste verdursten. Ein grausamer Tod, gewiß, aber wer sich mir gegenüber auf Verträge beruft, verdient kein Mitglied.
Jetzt war nur noch der Kuhhirt übrig.
»Tanger!« stieß er hervor, während die Kamera aus gewagtem Schußwinkel sich auf den Wasserturm des Kibbuz richtete. »Tanger!« Und mit scharfer Kommandostimme rief er sich selber zu: »Mir nach!«
In diesem Augenblick, dicht vor der Einnahme der Raketenbasis, wurden wir von der Leitung des Kibbuz brutal unterbrochen: Der Kuhhirt müsse unverzüglich in den Stall kommen, wo ihn zwei Kühe mit geschwollenen Bäuchen erwarteten.
»Freunde«, beschwor ich das Sekretariat, »laßt ihm doch wenigstens Zeit für einen ehrenvollen Abgang!«
Widerwillig erfüllte man meine Bitte. Eine der in Tanger so häufigen Giftschlangen biß meinen einzigen Überle-

benden ins Bein. Ich selbst, als UNO-Beobachter verkleidet, gab ihm das letzte Geleit. Außer mir wohnte dem Begräbnis nur der Kibbuz-Koch bei, der zufällig einen freien Tag hatte.

Im Synchronraum mischte ich noch ein paar Kanonensalven dazu, auf dem Hügel oben stand Grischkas Geist habt acht (der Kindergarten hatte die Feier aufs Wochenende verschoben), und hoch in den Lüften kreiste ein schaurig krächzender Geier.

Ich änderte den Titel des Films in »Das Geisterkommando«. Der von mir dargestellte UNO-Beobachter blieb die Hauptrolle. Die Kritiker, die ich zu einer ersten Vorführung einlud, weinten den ganzen Film durch und konnten sich hernach an Lobpreisungen nicht genugtun. Daß kein einziger Mann das Ziel erreichte, zu dem sie alle aufgebrochen waren, gab – so formulierten es die Fachleute – dem Film einen geradezu symbolhaften Gehalt und machte ihn zu einem überwältigenden *document humain.*

Offen gestanden: Auch ich hatte diesen Eindruck.

Sequenz und Konsequenz

Der Morgen dämmerte, als ich durch ein sonderbares Geräusch geweckt wurde. Ich sprang aus dem Bett. Auf dem Balkon stand im Pyjama mein Wohnungsnachbar aus dem oberen Stockwerk, Morris Kalaniot, und hämmerte verzweifelt gegen die Glastüre.
»Hilfe«, stöhnte er. »Verstecken Sie mich!«
»Was ist los?« fragte ich, während ich ihn einließ.
»Ich bin in einer Sequenz...«
Der Mann zitterte am ganzen Körper, zog sein linkes Bein nach und bot überhaupt einen jammervollen Anblick. Wenn seine Augen sich nicht gerade in konvulsivischen Zuckungen schlossen, waren sie angstvoll geweitet und starrten zur Decke. Dort oben lag seine Wohnung, die er fluchtartig verlassen hatte, um zu mir herunterzuklettern. Ich drehte den Wasserhahn auf, ließ das Wasser einige Minuten laufen und gab meinem verstörten Besucher ein Glas zu trinken. Unter der Einwirkung der lauwarmen Flüssigkeit beruhigte er sich allmählich. Dann begann er seine vermeintlich aufregende Geschichte zu erzählen. In Wahrheit ist es die Geschichte einer ganz normalen Filmkarriere.

An jenem schicksalsschweren Abend, so begann er, war ich etwas länger im Büro geblieben, weil ich auf Wunsch meines sehr strengen Chefs ein paar Rechnungen neu ausschreiben mußte. Gegen neun Uhr machte ich mich zu Fuß auf den Heimweg. Vor einem nahegelegenen Eckhaus sah ich eine große Menschenansammlung, Scheinwerfer strahlten auf, Krane mit Mikrophonen schwenk-

ten hin und her, aufgeregte Rufe wurden von völliger Stille abgelöst – mit einem Wort: es wurde ein israelischer Film gedreht. Die Kamera war auf den Hauseingang gerichtet, aber weiter konnte man nichts sehen. Zwei massige, halbnackte Gestalten, die wie japanische Ringkämpfer aussahen, stießen jeden Herankommenden erbarmungslos zurück. Der junge Mann mit dem schreiend bunten Hemd, der neben der Kamera stand, mußte der Regisseur sein, denn er schrie am lautesten von allen. Dann erkannte ich den berühmten Schauspieler Schlomo Emanueli. Er saß in einem Klappsessel mit Armlehne. Plötzlich ließ der Regisseur seine unter der Schirmkappe flackernden Blicke in die Runde schweifen und brüllte:
»Verdammt, ich brauche noch irgendein Idiotengesicht für den Hintergrund!«
Wenn ein Regisseur brüllt, beginnen seine sämtlichen Helfer sofort durcheinander zu rennen. Sonst tun sie nicht viel, aber im Durcheinanderrennen sind sie groß. Einer von ihnen rannte jetzt auf die Zuschauermenge los:
»Wer von euch will in dieser Sequenz mitwirken, Leute?«
Die Menge drängte mit wildem Aufschrei vorwärts. Ich wurde gegen meinen Willen mitgerissen. Und da war das Auge des Assistenten auch schon auf mich gefallen:
»Heda, Sie! Sie sind der Richtige! Es dauert nur ein paar Minuten. Kommen Sie!«
Ich habe noch nie in einem Film mitgewirkt und dachte immer, das sei so ähnlich wie im Theater: Der Film wird auf einen Sitz heruntergedreht, in zwei oder drei Stunden, und Schluß. Wie kompliziert es in Wirklichkeit dabei zugeht, ahnte ich nicht. Nun, so sagte ich mir, es kann nicht schaden, in einem Film mitzuwirken. Meiner Frau erzähle ich nichts davon – und eines Tages sieht sie mich plötzlich auf der Leinwand. Schlecht? Zur Sicherheit

fragte ich den Assistenten, ob ich mein Äußeres irgendwie verändern müsse, vielleicht eine neue Frisur, einen Schnurrbart oder so. Aber da schrie der Regisseur schon auf mich ein, ich sollte gefälligst den Mund halten und stehenbleiben, wo man mich hinstellt. Im übrigen war meine Rolle ganz einfach: Ich hatte wie zufällig im Haustor zu stehen, während Schlomo Emanueli herausgestürzt kam und »Taxi! Taxi!« rief.
Natürlich beneideten mich alle, daß ich die Rolle bekommen hatte, aber ich konnte ihnen nicht helfen. Jeder Mensch muß seine Chance selbst wahrnehmen, nicht wahr? Die beiden Ringkämpfer, die aus der Nähe nicht wie Japaner aussahen, sondern mehr wie Gorillas, hoben mich auf und setzten mich in einen Kreidekreis unter dem Haustor ab. Genau innerhalb dieses Kreises mußte ich stehenbleiben, so verlangte es das Drehbuch, denn Schlomo Emanueli mußte mir zugleich mit seinem »Taxi, Taxi!«-Ruf auf die Füße steigen. Es tat ein bißchen weh, aber wer würde der Kunst nicht ein kleines Opfer bringen. Nach fünf schmerzhaften Proben war es soweit. Der Regisseur rief »Fertig«, seine Assistenten riefen durcheinander »Ruhe«, »Achtung«, »Schießen« oder »Klappe«, dicht vor meiner Nase wurde ein Holzbrett auf eine schwarze Tafel geklappt, und die Aufnahme begann. Mittendrin brüllte der Regisseur plötzlich »Schnitt« und winkte einem seiner Assistenten:
»Sagen Sie diesem Idioten« – damit meinte er mich –, »er soll nicht immer in die Kamera glotzen!«
»Es hat mich, bitteschön, niemand darauf aufmerksam gemacht, daß das verboten ist«, bemerkte ich zaghaft.
Der Assistent fragte: »Soll ich ihn hinauswerfen, Boß?«
»Ist ja egal«, fauchte der Regisseur. »Der Nächste wäre genauso ein Idiot. Es gibt ja nur Idioten.«

Dann wurde die Aufnahme nochmals von Anfang an gedreht, und dann wollte ich nach Hause gehen, weil mir heiß war. Das ganze Leben sehnt man sich danach, einmal im Licht der Jupiterlampen zu stehen, und wenn man's dann endlich erreicht hat, schwitzt man den Kragen durch. Leider war es mit dem Weggehen Essig. Jede Aufnahme wird, was ich nicht wußte, mindestens zwanzigmal gedreht, bevor der Regisseur zufrieden ist und sie »in den Kasten« schickt, wie wir Filmleute sagen. Nun, das wäre noch nicht das Schlimmste gewesen. Aber da gab es einen jungen Mann mit Brille und Schreibblock, das sogenannte »Scriptgirl«, dessen Aufgabe darin besteht, auf alle Äußerlichkeiten scharf aufzupassen, damit sie sich während der Aufnahme nicht verändern. Infolgedessen durfte ich nicht einmal von einem Fuß auf den anderen steigen. Schlomo Emanueli trat mir neunmal aufs linke Hühnerauge, und jedesmal rief ich: »Oj!« Ja, beim Film herrscht eiserne Disziplin. Zum Beispiel versuchte ein Mann während der Aufnahme verzweifelt, in das Haus zu gelangen – fragen Sie nicht, was er da vom Regisseur zu hören bekam! »Zur Hölle mit Ihnen, Sie hinkender Krüppel! Sie sehen doch, daß wir hier drehen!« Der Mann behauptete, er wohne hier und möchte zu Bett gehen. »Nehmen Sie sich ein Hotelzimmer!« brüllte der Regisseur. »Und stören Sie uns nicht!« Gegen halb drei Uhr früh wurde ich entlassen. Offenbar war ich nicht schlecht, denn einer der Assistenten notierte meine Adresse und ließ mich überdies von einem Stück Käse abbeißen, das er auf der Treppe gefunden hatte. Meine Frau, die mich ein wenig nervös empfing, meinte allerdings, ich hätte mich neppen lassen, und für meine Filmrolle bekäme man mindestens tausend Dollar. Ich gab ihr zu bedenken, daß ich ja schließlich noch kein Star wäre.

Sie kamen gleich am Morgen. Schon um sechs filmte ich wieder. Um fünf hatte es an meiner Wohnungstür geläutet, eines dieser langen Klingelsignale, denen man anmerkt, daß der Finger am Druckknopf bleibt. Als meine Frau endlich öffnete, drangen die beiden Ringkämpfer wortlos ins Schlafzimmer ein, der eine packte mich, der andere raffte meine Kleidungsstücke zusammen, und gleich darauf saßen wir in einem wartenden Taxi. »Der Regisseur braucht Sie noch einmal«, sagten sie mir. Ich zog mich während der Fahrt an, was nicht ganz leicht war, denn wir fuhren in einem Höllentempo. Sie wissen ja, daß beim Film jede Minute Geld kostet. Eine einstündige Drehzeit verschlingt mindestens 20 000 Pfund, das macht pro Minute 333,33 Pfund und pro Sekunde 5,55. Wenn der Regisseur während der Aufnahme zweimal niest, so ist das ein Verlust, der ungefähr meinem halben Monatseinkommen entspricht.
Beim Aussteigen sagte ich dem Regisseur sofort, daß ich in Eile sei und nicht zu spät ins Büro kommen dürfe.
»Was heißt das: Sie sind in Eile?« brüllte er mich an. »Sie sind in einer Sequenz, und sonst interessiert mich nichts.« Damals habe ich das Wort zum erstenmal gehört. Sequenz! Es bedeutet, daß man von dem Augenblick an, da man in einer Aufnahme drin ist, immer in dieser Aufnahme drin bleiben muß, sonst ist die Sequenz unterbrochen und der Film kann nicht geschnitten werden. Sie verstehen? Meine Szene, zum Beispiel. Ich stehe im Hintergrund, wenn Schlomo Emanueli nach einem Taxi ruft und mir dabei auf die Hühneraugen steigt. Und ich muß immer wieder im Hintergrund stehen, sonst würden die Zuschauer stutzig werden und sagen: »He, was ist los? Wo ist Morris Kalaniot? Vor einem Augenblick war er noch da, und jetzt ist er weg!« Deshalb wurde ich wieder

zu den Aufnahmen geholt. Der Regisseur wollte Schlomo Emanueli in einer neuen Einstellung zeigen, von ganz nah, mit mir im Hintergrund, wie immer.
Plötzlich rief der junge Mann mit der Brille und dem Notizblock, also das Scriptgirl: »Halt! Stop! Schnitt! Aus! Der Kerl hat ja ein anderes Hemd an!!«
Vor lauter Zorn hätte sich der Regisseur beinahe zu Handgreiflichkeiten hinreißen lassen. »Sie Volltrottel«, brüllte er. »Jetzt haben Sie uns zwei Stunden Dreharbeit verpatzt!« Vergebens beteuerte ich, daß eigentlich die beiden Gorillas schuld wären, weil sie mir nichts davon gesagt hatten, daß ich im selben Hemd kommen müßte wie gestern, und meine Frau versteht ja nichts von Sequenzen, die legt mir am Morgen ein frisches Hemd heraus, und damit hat sich's. Um diese Zeit war der Regisseur bereits knallrot im Gesicht. »Hemd!« brüllte er, und seine Stimme überschlug sich. »Sofort Hemd! Selbes Hemd! Sofort!« Man stieß mich in ein Taxi und brachte mich eilig nach Hause. Der Schmutzwäschekorb wurde umgestülpt, aber das Hemd war schon in der Wäscherei. Glücklicherweise konnten wir es aus der schon angelaufenen Waschmaschine herausziehen. Die beiden Gorillas zwängten mich in das klatschnasse Hemd und stellten mich zum Trocknen vor eine 25 000-Volt-Jupiterlampe. »Wasser«, flehte ich, »Wasser.« Aber sie hatten nur ein hämisches Grinsen für mich.
Vierzehn weitere Aufnahmen folgten. Vierzehnmal rief Schlomo Emanueli »Taxi! Taxi«, und vierzehnmal trat er mir auf die Hühneraugen. Dann wurde meine linke Gesichtshälfte rasiert, die im Bild zu sehen war. Auch das ist eine Angelegenheit der Sequenz. Da ich am Vortag rasiert war, mußte ich auch diesmal rasiert sein.
Um drei Uhr nachmittag war ich endlich im Büro. Mei-

nem Chef erzählte ich, ein Lastwagen hätte mich erfaßt und zur Seite geschleudert, worauf er sagte, daß man mir das ansähe. Etwas später schlief ich über meinen Akten ein. Gerade als ich mit dem Schreckensruf »Achtung, Aufnahme!« emporfuhr, kam der Chef herein. Es mißfiel ihm.

Am nächsten Morgen gelangte ich ungestört ins Büro und begann, die versäumte Arbeit nachzuholen. Plötzlich hörte ich von draußen einen vertrauten, einen entsetzlich vertrauten Lärm. »He, wo steckt er?« brüllten die Gorillas. »Wir brauchen ihn! Heraus mit dir, Bursche!«

Vor den Augen meines Chefs schleppten sie mich ab. An der Türe konnte ich mich noch umdrehen und zurückrufen: »Der Regisseur braucht mich...«, dann saß ich im Taxi und bekam wieder das alte Hemd über den Kopf gezogen, das sie offenbar aus der Wäscherei gestohlen hatten.

»Die Szene wird noch einmal gedreht«, erklärte mir einer der Assistenten. »Wir wollen Ihr schmerzverzerrtes Gesicht in Großaufnahme zeigen und dabei Ihren gequälten Aufschrei hören.«

Die Dreharbeiten begannen. Ich verzerrte mein Gesicht und schrie auf. Wutschnaubend unterbrach der Regisseur: »Das nennen Sie Schmerzensschrei? Einen Hammer her! Einen schweren Hammer!«

Die Assistenten rannten durcheinander und brachten das Gewünschte. Da die Kamera bei einer Großaufnahme bekanntlich nur das Gesicht zeigt, blieben meine unteren Körperpartien außerhalb des Bildes, so daß der Assistent genau zielen konnte. Neunmal sauste der Hammer auf die Überreste meiner linken kleinen Zehe, und neunmal erklang mein »Oj!«, ehe das Ergebnis den Regisseur künstlerisch befriedigte. Dann wandte er sich mit ver-

hältnismäßig ruhiger Stimme an mich: »Hinaus«, sagte er. »Hau ab! Marsch!«
Als ich kurz nach der Mittagspause ins Büro zurückkam, erklärte mir mein Chef, dies sei das letzte Mal gewesen, daß er sich ein solches Benehmen gefallen ließe. Vergebens suchte ich ihm auseinanderzusetzen, was eine Sequenz ist, und daß man da nicht so einfach ausscheiden kann. Mein Chef ist ein sturer Geschäftsmann ohne jede Beziehung zur Kunst.
Kurz vor vier hörte ich draußen wieder die unheilkündenden schweren Tritte. Ich floh auf die Toilette und verriegelte sie. Die beiden Gorillas brachen die Türe ein und zerrten mich ins Taxi. Auf der Stiege hörte ich noch die Stimme meines Chefs, der mich jeder weiteren Verpflichtung seiner Firma gegenüber enthob.
Wie sich zeigte, mußte mein Schmerzensschrei noch einmal aufgenommen werden. Gestern waren zu viele Straßengeräusche dazwischengekommen.
Man hielt mir ein Mikrophon vor den Mund, und jedesmal, wenn der Hammer zuschlug, rief ich »Oj«. Ich selbst fand den Ausruf vollkommen natürlich, aber der Regisseur war unzufrieden. Er machte kein Hehl daraus, daß er mich haßte. Ich hütete mich, ihn zu verstimmen, sonst würde er mich vielleicht nie wieder engagieren. Mitten in der elften Aufnahme bekam ich einen Hustenanfall und verhustete ungefähr 200 Pfund in bar. »Diese Mißgeburt bringt mich ins Grab!« stöhnte der Regisseur. »Noch einmal!«
Kurz vor Mitternacht durfte ich gehen. Der Regisseur selbst jagte mich mit einem langen Stecken davon. Meinen Posten und meine linke kleine Zehe hatte ich eingebüßt, aber alles in allem war es doch ein recht hübsches Erlebnis.

Morris Kalaniot hatte geendet. Abermals richtete er den Blick angstvoll zu seiner Wohnung empor:

»Gestern nacht«, flüsterte er, »habe ich wieder von ihnen geträumt. Daß sie mich holen kämen. Und sie sind wirklich gekommen. ›Er braucht dich noch einmal!‹ brüllten sie schon an der Türe. Eine der Einstellungen – ich weiß nicht, ob von gestern oder vorgestern, mein Zeitgefühl funktioniert nicht mehr richtig –, jedenfalls: Eine der Aufnahmen mußte wiederholt werden. Wir Filmleute nennen das Pech. Aber ich wollte nicht mehr. Ich konnte nicht mehr. Ich versteckte mich unterm Bett und schickte meine Frau hinaus. Sie sagte den beiden Gorillas, ich hätte die Anstrengungen nicht ausgehalten und wäre heute nacht gestorben. ›Macht nichts‹, lautete die Antwort. ›Wir drehen sowieso ohne Ton. Man muß ihn nur im Hintergrund sehen. Dort binden wir ihn schon irgendwie an. Wo ist die Leiche?‹ Als ich das hörte, schwang ich mich aus dem Fenster und ließ mich an der Dachrinne auf Ihren Balkon hinunter. Retten Sie mich! Um Himmels willen, retten Sie mich! Die beiden Gorillas durchsuchen das Haus nach mir!«

Er hielt inne und lauschte in schreckensbleicher Anspannung. Aus dem Stiegenhaus hörte man schwere Schritte, die sich langsam näherten...

Morris Kalaniot hat sich übrigens niemals im Film gesehen. Seine Szene wurde herausgeschnitten.

Früh übt sich oder Die Abschlußfeier

Der Theaterbazillus – und das ist eine seiner unheilvollsten Eigenheiten – befällt den Menschen schon in frühester Jugend. Man kennt den abscheulichen Drang kleiner Kinder, sich »zu produzieren«, besonders im Beisein von Erwachsenen, und dieser Drang wird von unverantwortlichen Erziehern auch noch gefördert, nicht zuletzt in der Schule, wo er dann unter der Bezeichnung »Abschlußfeier« zu zermürbender Geltung kommt. Ich spreche aus eigener Wahrnehmung.

»Wirst du kommen, Papi? Bestimmt?«
»Ja, mein Sohn. Bestimmt.«
Dies der kurze, wenig abwechslungsreiche Dialog, der während der letzten sechs Monate zweimal täglich zwischen mir und meinem Sohn Amir stattfand, einmal beim Frühstück und einmal vor dem Schlafengehen. Nadiwa, die Lehrerin, hatte dem Kind eine führende Rolle in dem Theaterstück gegeben, das am Ende des Schuljahrs aufgeführt werden sollte, und von diesem Augenblick an beschäftigte sich Amir ausschließlich damit, in der Abgeschlossenheit seines Zimmers den vorgeschriebenen Text auswendig zu lernen, unermüdlich, immer wieder, immer dieselben Worte, als wäre eine Schallplatte steckengeblieben:
»Häschen klein ... Gläschen Wein ... sitzt allein«, erklang es unablässig aus Kindermund. »Kleiner Hase ... rote Nase ... ach, wie fein ... muß das sein ...«
Selbst auf dem Schulweg murmelte er diesen läppisch gereimten Unfug vor sich hin, selbst auf die erzürnten

Rufe der Kraftfahrer, die ihn nicht überfahren wollten, reagierte er mit Worten wie: »Häschen spring ... klingeling ... komm und sing ...«
Als der große Tag da war, platzte das Klassenzimmer aus allen Nähten, und viele Besucher drängten herzu, um teils ihre Sprößlinge und teils die von eben diesen angefertigten Buntstiftzeichnungen israelischer Landschaften zu bestaunen. Mit knapper Not gelang es mir, ein Plätzchen zwischen dem See Genezareth und einem Tisch mit Backwerk zu ergattern. Im Raum brüteten die Hitze und eine unabsehbare Schar erwartungsvoller Eltern. Unter solchen Umständen hat ein Durchschnitts-Papi wie ich die Wahl zwischen zwei Übeln: Er kann sich hinsetzen und nichts sehen als die Nacken der vor ihm Sitzenden, oder er kann stehen und sieht seinen Sohn. Ich entschied mich für einen Kompromiß und ließ mich auf eine Sessellehne nieder, unmittelbar hinter einer Mutti mit einem Kleinkind auf dem Rücken, das sich von Zeit zu Zeit nach mir umdrehte, um mich ausdruckslos anzuglotzen.
»Papi«, hatte mein Sohn Amir beim Aufbruch gefragt, »wirst du auch ganz bestimmt bleiben?«
»Ja, mein Sohn. Ich bleibe.«
Jetzt saß Amir bereits auf der Bühne, in der dritten Reihe der für spätere Auftritte versammelten Schüler, und beteiligte sich mit allen anderen am Absingen des Gemeinschaftsliedes unserer Schule. Auch die Eltern fielen ein, wann immer ein Mitglied des Lehrkörpers einen von ihnen ansah.
Die letzten Mißtöne waren verklungen. Ein sommersprossiger Knabe trat vor und wandte sich wie folgt an die Eltern:
»Nach Jerusalem wollen wir gehen, Jerusalem, wie bist

du schön, unsere Eltern kämpften für dich, infolgedessen auch für mich und für uns alle, wie wir da sind, Jerusalem, ich bin dein Kind und bleibe es mein Leben lang, liebe Eltern, habet Dank!«
Ich, wie gesagt, saß in geräumiger Distanz vom Ort der Handlung. Was dort vorging, erreichte mich nur bruchstückweise.
Soeben rezitiert ein dicklicher Junge etwas über die Schönheiten unseres Landes, aber ich höre kein Wort davon und bin ausschließlich auf visuelle Eindrücke angewiesen: Wenn er hinaufschaut, meint er offensichtlich den Berg Hermon, wenn er die Arme ausbreitet, die fruchtbaren Ebenen Galiläas oder möglicherweise die Wüste Negev, und wenn er mit seinen Patschhändchen wellenförmige Bewegungen vollführt, kann es sich nur um das Meer handeln. Zwischendurch muß ich die ängstlich forschenden Blicke meines Sohnes erwidern und die des Kleinkindes ignorieren.
Stürmischer Applaus. Ist das Programm schon zu Ende?
Ein geschniegelter Musterschüler tritt an die Rampe:
»Das Flötenorchester der Vierten Klasse spielt jetzt einen Ländler.«
Ich liebe das Flöteninstrument als solches, aber ich liebe es in der Landschaft draußen, nicht in einem knallvollen Saal mit Städtern. Wie aus dem notdürftig vervielfältigten Programm hervorgeht, besitzt die Vierte Klasse außer einem Flötenorchester auch vier Solisten, so daß uns auch vier Soli bevorstehen, damit sich keiner kränkt: 1 Haydn, 1 Nardi, 1 Schönberg, 1 Dvorak...
An den Fenstern wimmelt es von zeitunglesenden Vätern. Und sie genieren sich nicht einmal, sie tun es ganz offen. Das ist nicht schön von ihnen. Ich borge mir eine Sportbeilage aus.

Das Konzert ist vorüber. Wir applaudieren vorsichtig, wenn auch nicht vorsichtig genug. Es erfolgt eine Zugabe.
Die Sportbeilage ist reichhaltig, aber auch sie hat einmal ein Ende. Was nun?
Da! Mein Sohn Amir steht auf und bewegt sich gegen den Vordergrund der Bühne. Mit einem Stuhl in der Hand.
Er ist, wie sich zeigt, zunächst nur als Requisiteur tätig.
Seine Augen suchen mich.
»Bist du hier, mein Vater?« fragt sein stummer Blick.
Ich wackle mit den Ohren:
»Hier bin ich, mein Sohn.«
Einer seiner Kollegen erklimmt den Stuhl, den er, Amir, mein eigener Sohn, herangeschafft hat, und gibt sich der Menge als »Schloime der Träumer« zu erkennen. Von seinen Lippen rieselt es rasch und größtenteils unverständlich:
»Jetzt wollt ihr wissen warum bla-bla-bla also ich sag's euch meine Mutter sagt immer bla-bla-bla also ich geh und hopp-hopp-hopp auf einmal eine Katze und sum-sum-sum bla-bla-bla ob ihr's glaubt oder nicht und plötzlich Rhabarber Rhabarber alles voll Kalk.«
Die Kinder brüllen vor Lachen. Mit mir jedoch geht es zu Ende. Kein Zweifel, ich bin innerhalb Minutenfrist entweder taub oder senil geworden oder beides.
Es beruhigt mich ein wenig, daß auch viele andere Väter mit unbewegten Gesichtern dasitzen, die Hand ans Ohr legen, sich angestrengt vorbeugen und sonstige Anzeichen ungestillten Interesses von sich geben.
Eine Stunde ist vergangen. Die Mutter mit dem Kleinkind auf dem Rücken sackt lautlos zusammen, mitten in die Kuchen hinein. Ich springe auf, um ihr in die frische Luft hinaus zu helfen, aber ein paar gewiegte Väter kommen

mir zuvor und tragen sie freudestrahlend hinaus. An die frische Luft.
»Und jetzt«, verkündet der Geschniegelte, »bringen die Didl-Dudl-Swingers eine Gesangsnummer, in der sie die Vögel des Landes Israel nachahmen.«
Wenn ich's genau bedenke, habe ich kleine Kinder gar nicht so schrecklich lieb. In kleinen Mengen mag ich sie ganz gern, aber so viele von ihnen auf so kleinem Raum... Außerdem sind sie miserable Schauspieler. Vollkommen talentlos. Wie sie da zum Klang des Flötenquartetts herumspringen und einen idiotischen Text krächzen... Böser Kuckadudldu, mach die blöden Augen zu... oder was immer... es ist nicht zum Anhören.
Ich fühle mich schlecht und immer schlechter. Keine Luft. An den Fenstern kleben ganze Trauben von japsenden Eltern. Kleine Mädchen wollen pipi. Draußen im Hof rauchen rebellierende Väter.
Mein Sohn gestikuliert angstvoll:
»Nicht weggehen, Papi. Ich komm' gleich dran.«
Auf allen vieren krieche ich zu Nadiwa, der Lehrerin. Ob es eine Pause geben wird?
Unmöglich. Würde zu lange dauern. Jedes Kind eine Hauptrolle. Sonst werden sie eifersüchtig, und die pädagogische Mühe vieler Jahre ist beim Teufel.
Einige Elternpaare, deren Nachkommenschaft sich bereits produziert hat, entfernen sich unter den neidvollen Blicken der zurückbleibenden Mehrheit.
Auf der Bühne beginnen die Vorbereitungen zu einer biblischen Allegorie in fünf Akten. Mein Sohn trägt abermals Requisiten herbei.
Ich werfe einen verstohlenen Blick auf das Rollenbuch, das der Bruder eines Mitwirkenden in zitternden Händen hält, um notfalls als Souffleur zu fungieren:

Ägyptischer Aufseher (hebt die Peitsche): Auf, auf, ihr Faulpelze! Und hurtig an die Arbeit!
Ein Israelit: Wir schuften und schwitzen seit dem Anbruch des Morgens. Ist kein Mitleid in deinem Herzen?
Undsoweiter...
Ich kenne viele Menschen, die niemals geheiratet und sich niemals vermehrt haben und trotzdem glücklich sind.
Noch *ein* Ton aus der hebräischen Flöte, und ich werde verrückt.
Aber da geschieht etwas Merkwürdiges. Mit einemmal nehmen die Dinge Gestalt an, die Atmosphäre wird reizvoll, undefinierbare Spannung liegt in der Luft, man muß unwillkürlich Haltung annehmen, man muß scharf aufpassen. Oben auf der Bühne hat sich ein wunderhübscher Knabe aus der Schar seiner Mitspieler gelöst. Vermutlich mein Sohn. Ja, er ist es. Er verkörpert den Dichter Scholem Alejchem oder den Erfinder der Elektrizität oder sonst jemand Wichtigen, das läßt sich so geschwind nicht feststellen.
»Häschen klein... Gläschen Wein... bla-bla-bla blubb-blubb-blubb bongo-bongo... das ist fein...«
Laut und deutlich deklamiert mein kleiner Rotkopf den den Text. Ich blicke mit bescheidenem Stolz in die Runde. Und was muß ich sehen?
In den Gesichtern der Dasitzenden malt sich völlige Teilnahmslosigkeit. Einige schlafen sogar. Sie schlafen, während Amirs zauberhaft klare Stimme den Raum durchdringt. Mag sein, daß er kein schauspielerisches Genie ist, aber seine Aussprache ist einwandfrei und sein Vortrag flüssig. Niemals zuvor ward so Deutliches erhört in Israel. Und sie schlafen...
Als er zu Ende gekommen ist, schreckt mein Applaus die

Schläfrigen auf. Auch sie applaudieren. Aber ich applaudiere stärker.
Mein Sohn winkt mir zu. Bist du's Papi?
Ja, ich bin es, mein Sohn. Und ich winke zurück.
Die Lehrerin Nadiwa macht ihrem Vorzugsschüler ein Zeichen.
»Wieso?« flüstere ich ihr zu. »Geht's denn noch weiter?«
»Was meinen Sie, ob es noch weitergeht? Jetzt fängt's ja erst richtig an. Der große historische Bilderbogen: Von der Entstehung der Welt bis zur Entstehung des Staates Israel. Mit Kommentaren und Musik...«
Und da erklang auch schon der erste Kommentar von der Bühne:
»Am Anfang schuf Gott den Himmel und die Erde...«
An den Rest erinnere ich mich nicht mehr.

Desdemona oder Das blonde Gift

»Monsieur Boulanger, haben Sie fünf Minuten Zeit für mich?«
»Mit Vergnügen, Madame.«
»Ich höre von der Direktion, daß Sie mich für die Rolle der Desdemona in Erwägung ziehen.«
»Es wurde darüber gesprochen, das stimmt.«
»Ich habe das Stück heute nacht gelesen und finde es ganz gut. Natürlich müssen die unsinnig langen Monologe dieses Othello zusammengestrichen werden, aber das brauche ich Ihnen als Regisseur nicht zu sagen. Was ich mit Ihnen besprechen möchte, ist etwas anderes. Mein Haar.«
»Wie bitte?«
»Mein Haar. Sie kommen aus Frankreich, Monsieur Boulanger, und Sie wissen über das israelische Theater nicht Bescheid. Es hat eine große Pioniertradition. Es ist, wie soll ich mich ausdrücken, eher konservativ. Jedenfalls konservativer als das Ihre. Sie verstehen.«
»Offen gesagt: nein.«
»Dann muß ich deutlicher werden. Wenn Sie glauben, daß ich mir wegen dieser Desdemona das Haar blond färben lasse, können Sie sofort Ihre Koffer packen und nach Paris zurückfahren.«
»Ich? Habe ich Sie jemals gebeten, Ihr Haar —«
»Sie haben mich nicht gebeten, weil wir über die Sache noch nicht gesprochen haben. Aber Sie sind sicherlich der Meinung – genau wie alle anderen Schwachköpfe, verzeihen Sie –, daß die Desdemona mit blondem Haar gespielt werden muß.«

»Wie kommen Sie darauf?«
»Kurz und gut – es fällt mir gar nicht ein, knallblond durch die Gegend zu spazieren. Damit sich alle Männer nach mir umdrehen. Das ist nicht mein Stil.«
»Aber wer sagt Ihnen, Madame, daß Sie Ihr Haar blond färben sollen?«
»Was? Wieso? Sie wollen nicht, daß ich –«
»Nein. Ich bin mit Ihrem dunklen Haar vollkommen einverstanden.«
»So? Ich finde es schrecklich. Schaut aus wie schwarzer Schleiflack.«
»Mir gefällt's.«
»Fragt sich nur, ob's dem Othello gefällt.«
»Warum zweifeln Sie?«
»Weil er ein Neger ist. Und weil ich mir nicht vorstellen kann, daß sich ein Neger in eine Dunkelhaarige verliebt. Neger lieben nur hellhaarige Frauen, das ist biologisch nachgewiesen. Und Desdemona gilt seit Menschengedenken als nordischer Typ, oder? Also. Aber ich bin nicht bereit, wegen dieses blöden Klischees meine Persönlichkeit aufzugeben.«
»Es besteht nicht der geringste Anlaß, Madame.«
»Wirklich nicht?«
»Wirklich nicht.«
»Machen Sie keine Witze, Monsieur Boulanger.«
»Witze?«
»Dazu ist die Sache zu ernst. Für mich zumindest. Sie müssen auf meine Empfindlichkeiten Rücksicht nehmen.«
»Das tue ich, Madame, das tue ich.«
»Danke. Nur sollen Sie sich anderseits keinen Zwang antun. Ich bin schließlich Künstlerin und weiß, was es bedeutet, von einer bestimmten Rolle eine bestimmte

Auffassung zu haben. Wenn Sie die Desdemona mit blondem Haar sehen ... sozusagen mit golden umrahmtem Gesicht ... sozusagen mit einem Heiligenschein, der gewissermaßen ihr inneres Wesen symbolisiert ... schön, dann gehe ich eben zum Friseur und lasse mir das Haar blond färben. Wie ich seelisch damit fertig werde, ist meine Sache.«
»Nichts dergleichen ist notwendig, Madame. Glauben Sie mir: Es kommt auf die Gestaltung der Rolle an, nicht auf die Haarfarbe.«
»Das brauchen Sie mir nicht zu sagen. Da sind wir völlig einer Meinung. Und die Gestaltung der Rolle muß sich nach dem Konzept des Regisseurs richten. Ein Regisseur, der die Desdemona als nordischen Typ empfindet, hat das Recht, ja geradezu die Pflicht –«
»Aber –«
»Wir vom israelischen Theater glauben an Disziplin. An innere und äußere Disziplin. Diese gewissen Eitelkeiten und Eigensinnigkeiten, wie sie anderswo am Theater üblich sind, gibt's bei uns nicht. Wir sind, das sagte ich Ihnen ja schon, in dieser Hinsicht ein wenig konservativ. Wir halten das innere Erlebnis für die Grundlage der Rollengestaltung. Ich gebe Ihnen ein kleines Beispiel, Monsieur Boulanger. Bevor wir mit den Proben zu ›Pygmalion‹ begannen, ließ uns der Regisseur eine Woche lang auf der Straße Blumen verkaufen. Oder nehmen Sie den ›Kaufmann von Venedig‹. Das ganze Ensemble wurde nach Venedig geschickt, damit wir uns besser mit den Rollen identifizieren können. Und fragen Sie nicht, was wir vor der Premiere von ›Frau Warrens Gewerbe‹ machen mußten. Das Theater ist eine Welt für sich, Monsieur Boulanger. Eine grausame Welt. Eine Welt, in der man auf alles gefaßt und zu allem bereit sein muß. Wenn

Sie glauben, daß ich die Desdemona blond spielen soll, dann sagen Sie's, und ich spiele sie blond.«
»Warum die Eile, Madame?«
»Unsere Zeit ist kostbar. Ja oder nein?«
»Eigentlich –«
»Gut, ich gehorche. Aber zwingen Sie mich wenigstens nicht zu Platinblond.«
»Platin?«
»Oder halten Sie das für unerläßlich, um Desdemonas nordischen Charakter augenfällig zu machen? Dann will ich Ihnen nicht widersprechen. Ich bin auch dazu bereit. Wie spät ist es?«
»Elf Uhr.«
»Gerade recht. In zwei Stunden bin ich platinblond. Aber an meiner grundsätzlichen Haltung ändert das nichts. Sie kennen meinen Standpunkt, Monsieur Boulanger. Und jetzt müssen Sie mich entschuldigen. Ich bin für elf Uhr im Salon Nanette vorgemerkt.«

Die Probenbremse

Die Darstellerin der Desdemona ist der Musterfall einer sogenannten »Probenbremse«. Man kann sich darauf verlassen, daß sie noch während der Proben an M. Boulanger die Frage richten wird:
»Sagen Sie, Monsieur Boulanger – soll ich mich während der ersten Vorstellung ausziehen?«
»Warum während der ersten Vorstellung, Madame?«
»Glauben Sie, daß es zu einer zweiten kommt?«
Die Probenbremse wird alles tun, um den Regisseur in den Wahnsinn zu treiben. Sie wird, während er zwei anderen Schauspielern die entscheidenden Anweisungen erteilt, den handlichen Transistorapparat einschalten, den sie immer mit sich führt, und wird die Bühne mit heißer Jazzmusik erfüllen. Während der Erdrosselungs-Szene wird sie plötzlich aus Othellos muskulösen Armen schlüpfen und sich bei M. Boulanger erkundigen, wann er in sein Dorf nach Frankreich zurückkehrt, und nach der ersten Hauptprobe wird sie der Direktorin mit den Worten: »Entweder der Regisseur oder ich!« ihre Rolle hinwerfen.
Dabei handelt sie weder aus Überheblichkeit noch aus persönlicher Antipathie. Im Gegenteil, sie schätzt M. Boulanger. Aber sie ist nun einmal die offizielle Probenbremse des Ensembles und muß sich dementsprechend verhalten. Jedes Ensemble hat seine Probenbremse, immer nur eine, wenn auch nicht immer dieselbe. Schon auf der ersten Leseprobe meldet sich eines der Ensemblemitglieder freiwillig für diese Rolle – ein kleines Gähnen genügt –, und das Ensemble ist in der Regel einverstan-

den. Auch für den Regisseur kann es nur gut sein, schon im voraus zu wissen, wer diesmal als Probenbremse fungiert. Wenn M. Boulanger nach einem zweistündigen Vortrag über seine Interpretation des Stücks und seine psychologische Auffassung der einzelnen Rollen sich noch erkundigt, ob jemand vielleicht eine Frage hat, darf er wenigstens sicher sein, wer die folgende Frage stellen wird:

»Ist es zu spät, oder kann ich aus dieser Inszenierung noch ausscheiden, Monsieur Boulanger?«

Scheidet die Probenbremse tatsächlich aus, so wird ihr Platz augenblicklich von einem anderen Ensemblemitglied eingenommen, denn die Kunst verabscheut jegliches Vakuum.

Natürlich sind auch hier bestimmte Regeln zu beachten. Ein Ensemblemitglied, das die Rolle der Probenbremse im Verlauf einer Spielzeit zweimal übernommen hat, muß einem anderen Kollegen Platz machen, da nur sehr wenige Rollen ihrem Darsteller soviel innere Befriedigung verschaffen wie diese.

Den Höhepunkt ihrer Wirkung erreicht die Probenbremse kurz vor der Premiere, wenn es unmöglich ist, noch Ersatz zu finden. Die Direktion greift zu diesem Zeitpunkt nicht mehr ein, sondern verbarrikadiert sich im zweiten Stock. Die Gegenwirkung, die es mit der Probenbremse aufnimmt und sich meistens sogar als stärker erweist, kommt nicht von oben, sondern von seitwärts, kommt vom eigentlichen Beherrscher des ganzen Betriebs: dem Bühnenarbeiter. Wir werden gleich sehen, wie es sich mit dieser höchsten aller Instanzen verhält.

Ohne Mundek geht's nicht

Ich wollte im Café Noga nur rasch einmal telephonieren – und sprang sofort zurück, aber es war zu spät. Jarden Podmanitzki hatte mich bereits gesehen und kam mit ausgebreiteten Armen auf mich zu.
»Nehmen Sie Platz«, sagte er. »Trinken Sie etwas.«
Er sah ungewöhnlich sorgenvoll aus, mit tiefen, schwarzen Ringen unter den Augen und auffällig vielen Runzeln über seinen breiten slawischen Backenknochen. Und dabei stand für die nächste Zeit gar keine Premiere bevor.
»Sie scheinen sich nicht besonders wohl zu fühlen«, sagte ich. »Ich möchte nicht stören.«
»Setzen Sie sich und trinken Sie. Wenn Sie mir versprechen, nichts darüber zu schreiben, erzähle ich Ihnen, was geschehen ist.«
»Leider kann ich für eine Veröffentlichung nicht garantieren.«
»Mundek.«
»Wie bitte?«
»Mundek. Der Mann bringt mich um.«
»Wer ist Mundek?«
»Sie wissen nicht, wer Mundek ist? Wo leben Sie, Herr? Mundek ist der älteste Kulissenschieber an unserem Theater. Und wenn ich demnächst abkratze, wird die Welt ihn und niemanden sonst für meinen Tod verantwortlich zu machen haben.«
»Was halten Sie von der letzten Rede Reagans?«
»Ein kolossaler Kerl, berstend vor Energie und vollkommen zahnlos. Ich weiß nicht, wie er in dieses Theater gekommen ist. Er sagt, er hat es gegründet. Mißverstehen

Sie mich nicht. Ich bin kein Reaktionär. Im Gegenteil, die Arbeiterklasse hat an mir seit jeher einen Freund gehabt. Aber wenn ich an Mundek denke, sehne ich mich manchmal nach den guten alten Feudalzeiten zurück. Das ganze Land liegt mir zu Füßen – das wissen Sie ja –, man jubelt mir zu, wo immer ich erscheine – und dieser Mundek behandelt mich wie irgendeinen Komparsen. Nur ein Beispiel. In einer der letzten Vorstellungen von ›Richard II.‹ beginne ich meinen berühmten Monolog im fünften Akt – spreche Shakespeares unsterbliche Verse, wie nur ich sie sprechen kann – ›Ich habe nachgedacht, wie ich der Welt / Den Kerker, wo ich lebe, mag vergleichen‹ – das Publikum hängt an meinen Lippen – und plötzlich, neben mir in der Kulisse und mitten in die atemlose Stille hinein, schneuzt dieser Mundek dröhnend seine Nase und sagt zu ein paar Bühnenarbeitern: ›Kinder, efscher mir wellen schpilen a bissele Kurten?‹ Auf jiddisch sagt er das, denn eine andere Sprache kann er nicht, und sagt es so laut, daß man es bis in die letzte Parkettreihe hört. Und während ich, Jarden Podmanitzki, heute wahrscheinlich der bedeutendste Shakespearedarsteller des Landes, den überirdischen Monolog Richards II. spreche, sehe ich in der Kulisse Herrn Mundek und die anderen Herren Kulissenschieber Karten spielen, als ob ihnen die Welt gehörte. Jetzt frage ich Sie: Was hätten Sie an meiner Stelle getan?«

»Ich hätte sie gebeten aufzuhören.«

»Machen Sie sich nicht lächerlich. Manchmal reden Sie daher wie ein Kretin oder ein Kritiker. Glauben Sie denn, man könnte diesen Leuten mit Vernunft beikommen? Nehmen Sie Mundek, zum Beispiel. Wieder in einem anderen Stück. Jeden Abend bringt er ein halbes Kilo Käse, einen Laib Brot und zwei große Rettiche mit – und pünktlich im zweiten Akt, während meiner großen Liebesszene, beginnt er zu fressen. Ich soll eine Prinzessin verführen, ich soll ihr kniend den Schlüssel zu meiner Geheimtruhe überreichen – und kaum knie ich mich hin, beißt Mundek in den Rettich, daß es kracht. Was sage ich: kracht. Es dröhnt. Vom Geruch ganz zu schweigen. Wie oft habe ich ihn schon angefleht: ›Mundek, ich beschwöre Sie, fressen Sie Ihren Rettich etwas später oder meinetwegen früher, aber doch nicht gerade während meiner Liebesszene!‹ Und was sagt Mundek? Es täte ihm leid, sagt er, aber er pflege sein Nachtmahl seit vierzig Jahren regelmäßig um 9 Uhr einzunehmen, und wenn uns das nicht recht wäre, dann müßten wir eben die Liebesszene verlegen. ›Sie halten also Ihren Rettich für wichtiger als meine Liebesszene?‹ frage ich ihn. Und darauf antwortet Mundek schlicht und einfach: ›Ja.‹ Nichts weiter. Oder die Art, wie er über die Bühne geht. Ein Elefant, sage ich Ihnen. Die Bretter knarren, die Kulissen schwanken, die Versatzstücke wackeln. Eines Tages konnte ich es nicht länger ertragen. ›Trampeln Sie während der Vorstellung nicht herum!‹ brülle ich ihn an. Daraufhin erkühnt sich Mundek zu der Bemerkung, daß ich ihm nichts zu befehlen hätte. Das war zuviel für mich. Ich begann zu toben. ›Sie Wurm! Sie Niemand! Wer ist hier der Star, Sie oder ich?‹ Mundek zuckt die Achseln. ›Was verdienen Sie?‹ fragt er. ›Hundertfünfundvierzig vor Abzug der Steuer‹, antworte ich, weil ich mich schäme, die wahre Summe zu nennen. ›Sehen Sie‹, sagt Mundek. ›Ich habe dreihundertfünfundzwanzig. Ohne Überstunden. Nu?‹ Er wird für Überstunden bezahlt. Ich nicht. Als ich unseren Direktor Schoßberger einmal fragte, wie es denn möglich sei, daß ein kleiner Arbeiter mehr verdient als ein großer Schauspieler, erklärt er mir

das mit der Wechselbeziehung zwischen Angebot und Nachfrage: Jeder will ein großer Schauspieler sein und niemand ein kleiner Arbeiter. Mundek weiß das natürlich. Er ist ein absoluter Diktator. Alle Macht konzentriert sich in seiner Hand. Wenn der Vorhangzieher auf Urlaub geht – wer vertritt ihn? Mundek. Und was geschieht? Kaum beginne ich meinen berühmten Monolog im fünften Akt – kaum spreche ich Shakespeares unsterbliche Verse, wie nur ich sie sprechen kann – kaum beende ich die Zeile: ›Ich habe nachgedacht, wie ich der Welt‹ – da fällt der Vorhang. Aus. Nachdem mir der Theaterarzt erste Hilfe geleistet hat, stürze ich mich auf Mundek: ›Was war das, Sie Abschaum?! Wie können Sie es wagen, mich um meinen Monolog zu bringen?!‹ Und ich hebe die Faust. ›Nur keine Aufregung‹, sagt Mundek. ›Das Stück ist sowieso zu lang, außerdem hatten wir mit Verspätung angefangen, und Sie, Herr Podmanitzki, waren so miserabel, daß man es nicht länger anhören konnte. Glauben Sie mir: Es war höchste Zeit für den Vorhang!‹ Ich konnte nur noch wimmern. ›Kerl, dieses Stück ist von Shakespeare‹, wimmerte ich. Mundek zuckt die Achseln. ›Meinetwegen soll es von Ben Gurion sein. Ich bin seit siebenunddreißig Jahren beim Theater, und wenn Mundek sagt, daß ein Stück zu lang ist, dann ist es zu lang.‹ Das waren die Tage, in denen ich mich mit ernsten Selbstmordabsichten trug. Wissen Sie, was ich gemacht habe?«
»Veronal?«
»Nein. Ich ging zu Schoßberger in die Direktionskanzlei. ›Schoßberger‹, sagte ich ruhig. ›Sie wissen, daß ich nicht überempfindlich bin, aber wenn das so weitergeht, wird Ihre Bühne auf Jarden Podmanitzki verzichten müssen.‹ Und ich erzählte ihm alles. Alles. Auch daß Mundek in

den Pausen immer auf meinem Thron sitzt und manchmal mit Absicht seine jiddische Zeitung dort vergißt. Einmal hat er sogar seinen Zigarrenstummel in meinen Kronreif gesteckt, und das Publikum kam aus dem Lachen nicht heraus, weil es noch nie einen König mit rauchender Krone gesehen hat. Nachher versuchte ich es mit Mundek in Güte: ›Sie müssen doch wissen, was ein König ist‹, sagte ich ihm. ›Wie können Sie mir als König so etwas antun? Ich bin ein König, und meine Krone raucht!‹ – ›Was sind Sie? Ein König sind Sie?‹ bekam ich zur Antwort. ›Sie sind ein alter Schmierist und heißen Jarden Podmanitzki. Ein König spielt nicht Theater.‹ Seit siebenunddreißig Jahren ist dieser Idiot beim Geschäft und hat noch immer keine Ahnung, was auf der Bühne vorgeht. Das alles sage ich Schoßberger. Das und noch mehr. Und zum Schluß sage ich ihm: ›Schoßberger – entweder ich oder Mundek. Entscheiden Sie sich.‹ Schoßberger versucht mich zu beruhigen, es ist nicht so schlimm, es wird vorübergehen, auch ein Mundek lebt nicht ewig – aber ich bleibe hart. Ich bleibe so hart, daß Schoßberger schließlich nichts anderes tun kann, als mich entlassen. Er hat mich entlassen. Was sagen Sie jetzt? Er hat Jarden Podmanitzki entlassen. Verstehen Sie?«

»Ich verstehe. Er hat Sie entlassen.«

»Sie scheinen sich nicht klar darüber zu sein, was das bedeutet! Ich sage noch zu Schoßberger: ›Also Mundek ist Ihnen lieber als Podmanitzki?‹ Und Schoßberger antwortet: ›Keine Spur, aber ihn kann ich nicht entlassen, sonst streiken die Bühnenarbeiter, und wir haben keine Vorstellung. Und laut Gewerkschaftsvertrag müßte ich ihm eine Abfindung von 35 000 Shekel zahlen. Woher nehme ich die?‹ Ich mußte zugeben, daß an diesem Argu-

ment etwas dran war. Schoßberger hat irgendwie recht. Wir Schauspieler bleiben auf dem Posten, ob wir bezahlt werden oder nicht. Aber versuchen Sie, einen Mundek länger als zehn Minuten auf seine Überstundengebühr warten zu lassen! Mundek ist alles. Podmanitzki ist nichts...«
Der bedeutende Charakterdarsteller war in sich zusammengesunken und starrte mit leeren Augen vor sich hin, ein völlig gebrochener Mann. Er dauerte mich.
»Jarden Podmanitzki«, tröstete ich ihn. »Sie sind ein Titan des zeitgenössischen Theaters. Sie sind viel zu groß, als daß ein Zwerg wie Mundek Ihnen etwas anhaben könnte. Löschen Sie ihn aus Ihrem Gedächtnis. Denken Sie nicht an ihn...«
»Ja, wenn das so einfach wäre!« seufzte Podmanitzki. »Aber was, glauben Sie, ist gestern abend geschehen? Mundek hatte sich krank gemeldet, zum erstenmal in seinem Leben. Mundek war nicht da. Kein Trampeln, kein Schneuzen, kein Rettich, nichts. Es war so beängstigend ruhig hinter der Szene, daß ich nervös wurde und dreimal hängenblieb... Ohne Mundek geht's nicht.«

Der Löw' ist los

Eines Tages hatte der Impresario Jehuda Sulzbaum den fulminanten Einfall, die berühmtesten Löwenbändiger der Welt mit ihren Dressurakten nach Israel zu bringen und im Stadion von Ramat Gan 25 Galavorstellungen zu veranstalten. Da er ein Mann der raschen Entschlüsse war, flog er sofort nach Amerika, wo es ihm binnen kurzem gelang, mit nicht weniger als neun prominenten Vertretern des Dompteurfaches Verträge abzuschließen. Seine Kalkulation war ebenso einfach wie realistisch:

Lufttransport für 9 Dompteure und 83 Löwen nach Tel Aviv (20 Flugzeuge)	Shekel 54 000,–
Unterkunft und volle Verpflegung im Sharon-Hotel (25 Tage)	Shekel 750 000,–
Stadionmiete für 25 Abende	Shekel 25 000,–
Unvorhergesehene Spesen	Shekel 200,–
Gesamtsumme	Shekel 829 200,–

Das Stadion faßt 40 000 Zuschauer, also an 25 Abenden insgesamt eine runde Million. Bei einem Eintrittspreis von fünf Shekel ergibt das 5 Millionen und somit einen Reingewinn von mehr als 4 Millionen Shekel.

In den Zeitungen erschienen spaltenlange Vorankündigungen über das Spektakel, besonders über den Star-Löwen Bejgele, der nur Jiddisch verstand. Für die Presse-

photographen war es ein Festtag, als die Löwen auf dem Flughafen Lydda ankamen und von eigens hierfür abgestellten Panzerkolonnen zum Sharon-Hotel eskortiert wurden. Am Abend fand zur Feier des Anlasses ein großes Bankett statt, an dem mehrere Regierungsmitglieder, das gesamte Diplomatische Korps und zahlreiche Persönlichkeiten des öffentlichen Lebens teilnahmen. Der Innenminister brachte einen Toast auf Jehuda Sulzbaum aus, verglich ihn mit seinem größten amerikanischen Kollegen und nannte ihn kurzerhand den »Sol Hurok des Nahen Ostens«. In einer von tiefer Bewegung getragenen Rede erklärte ein Sprecher der Gäste, daß der alte Traum aller Löwenbändiger soeben in Erfüllung gegangen sei: Nun wären Sie endlich in Indien und könnten auf Tigerjagd gehen...
Von der Hotelküche wurden zur Verköstigung der Löwen 10 Kamele und 30 Esel zubereitet.

Zweihundert Scheinwerfer ergossen ihr strahlendes Licht über die 20000 Besucher der Galapremiere im Stadion. Dem Programmheft zufolge war die feierliche Eröffnung des Abends dem Bürgermeister von Ramat Gan zugedacht: Er sollte den Löwenkäfig betreten, eine Peitsche mit goldenem Stiel erheben und einmal laut knallen. Aus irgendwelchen Gründen lehnte der Bürgermeister diese Prozedur ab, knallte draußen vor dem Käfig und traf die Gattin des italienischen Botschafters in den Nacken; sie wurde unverzüglich in die improvisierte Unfallklinik gebracht und dort behandelt. Nach diesem kleinen Zwischenfall begann die Vorstellung. Löwen kamen, sprangen durch brennende Reifen, gingen auf Seilen, hockten auf Schemeln, stellten sich auf die Hinterbeine und hielten kleine blauweiße Flaggen in den Pranken. Stürmi-

scher Applaus. Dann kamen andere Löwen, sprangen durch brennende Reifen, gingen auf Seilen, hockten auf Schemeln und andere hielten kleine blauweiße Flaggen in den Pranken... Dann kamen noch mehr Löwen ... noch mehr brennende Reifen ... Seile ... Schemel ... kleine blauweiße Flaggen... Das Ganze dauerte mehr als sechs Stunden, aber schon nach vier Stunden machten sich unter den Zuschauern gewisse Müdigkeitserscheinungen bemerkbar, und einige der anwesenden Kinder warfen mit Orangenschalen nach den Löwen, Reifen und Seilen.
Der nächste Abend zeigte ein starkes Absinken der Besucherzahl. Im Unterschied zu den respektablen 20 000 der Eröffnungspremiere kamen am zweiten Abend nur 1412 Zuschauer, am dritten nur 407, am vierten 18 und am fünften 7 (einschließlich der 4 Polizisten). Die Einnahmen waren weit davon entfernt, die Spesen zu decken.
Jehuda Sulzbaum, der Impresario, befand sich in einer unangenehmen Lage. Seine Verträge lauteten auf weitere zwanzig Abende, aber er konnte weder die Dompteure noch die Hotelrechnung bezahlen. Die Dompteure waren überdies enttäuscht, weil sie ihre Hoffnungen, in Indien reich zu werden, zerrinnen sahen, und die Löwen waren enttäuscht, weil sie nicht genug zu fressen bekamen. Am sechsten Tag wurden ihnen nur noch 3 Kamele und 9 Esel serviert, am siebenten nur noch 6 Esel, was für 83 Löwen entschieden zu wenig ist. Die hungrigen Bestien brachen in grauenerregendes Brüllen aus, das die Hotelgäste empfindlich störte.
Nach zehn Tagen teilte die Leitung des Sharon-Hotels dem Impresario Sulzbaum mit, daß es die Löwen mitsamt ihren Bändigern delogieren würde, wenn die aufgelaufenen Rechnungen nicht innerhalb 48 Stunden bezahlt wären. Sulzbaum, nicht faul, lehnte es ab, sich erpressen

zu lassen. Am nächsten Tag wurden die Löwen delogiert, teilten sich in kleinere Gruppen und erschienen immer dort, wo man sie am wenigsten erwartete. Als Senator Alfonso Goldstein, der Vorsitzende des United Jewish Appeal für Uruguay, ihrer Freßlust zum Opfer fiel, bemächtigte sich der Bevölkerung größtes Entsetzen, und die Presse forderte ein sofortiges Einschreiten der Polizei. Die Polizei erklärte, daß sie mit dieser ganzen Angelegenheit – die ja auf finanzielle Unstimmigkeiten zurückginge – nichts zu tun hätte und außerdem über kein Budget für Löwenjagden verfügte. Das Fremdenverkehrsamt erwog daraufhin die Veranstaltung von Großwildjagden, kam jedoch zu keinem praktischen Ergebnis.

Nach dem Verschwinden des Impresarios Sulzbaum legten die Behörden der Schweizer Gesandtschaft nahe, für die Evakuierung der Löwen zu sorgen, da diese eine Gefahr für das Leben der in Israel befindlichen Schweizer Bürger darstellten. Unter Berufung auf die geringe Zahl der möglicherweise Betroffenen lehnte der Schweizer Gesandte den Vorschlag ab. Ebenso erfolglos blieb ein an die Regierung der Vereinigten Staaten gerichteter Appell um technischen Beistand unter Punkt 4 des Hilfsprogramms für Entwicklungsländer.

Mittlerweile setzten die Löwen ihr unverantwortliches Treiben fort. In Herzliah verschlangen sie innerhalb eines einzigen Tages 32 Personen und fügten damit dem Ruf dieser Ortschaft als Kur- und Erholungszentrum schweren Schaden zu. Die Löwenbändiger ihrerseits verlegten sich auf Banküberfälle und Straßenraub.

Etwa drei Wochen später wurden im ganzen Land verwahrloste Löwen gesichtet. Einer von ihnen nistete sich im Gebäude der Gewerkschaftszentrale ein und riß dort einen Beamten pro Tag, ohne daß man den Verlust be-

merkt hätte. Erst als der Mann, dem die Teeversorgung oblag, nicht mehr kam, wurde man sich darüber klar, daß man einen Löwen im Hause hatte. Die Armee wurde beauftragt, Regierungsgebäude und Parteihäuser mit Drahtverhauen zu sichern.
Sulzbaum befand sich um diese Zeit an der Riviera und empfahl dem Finanzministerium telephonisch, die Kosten für den Abtransport der Löwen durch eine Zigaretten-Sondersteuer aufzubringen.

Schließlich gelang es der Regierung, die UNESCO zu überzeugen, daß es im Sinne der internationalen Konvention über die Verhinderung von Massenmord ihre Sache wäre, sich der Löwen anzunehmen. Daraufhin besorgte ein von der UNESCO gechartertes Schiff unter schwedischer Flagge den Abtransport der noch verbliebenen 21 Löwen. Die übrigen waren verhungert oder hatten sich in der Wüste Negev niedergelassen. Von den Löwenbändigern überlebten insgesamt fünf die verschiedenen Schußwechsel mit der Polizei. Sie protestierten gegen die feindselige Haltung der Behörden, erklärten jedoch andererseits, daß ihre Löwen vom Geschmack des israelischen Publikums begeistert wären.

Ein Fest für Auge und Ohr

»Haben Sie die Göttliche gehört?«
»Ja. Vor Jahren in einem Konzert. Es ist keine Übertreibung, wenn ich sage: Es war ein Fest für Auge und Ohr. Eine größere Sängerin als Maria Callas gibt es heute nicht. Ich ziehe meinen Hut vor Jehuda Sulzbaum. Sein in Athen lebender Schwager kennt die Mutter von Maria Callas, und so ist die Sache zustande gekommen. Kein schlechter Coup für einen kleinen israelischen Impresario, was? Auch daß er unser größtes Theater gemietet und die Spitzen des öffentlichen Lebens zu diesem Galaabend eingeladen hat, war sehr geschickt. Die ganze Veranstaltung hatte Klasse. Sie werden mich vielleicht für einen Snob halten – aber ich war schon tief beeindruckt, als Frau Callas hinter dem Vorhang erschien.«
»Hinter? Wieso hinter?«
»Ein kleines Mißverständnis. Der Beginn des Konzerts war auf halb neun festgesetzt und verzögerte sich ein wenig. Das Publikum wurde ungeduldig und applaudierte.«
»Was für schlechte Manieren unsere Leute haben!«
»Wie wahr. Ich muß Ihnen allerdings gestehen, daß auch ich so gegen zehn Uhr zu klatschen begann. Man kann ja nicht anderthalb Stunden im Dunkeln sitzen und warten.«
»Sagten Sie nicht, daß sie dann doch noch erschienen ist?«
»Gewiß. Jemand hob irrtümlich den Vorhang, und man sah die Diva, wie sie den Flügel zur Mitte der Bühne schob.«

»Die Callas selbst?«
»Sie ist schlank, man könnte sie beinahe mager nennen, aber sie muß sehr kräftig sein. Jedenfalls schien es ihr keine Mühe zu machen, den schweren Flügel vor sich her zu schieben. Sie trug ein wunderbares dunkles Abendkleid. Ich werde den Anblick nie vergessen: diese zarte, filigrane Gestalt – und dazu als Kontrast das wuchtige, plumpe Instrument. Schade, daß der Vorhang so schnell wieder zugezogen wurde.«
»Ich verstehe nicht ganz. Warum mußte die Callas persönlich den Flügel schieben? Gab es denn keine Bühnenarbeiter?«
»Natürlich gab es welche.«
»Wo?«
»An der Kassa. Es war mir sofort aufgefallen, daß hinter dem Billettschalter nicht der Kassier saß, sondern zwei stämmige Burschen in Regenmänteln. Offenbar hatte Sulzbaum die Bühnenarbeiter nicht im voraus bezahlt, und sie wollten die Einnahmen sicherstellen.«
»Hat Sulzbaum nicht protestiert?«
»Konnte er nicht. Er war an einen Stuhl gefesselt. Mit einem Knebel im Mund.«
»Um Himmels willen! Und da wurde nichts unternommen?«
»Es wurde sogar sehr viel unternommen. Die Musiker suchten überall nach Sulzbaum, weil seine Schecks geplatzt waren und weil die Orchestervertretung, unter Vorsitz des Triangelspielers, darauf bestand, die Gagen vorher bar ausbezahlt zu bekommen. Vor Beginn des Konzerts. Falls das Konzert auch wirklich stattfände.«
»Aber die Einnahmen waren ja schon gepfändet?«
»Die reichten gerade für das Bühnenpersonal.«
»War das Haus denn nicht ausverkauft?«

»Und wie! Es gibt ja nur eine Callas auf dieser Welt! Andererseits hatte Sulzbaum, ein Mann von eher sanguinischem Temperament, 105 Musiker engagiert und hätte mit einem komplett ausverkauften Haus nur die Kosten des Orchesters decken können. Aber er bewies großen Mut. Als die Musiker ihn endlich aufgespürt hatten und den Knebel aus seinem Mund entfernten, schrie er sofort mit aller Kraft ›Gesindel! Piraten!‹. Das Publikum nahm an, daß diese Rufe zu einer Opernszene gehörten, die auf der Bühne geprobt wurde. Um diese Zeit war es bereits halb elf, und im Zuschauerraum herrschte große Aufregung. Endlich zeigte sich die Callas.«
»Vor dem Vorhang?«
»Diesmal vor dem Vorhang. Wir klatschten wie verrückt, aber das schien sie nicht zu kümmern. Sie kam von rechts, mit einer brennenden Kerze in der Hand, und schlich gebückt die Rampe entlang, um nach den Mikrophonkabeln zu suchen. Da der Toningenieur und die Elektriker passive Resistenz machten – wegen der Bezahlung. Sie wissen ja –, versuchte die Callas selbst, das Kabelsystem in Betrieb zu setzen.«
»Unglaublich.«
»Das kann man wohl sagen. Schließlich ist sie eine Sängerin und kein Elektriker. Sie hatte sich eine Greifzange verschafft und versuchte die Nägel zu entfernen, mit denen die Drähte fixiert waren. Sonst hätte sie das Mikrophon nicht bewegen können. Nach einer Weile erbarmte sich der Toningenieur und schleppte sie von der Bühne. Nach und nach füllte sich der Orchesterraum mit Musikern.«
»Die spät, aber doch noch ihr Geld bekommen haben.«
»Nein, nur Wechsel. Deshalb begannen sie auch nicht sofort zu spielen. Sie hatten den Triangelspieler in die

Privatwohnung eines der Bankdirektoren geschickt, der in der Nähe wohnte, und warteten auf Nachricht, ob die Wechsel gut wären. Das dauerte weitere vierzig Minuten.«

»Man muß sich wundern, daß die Zuschauer das alles ruhig hinnahmen.«

»Manche randalierten. Stühle wurden zertrümmert und auf die Bühne geworfen. Eine Schande, sage ich Ihnen. Ich für meine Person wäre am liebsten in den Boden versunken, so sehr schämte ich mich über mein Benehmen. Was wird Maria Callas von uns denken, fragte ich mich. Zum Glück ist sie genau das, was man einen ›good sport‹ nennt. Um Mitternacht kam sie vor den Vorhang und gab ein paar Nummern zum besten.«

»Arien?«

»Nein, akrobatische Nummern. Gesang kam um diese Zeit noch nicht in Betracht. Sie erinnern sich, daß die Lautsprecheranlage bis zur Rückkehr des Triangelspielers abgeschaltet war. Trotzdem bedachte das Publikum die Callas mit stürmischem Applaus, besonders nach einem gelungenen Hechtsprung, bei dem sie die Kerze in der Hand behielt.«

»Sie ist eine sehr vielseitige Künstlerin, die Callas.«

»Ja, das ist sie. Rätselhafterweise gingen mitten in ihrer Darbietung die Lichter an. Sulzbaum hatte seine Fesseln durchgebissen und war entkommen. Eine aufregende Jagd setzte ein. Die Musiker wußten, daß er sich irgendwo im Gebäude versteckt halten mußte, weil alle Ausgänge bewacht waren. Sie durchkämmten sogar den Zuschauerraum – vielleicht, so dachten sie, hatte sich Sulzbaum unter das Publikum gemischt und spielte harmlos, oder vielleicht verbarg er sich unter einem Sitz. Endlich, wenige Minuten vor eins, während ihn die Strei-

cher im Keller suchten, fand ihn der Dirigent im Schrank seiner Garderobe. Um wenigstens sein eigenes Honorar aus Sulzbaum herauszupressen, begann er ihn zu martern. Sulzbaum blieb standhaft. Erst als der Dirigent ihm eine brennende Zigarre ins Nasenloch schob, brach er mit einem lauten Schrei zusammen. Der Schrei war so laut, daß das gesamte Orchester herbeistürzte, und die Verhandlungen begannen aufs neue.«
»Welche Auskunft hatte der Triangelspieler vom Bankdirektor bekommen?«
»Daß die Wechsel nicht gut waren. Deshalb wichen ja die Orchestermitglieder nicht aus der Garderobe des Dirigenten. Sie waren drauf und dran, Sulzbaum zu lynchen, als einer der Bläser den Betriebsrat darauf aufmerksam machte, daß man jetzt, um zwei Uhr früh, doch auch ein wenig an das Publikum denken müßte, schließlich hatten die Leute für ihre Eintrittskarten teures Geld bezahlt. Nach längeren Debatten gab der Betriebsrat nach und gestattete dem Orchester, als Beweis seines guten Willens, eine Ouvertüre zu spielen. Es wurde vereinbart, daß sie weiterspielen würden, wenn Sulzbaum 5000 Shekel in bar herbeischaffen könnte.«
»Und die Callas?«
»Sie befand sich währenddessen im Mittelgang und unterhielt das Publikum mit Kartenkunststücken. Wie schon gesagt: eine vielseitige Künstlerin. Jemand fragte sie, wie es ihr in unserem Land gefiele, aber man konnte ihre Antwort nicht mehr hören, weil gerade in diesem Augenblick die Lautsprecheranlage zu funktionieren begann und den lärmenden Streit zwischen Sulzbaum und dem Betriebsrat übertrug. Besonders störend wirkte die kreischende Stimme eines Bühnenarbeiters, der unermüdlich wiederholte: ›Entweder sofort 150 Shekel in die

Hand, oder ich lasse ihr die Dekoration auf den Kopf fallen!‹ Man sollte es nicht für möglich halten.«

»Warum hat die Polizei nicht interveniert?«

»Was hat die Polizei mit den Lohnverhandlungen einer organisierten Gewerkschaft zu tun? Der diensthabende Inspektor war bereits um halb vier nach Hause gegangen – was ihm übrigens leid tun kann, denn um vier Uhr erklärte sich die Callas bereit, den vom Orchester verlangten Garantiebetrag vorzustrecken, wenn nur das Konzert endlich anfinge. Tatsächlich nahmen die Musiker daraufhin ihre Plätze ein, der Vorhang ging hoch, und die Callas betrat die Bühne.«

»Wie hat sie gesungen?«

»Schön. Sehr schön. Obwohl man zeitweilig den Eindruck hatte, daß sie nicht in ihrer besten Form war. Man kennt ja diese Primadonnen. Ein launenhaftes Völkchen.«

Taktische Probleme

Nirgends bestätigt sich Darwins These vom Überleben des Stärkeren so eindrucksvoll wie im Theater, besonders in den Kämpfen, die von den Schauspielern um ihre Rollen ausgefochten werden.

Der Kampf beginnt spätestens zwei Stunden nach der Aufnahme eines neuen Stücks in den Spielplan. Man erkennt den kampfgewohnten Schauspieler daran, daß er das Bühnenmanuskript zur Hand nimmt, die Zeilen seiner Rolle rot unterstreicht und sie mit der unerbittlichen Sturheit eines Beamten im Statistischen Zentralamt auszählt. Wenn die erreichte Zahl ihn nicht befriedigt, setzt er Himmel und Hölle in Bewegung, um die schäbige Rolle loszuwerden. Er kämpft sozusagen seinen eigenen Befreiungskrieg.

Aber die Entscheidungsschlacht wird auf der Bühne ausgefochten. Die Proben dienen nur zur Vorbereitung. Da und dort versucht man einen kleinen Stellungsgewinn zu erzielen, eine Pause abzustoßen, einen Gang an sich zu reißen, von einer Änderung zu profitieren – ohne dem Gegner Einblick zu gewähren, was man damit bezweckt. Das wird er erst am Abend der Premiere zu merken bekommen: Genau in dem atembeklemmenden Augenblick, da der Held des Stücks sich ans Herz greift und zu Boden stürzt, um alle Nuancen eines erschütternden Todeskampfes auszuspielen – genau in dieser Zehntelsekunde schwingt sich die Hauptdarstellerin wie von ungefähr auf das rote Piedestal im Hintergrund und richtet sich dort ihre schwarzen Netzstrümpfe. Jetzt kann der Kerl noch so kunstvoll sterben – es schaut ihm niemand zu. Mit dem richtigen Instinkt fürs Timing kann man sogar einen Monolog ruinieren, und ein diskretes Husten im geeigneten Moment macht das Sensorium der Zuschauer für eine ganze Szene unempfänglich.

Erfahrene Routiniers betreiben mit Vorliebe das sogenannte »Drehscheibenspiel«. Es beruht auf dem optischen Gesetz, demzufolge ein näher zum Hintergrund der Bühne stehender Schauspieler, der seinen Partner anredet, dies mit dem Gesicht zum Publikum tut, während der Angeredete dem Publikum nur seinen Rücken und vielleicht die beginnende Glatze zeigen kann. Das ist der wahre Grund, warum sich die Schauspieler auf der Bühne immerzu nach hinten bewegen, so lange, bis sie an die Kulisse anstoßen oder beim nächsten Schritt den Blicken der Zuschauer entschwinden würden.

Im allgemeinen gelten derlei Kniffe als durchaus zulässig. Und sie sind nicht die einzigen. Kaum ein Abend vergeht, ohne daß die auf ihren Auftritt wartenden Akteure sich fragen, ob Schaul Finkelstein, während Lydia Kischinowskaja ihr großes Geständnis ablegt, auch heute seine Brillengläser putzen wird oder nicht.

Zu den erprobten Ablenkungsmanövern gehört ferner das Zurechtstreichen der Frisur oder der Schlag nach einer unvermutet störenden Fliege. Ebenso beliebt ist das »Abdecken« des Partners, für das sich Rollen wie Falstaff oder Gargantua besonders eignen. Valentina Gurewitsch, die stattliche Salondame, soll den Charakterdarsteller Schimon Gurewitsch so lange abgedeckt haben, bis er sich entschloß, sie zu heiraten.

Im Krieg sind alle Mittel erlaubt. Krieg ist die Fortsetzung der Generalprobe mit anderen Mitteln, sagte schon der große Stratege Clausewitz, als er allein auf der Bühne stand und endlich einen Satz zu Ende sprechen konnte.

Lamento für einen jungen Schauspieler

PODMANITZKI: Sie, junger Mann! Kommen Sie für einen Augenblick her!
BEN TIROSCH: Wer, ich?
PODMANITZKI: Ja, Sie.
BEN TIROSCH: Mit Vergnügen, Herr Podmanitzki. Ich wollte Ihnen schon lange sagen, Herr Podmanitzki, daß es mir eine große Ehre ist, gemeinsam mit Herrn Podmanitzki auf der Probe zu stehen.
PODMANITZKI: Gerade über dieses Thema wollte ich sprechen, mein Junge. Wie heißt du?
BEN TIROSCH: Ben Tirosch. Joseph.
PODMANITZKI: Wie lange bist du schon beim Theater?
BEN TIROSCH: Zwei Monate. Nächste Woche werden es genau zwei Monate.
PODMANITZKI: Behandelt man dich anständig?
BEN TIROSCH: Ich bin der glücklichste Mensch auf Erden, Herr Podmanitzki. Es war immer mein Traum, neben einem Schauspieler Ihres Kalibers auftreten zu dürfen.
PODMANITZKI: Nimm Platz, mein Junge. Mach's dir bequem.
BEN TIROSCH: Danke vielmals. Schon als Kind war ich ein Podmanitzki-Verehrer. Sie können meine Mutter fragen, wenn Sie wollen. Und jetzt spielen wir wirklich und wahrhaftig im selben Stück. Auf jeder Probe habe ich Lampenfieber.
PODMANITZKI: Das ist begreiflich, mein Junge.
BEN TIROSCH: Ich heiße Ben Tirosch. Joseph Ben Tirosch.

PODMANITZKI: Wir verstehen einander. Und jetzt sprechen wir ein wenig über die Hinrichtungs-Szene. Du spielst meinen Henker, wenn ich nicht irre.
BEN TIROSCH: Ja. Es ist mir eine Ehre.
PODMANITZKI: Sei so gut und unterbrich mich nicht. Mir gefällt diese Szene. Auch wie du dich bei den Proben anstellst, gefällt mir. Das heißt: in schauspielerischer Hinsicht. Bis zu dem Augenblick, wo du den Mund aufmachst. Was hast du mir da zu sagen? Ich meine: Wenn ich das Gerüst ersteige. Was sagst du mir da?
BEN TIROSCH: Wer, ich?
PODMANITZKI: Ja. Laß hören.
BEN TIROSCH: Meinen Text?
PODMANITZKI: Natürlich deinen Text. Was sagst du?
BEN TIROSCH: »Mach schneller«, sage ich. »Nicht so langsam!«
PODMANITZKI: Und weiter?
BEN TIROSCH: »Oder soll ich dir Beine machen, du drekkiger Lump?!«
PODMANITZKI: Das sagst du mir?
BEN TIROSCH: Ja. Es ist mein Text.
PODMANITZKI: »Dreckiger Lump?«
BEN TIROSCH: Es ist mein Text.
PODMANITZKI: Wie alt bist du, mein Junge?
BEN TIROSCH: Zweiundzwanzig. Im Juli werde ich zweiundzwanzig.
PODMANITZKI: Zweiundzwanzig! Und du schämst dich nicht, mit einem der ältesten Schauspieler dieses Landes so zu sprechen? Mit einem in Ehren ergrauten Veteranen, der seit achtunddreißig Jahren zu den führenden Kräften der hebräischen Bühne gehört?
BEN TIROSCH: Aber wenn das doch mein Text ist, Herr Podmanitzki... Es steht wörtlich so in meinem Rollen-

buch, sehen Sie ... Und hier steht auch, daß ich Herrn Podmanitzki ... kräftig ... also treten muß ... also in den Hintern ...

PODMANITZKI: Dazu kommen wir später.

BEN TIROSCH: Die Rolle schreibt es so vor.

PODMANITZKI: Du hast nicht nur eine Rolle, du hast eine Pflicht! Deine Pflicht ist es zu lernen. Und Respekt zu haben vor den Pionieren des israelischen Theaters. Wie war doch gleich dein Name?

BEN TIROSCH: Tirosch. Ben Joseph.

PODMANITZKI: Ausgezeichnet. Und merk dir: Wenn du es zu etwas bringen willst, mußt du immer daran denken, daß Jarden Podmanitzki für das Publikum ein Begriff ist.

BEN TIROSCH: Auch für mich, Herr Podmanitzki! Glauben Sie mir, auch für mich!

PODMANITZKI: Warum macht es dich dann so glücklich, mich vor aller Augen zu beschimpfen und zu mißhandeln?

BEN TIROSCH: Das macht mich glücklich? Wieso macht mich das glücklich? Außer Sie meinen die Erklärung, die mir unser Regisseur gegeben hat ... aus Frankreich ... Herr Monsieur Boulanger. Er hat mir also gesagt, daß es mir eine innere Genugtuung bereitet, Sie zu hassen. Natürlich nur im Stück. Weil Sie der Anführer der Rebellen sind, die wir gefangen haben.

PODMANITZKI: Für einen französischen Goj bin ich vielleicht der Anführer der Rebellen. Für dich, mein Junge, bin ich Jarden Podmanitzki. Wie darfst du es wagen, mich in den Hintern zu treten?

BEN TIROSCH: Ich dachte ... die Rolle ...

PODMANITZKI: Rolle, Schmolle. Wenn Honigmann den Henker gespielt hätte ... er ist ein miserabler Schauspieler, gewiß, und trotzdem steht er seit dreißig Jahren auf

der Bühne. Aber du, du kleine Wanze aus dem Seminar, was sage ich, aus dem Kindergarten – du hast die Stirn, einem Mann, der dein Vater sein könnte, du hast die Frechheit, deinen Vater auf offener Szene zu verhöhnen und in den Dreck zu zerren?! Weißt du, was ich in meinem Leben schon alles gespielt habe? Helden! Propheten! Könige! Schön, diesmal bin ich nur ein Rebellenführer. Einverstanden. Aber berechtigt dich das, mir öffentlich ins Gesicht zu spucken?
BEN TIROSCH: Bou... Bou... Boulanger...
PODMANITZKI: Sprich mir nicht von diesem Kretin! Er hat keine Ahnung vom Theater. Außerdem geht er nachher wieder nach Paris zurück, und ich bleibe hier. Also.
BEN TIROSCH: Natürlich. Sie haben ganz recht, Herr Podmanitzki. Bitte bedenken Sie, daß ich erst seit kurzer Zeit beim Theater bin.
PODMANITZKI: Deshalb mache ich mir ja die Mühe, so ausführlich mit dir zu sprechen, mein lieber – mein lieber –
BEN TIROSCH: Ben Joseph. Tirosch.
PODMANITZKI: Eben. Und jetzt hör mir gut zu, mein Junge. Von morgen an wird Jarden Podmanitzki auf der Bühne nicht mehr vor dir niederknien. Hast du verstanden?
BEN TIROSCH: Wie sollte ich nicht, Herr Podmanitzki! Es wäre ja wirklich zum Lachen, wenn Sie, ein Podmanitzki, vor mir, einem Anfänger –
PODMANITZKI: Du hast es erfaßt. Ich werde also hoch aufgerichtet auf den Stufen stehen, die zum Galgen hinaufführen, und du wendest dich an mich und sagst – nun, was sagst du?
BEN TIROSCH: Ich sage: »Mach schnell!«
PODMANITZKI: Verrückt geworden? So kannst du viel-

leicht mit deinesgleichen reden, mit den Statisten, aber nicht mit mir!

BEN TIROSCH: Entschuldigen Sie. Vielleicht sollte ich sagen: »Komm herauf!«

PODMANITZKI: Kommen Sie herauf, wenn ich bitten darf.

BEN TIROSCH: Jawohl. Kommen Sie herauf.

PODMANITZKI: Wenn ich bitten darf!

BEN TIROSCH: Das auch?

PODMANITZKI: Selbstverständlich. Ist es dir zuviel?

BEN TIROSCH: Nein, keine Spur. Ich dachte nur...

PODMANITZKI: Denk nicht und sprich deinen Text. Den ganzen.

BEN TIROSCH: Kommen Sie herauf, wenn ich bitten darf.

PODMANITZKI: Ich habe auch einen Namen, oder?

BEN TIROSCH: Kommen Sie herauf, wenn ich bitten darf, Herr Podmanitzki.

PODMANITZKI: Meinen Namen im Stück, du Idiot!

BEN TIROSCH: Ach ja, Verzeihung. Kommen Sie herauf, wenn ich bitten darf, Herr Gonzales!

PODMANITZKI: Was heißt da Gonzales? Federico Manuel Pedro Gonzales y Zamorra!

BEN TIROSCH: Augenblick, ich schreib's mir auf.

PODMANITZKI: Schreib nur, mein Junge, schreib.

BEN TIROSCH: Vielleicht ... wie wäre das ... vielleicht könnte ich vor Herrn Podmanitzki auf die Knie fallen?

PODMANITZKI: Eine hochinteressante Idee. Du hast Theaterinstinkt, mein Junge. Recht begabt, was du da vorschlägst. Und es ändert nicht das geringste an deiner Rolle. Das Unvermeidliche nimmt seinen Lauf, nicht wahr, du bist der Henker, du bist sozusagen verpflichtet, den Rebellenführer zu hassen – aber wenn du mir

dann Aug in Aug gegenüberstehst, ist es vorbei. Du gerätst in den magischen Bannstrahl meiner Bühnenpersönlichkeit, du beginnst zu schrumpfen, du wirst klein und immer kleiner, du stehst als lächerlicher Zwerg vor einem Giganten des zeitgenössischen Theaters.
BEN TIROSCH: Ja, Herr Podmanitzki! Ja! Ja!
PODMANITZKI: Und dann trete ich dich in den Hintern und sage: »Tu deine Pflicht, du räudiger Hund!«
BEN TIROSCH: Herrlich! Schade, daß ich nicht von selbst – aber da fällt mir ein: Was wird Monsieur Boulanger dazu sagen?
PODMANITZKI: Er versteht kein Hebräisch.
BEN TIROSCH: Richtig, das hatte ich ganz vergessen. Und dann ... nachher ... darf ich Herrn Podmanitzki dann aufhängen?
PODMANITZKI: Kümmer dich nicht. Ich häng mich selber auf.
BEN TIROSCH: Großartig. Also von der morgigen Probe angefangen!
PODMANITZKI: Ja. Aber du brauchst niemandem davon zu erzählen. Es ist ein Geheimnis zwischen uns beiden. Zwischen mir, Jarden Podmanitzki, und dir – na – wie –
BEN TIROSCH: Tirosch Joseph. Ben.
PODMANITZKI: Auch zu Boulanger kein Wort.
BEN TIROSCH: Natürlich nicht.
PODMANITZKI: Kann ich mich auf dich verlassen?
BEN TIROSCH: Ich schwöre!
PODMANITZKI: Gut. Du hast eine große Zukunft vor dir, mein Junge.
BEN TIROSCH: Es wird immer mein höchstes Ziel sein, Ihr Vertrauen zu rechtfertigen, Herr Podmanitzki!
PODMANITZKI: Na schön. Also bis morgen, auf der Probe.

PODMANITZKI: Ja, Herr Podmanitzki. Ich danke Ihnen, Herr Podmanitzki. Ich danke Ihnen für alles!
(Er geht ab, taumelnd vor Glück und Seligkeit. Am nächsten Tag wird er auf Anordnung Boulangers von der Probe gewiesen und aus dem Vertrag entlassen, weil er seine Rolle eigenmächtig geändert hat.)

Wie avant ist die Garde?

Seit ungefähr zehn Jahren beobachten wir eine zunehmende Modernisierung der dramatischen Kunst. Die Theaterkritiker der Welt haben sich vereinigt und haben beschlossen, auf den Trümmern des alten Theaters ein neueres und besseres zu errichten. Bisher hat die Operation zumindest teilweise Erfolg: Das alte Theater geht in Trümmer. Und alle maßgeblichen Kreise finden es einleuchtend, daß eine derart rückständige Institution, die sich seit Aristoteles und Aristophanes nicht verändert hat, in dieser überalterten Form unmöglich weiterbestehen kann.

Die Losung des neuen Theaters heißt: Nieder mit der Konvention! Weg mit den herkömmlichen Erfahrungen! Schluß mit dem lächerlichen Zwang, daß auf der Bühne etwas zu geschehen hat, während die Schauspieler sinnvolle Sätze sprechen! Wenn ein zeitgemäßes Theaterstück über die Fassungskraft schwachsinniger Papageien hinausgehen will, muß es seine Zeitgemäßheit gleich in der einleitenden Regieanweisung bekunden:

»Eine felsige Gebirgslandschaft mit spärlicher Vegetation fällt rechts auf der Bühne in einem Winkel von 38° ab. Hellgrüne Farbschattierung ist unter allen Umständen zu vermeiden. Im geometrischen Fluchtpunkt des Abfallwinkels, ungefähr in der Mitte der Bühne, erhebt sich eine 10 cm hohe Plattform von unbestimmter Farbe. Darüber ein dunkelbraunes Oval im Umfang eines nicht vollständig aufgepumpten Basketballs. Links vor der Plattform ein umgestülpter Nachttopf ohne Griff, blau und orange punktiert, dahinter eine Lokomotive. Eine mit Messingnägeln beschlagene Panzerplatte baumelt von ihrem Trichter herab, ohne jedoch den Boden zu berühren. Es ist früh am Nachmittag. Wenn der Vorhang aufgeht, ertönt ein schriller, aber keineswegs dissonanter Pfiff aus dem Fensterrahmen rechts vorne.«

Schon bei der ersten Lesung des Stücks vor dem Spielplan-Ausschuß erhob sich an dieser Stelle begeisterter Applaus. Der junge Dramaturg Eduard Bettelheim-Bildhübsch erlitt eine ejaculatio praecox und verließ für einige Minuten die Sitzung. Er versäumte nichts weiter, denn das war schon das ganze Stück. Aus dem Fensterrahmen vorne rechts ertönt ein schriller, aber keineswegs dissonanter Pfiff, der genau zwölf Minuten anhält, gefolgt vom langsamen Fallen des Vorhangs und vom weiteren Applaus. Keine Hervorrufe.

Der Kritiker I. L. Kunstetter, der dafür bekannt ist, daß er – abgesehen vom Theater im allgemeinen – nichts so sehr haßt wie das moderne Theater, verfiel nach der Premiere in überschwenglichen Jubel: »Eines der tiefsten, subtilsten Bühnenwerke, die uns in den letzten Jahren erreicht haben. Niemand sollte es versäumen!«

Die 132 Zuschauer, die das Stück während seiner einmonatigen Laufzeit sahen, wußten mit dem zwölf Minuten langen Pfiff vorerst nichts anzufangen, aber nachdem er sich herumgesprochen hatte, gewöhnte man sich an ihn und diskutierte seine Bedeutung nach Schluß noch stundenlang in den umliegenden Kaffeehäusern, wobei auch der Titel des Dramas in Rechnung gezogen wurde: »Der Lokführer hat keinen Buckel.«

Auf einer Pressekonferenz nach der Entgegennahme des Strindberg-Preises für neue Dramatik erklärte der Autor: »Bitte stellen Sie mir keine Fragen. Ich habe alles, was zu sagen ist, in meinem Stück gesagt. Deuten Sie es, wie Sie

wollen. Ich selbst habe keine bestimmte Deutung. Im Grunde weiß ich gar nicht, was ich geschrieben habe...«
Schon aus diesen wenigen Worten geht klar hervor, daß es mit der antiquierten Theater-Schablone, die aus Handlung und Dialogen besteht, endgültig vorbei ist. Da und dort werden noch Versuche unternommen, an dem einen oder anderen der beiden Hilfsmittel festzuhalten, dann und wann kann es noch geschehen, daß ein Dramatiker sich im Kaffeehaus an seine Freunde wendet und sagt:
»Gestern nacht bin ich mit meinem neuen Stück fertig geworden. Dreieinhalb Akte. Es ist alles da. Nur ein Thema fehlt mir noch.«
Getrost, das Thema wird sich finden. Spätestens in den Kritiken am Morgen nach der Premiere. Wahrscheinlich wird sich dann zeigen, daß der Autor mit schlafwandlerischer Sicherheit den Generationskonflikt einer unaufhaltsam vor sich gehenden sozialen Umschichtung auf das psychedelische Bewußtsein unserer Zeit und ihrer Kommunikationsschwierigkeiten abgestimmt hat. Wer weiß?
»Kommunikationsschwierigkeiten« sind immer gut. Sie sind ja auch wirklich vorhanden, besonders zwischen dem Publikum und den Theaterstücken über Kommunikationsschwierigkeiten. Aber gerade solche Stücke dürfen mit Sicherheit auf Literaturpreise und vor allem auf enthusiastische Besprechungen rechnen. Gegen die Mafia der Avantgarde gibt es keinen Widerstand.
Es wird von Fällen berichtet, in denen man den jungen Autor eines avantgardistischen Theaterstücks vor dem Selbstmord bewahren mußte, weil ihm zu spät eingefallen war, daß sich in seinen Dialog ein klar verständli-

cher Satz eingeschlichen hatte. Denn das neue Drama hat – ähnlich dem alten – seine eigenen eisernen Regeln aufgestellt:

1. Keine logischen Sätze. Keine überschaubare Handlung. Zeichne ein Abbild des Lebens, wie es wirklich ist: unlogisch und unüberschaubar. Geh barfuß zur Premiere.
2. Laß minutenlang hinter geschlossenem Vorhang spielen (»Le théâtre de silence«). Laß die Scheinwerfer direkt auf das Publikum richten (Blendeffekt) und jeden zehnten Zuschauer von den Platzanweisern verprügeln (»Le théâtre brutal«). Laß die Zuschauer auf der Bühne sitzen und das Stück im Zuschauerraum spielen. Mach was.
3. Sei obszön. Sei noch obszöner. In einem halbwegs zeitgemäßen Stück müssen die folgenden Ausdrücke mindestens je zehnmal vorkommen: pissen, scheißen, Arsch, Schwanz, ficken, vögeln. Die Kritiker verlangen das als Zeichen deines künstlerischen Wagemuts.
4. Brich dein Stück unerwartet ab, in der Mitte eines Satzes, womöglich in der Mitte eines Wortes. Bring noch rasch einen Seitenhieb gegen die Kritiker an. Sie werden dann erst recht ihre Objektivität beweisen wollen.

Nachstehend offerieren wir den Liebhabern des modernen Theaters einen Musterdialog auf Grund erprobter Vorlagen. Er kann in jedes Avantgarde-Produkt an jeder beliebigen Stelle eingefügt werden, ohne zu stören oder auch nur aufzufallen. Mehr davon auf Wunsch. Herstellungsdauer: 15 Minuten mit der linken Hand.

GOGO: Stille ist mir zuwider. Sie geht mir auf die Nerven. Sie erinnert mich an den Tod.

CHERIE: Unfall?
GOGO: Nein. Gift.
CHERIE: Hast du einen Bart, Chéri?
GOGO: Weiß nicht. Hab mich seit zwei Jahren nicht mehr angerührt. Ich kann es nicht finden.
CHERIE: Was?
GOGO: Gog: Den Ton. Oj...!
CHERIE: Zahnschmerzen?
GOGO: Wurzel.
CHERIE: Wo?
GOGO: Galerie.
CHERIE: Tut's weh?
GOGO: Immer.
CHERIE: Doktor?
GOGO: Alles, nur kein Zahnarzt, Veronika! Dieses Leiden gehört mir organisch, mir ganz allein. Ich leide, wenn ich nicht leiden kann. Gib mir Zeit. Die Zeit heilt alles.
CHERIE: Aber sie ist ein schlechter Kosmetiker.
GOGO: Deine Brüste sind viel zu klein. Zieh dich aus.
CHERIE: Der Reißverschluß klemmt, Schorsch.
GOGO: Du lügst!
CHERIE: Der Reißverschluß klemmt, Schorsch.
GOGO: Zieh dich aus.
CHERIE: Der Reißverschluß klemmt, Schorsch.
GOGO: Ich heiße nicht Schorsch.
CHERIE: Dann warst du mir also niemals treu.
GOGO: Sogar sehr oft. Komm, gib mir deinen schönen stinkenden Körper, du Stück Pferdemist. Klemmt dein Reißverschluß wirklich?
CHERIE: Ich habe keinen Reißverschluß, Chéri.
GOGO: Warum nicht?
CHERIE: Das weiß ich nicht.
GOGO: Ich will einen Reißverschluß in dich hineinreißen.

Marsch ins Bett! Bett. Couch! Sofa! Kanapee! Reißverschluß! Weib! Frau! Sterben! Mit einer Frau im Bett sterben! Ich wurde von einer Frau im Bett geboren. *(Kratzt seine linke Fußsohle durch den Strumpf hindurch)* Endlich allein, Rosalie.
CHERIE: Mein Name ist Friedmann.
GOGO: In meiner dunklen Jauchegrube habe ich von dir geträumt, Friedmann. Um deinetwillen bin ich während der langen Nachtwache entflohen. Sie haben mich gefangen. Ich entfloh abermals. Wieder fingen sie mich. Wieder entfloh ich. Wieder fingen sie mich. Wieder entfloh ich. *(Schreiend)* Sie fingen mich nicht.
CHERIE: Warum nicht, Chéri?
GOGO: Kommunikationsschwierigkeiten. Keine zwischenmenschlichen Beziehungen. Wo ist dein Mann?
CHERIE: Auf Reisen!
GOGO: Revolver?
CHERIE: Zwei.
GOGO: Merkwürdig.
CHERIE: Was ist merkwürdig?
GOGO: Daß er zwei Revolver hat. Nicht nur merkwürdig, sondern kindisch, wenn du gestattest. Genügt denn nicht ein Revolver mit sechs Schuß, um einen unbewaffneten Menschen zu töten? Gut, ich will nicht streiten. Nehmen wir an, daß er beim erstenmal danebenschießt, weil er aufgeregt ist. Ich sage: Nehmen wir an. Aber selbst dann hat er noch fünf Kugeln übrig. Und jetzt setzen wir um des lieben Friedens willen den Fall, daß er zwei weitere Kugeln zu früh abschießt, wegen einer Ladehemmung. Bleiben immer noch drei. Das macht mit den zwei vorzeitig abgeschossenen sieben, und mit der einen danebengegangenen, der ersten, acht. Davon ziehen wir die sechs Kugeln ab, mit denen wir angefangen haben.

Bleiben zwei Kugeln. Je eine für jeden von uns. Eine in deinen Arsch, eine in meinen Arsch. Wie lange haben wir noch zu leben?
CHERIE: Eine Stunde, Cheri.
GOGO: Sagtest du: eine Stunde?
CHERIE: Nein, ich sagte: eine Stunde.
GOGO: Sonderbar. Ich hörte deutlich: eine Stunde.
CHERIE: Diesmal sagte ich: eine Stunde.
GOGO: Wie lange dauert eine Stunde, Cheri?
CHERIE: Das hängt von der Uhr ab.
GOGO: Trotzdem.
CHERIE: Zehn Minuten.
GOGO: Hure! Wenn du jemals...

Vorhang

Podmanitzki hat endlich Erfolg

Gestern habe ich Jarden Podmanitzki wiedergesehen, im Kaffeehaus, an einem Tisch ganz für sich allein, aber er forderte mich nicht auf, bei ihm Platz zu nehmen. Der Grund seiner ungewöhnlichen Zurückhaltung war mir natürlich bekannt: Vorige Woche, nach der Premiere von »Wolkenbruch aus blauem Himmel«, war ihm in der Presse endlich jenes enthusiastische Lob zuteil geworden, auf das er jahrzehntelang vergebens gewartet hatte.
Podmanitzki gab in diesem außerordentlich modernen Drama einen alternden Bordellbesitzer und Inhaber eines Call-Girl-Rings für männliche Prostituierte. Seine hemmungslos natürliche Darstellungskunst begeisterte in gleicher Weise Publikum und Kritik. Kein Geringerer als I. L. Kunstetter stellte in der Wochenendausgabe fest: »Die Überraschung dieses bemerkenswerten Abends war zweifellos Jarden Podmanitzki, von dem eine geradezu diabolische Überzeugungskraft ausging. Sein Alfonso war ein Meisterstück theatralischer Animalität. Jedes Schnaufen, jedes Keuchen, jede seiner bedeutungsschweren, unnachahmlichen Pausen ließ den großen Charakterdarsteller erkennen...«
»Kunstetter hat eher zu wenig als zuviel gesagt, Maestro«, äußerte ich, während ich mich neben ihn setzte. »Ihr Schweigen, als Sie sich im dritten Akt unter dem schweren Barocktisch verbargen, machte mich erschauern.«
»Das bekomme ich immer wieder zu hören«, stimmte Podmanitzki bereitwillig zu. »Grünstein zum Beispiel hat in seiner Premierenkritik geschrieben, daß die Art, wie

ich da eine Dreiviertelstunde unter dem Tisch lag, in ihm spiralenförmige Assoziationen eines verschwörerischen Nihilismus erweckt hat, oder so ähnlich.«

»Ja. Allerdings. Hat das auch der Regisseur zum Ausdruck bringen wollen, wenn ich fragen darf?«

»Natürlich dürfen Sie fragen. Ich habe ihn ja auch gefragt.«

»Und was war seine Antwort?«

»Daß alles schon in der Rolle steht. Also habe ich ihn durch eines von den Mädeln, die Französisch können, noch weiter fragen lassen: Entschuldigen Sie, Boulanger, in der Regiebemerkung heißt es, daß ich unter den Tisch kriechen soll, aber es ist keine Rede davon, daß ich bis zum Ende des Stücks dort bleiben muß. Daraufhin hat er auf französisch zu toben angefangen, daß mich das angeblich nichts angeht, und wenn er verlangt, daß ich zwei Monate unter dem Tisch liegen bleibe, dann habe ich zwei Monate lang unter dem Tisch liegen zu bleiben, Punkt. Daraufhin bin ich sofort zur Direktion gegangen und habe mit aller Schärfe festgestellt, daß man mich mit meinen achtunddreißig Jahren Bühnenerfahrung nicht so behandeln darf, und daß ich mir so etwas nicht gefallen lasse, das kann er vielleicht in einem Flohzirkus machen, aber nicht mit mir, Jarden Podmanitzki, ich denke gar nicht daran, stundenlang auf den bekannt dreckigen Brettern unserer Notbehelfsbühne liegen zu bleiben und mir womöglich einen Span einzuziehen. Die Direktion war außer sich und hat mich kniefällig gebeten, diesem französischen Kretin ausnahmsweise den Gefallen zu tun, er wird sowieso nie wieder engagiert. Damals wußten sie allerdings noch nicht, was für gute Kritiken er haben wird.«

»Richtig, richtig. Die haben sich ja geradezu überschlagen vor Begeisterung. Wenn man den Kritikern glauben darf, hat Boulangers Regie das Marionettenhafte unserer zerrissenen Nachkriegsgeneration universell zum Ausdruck gebracht.«

»Das sieht ein Blinder.«

»Besonders hingerissen waren sie von der Szene, wo Sie und die fünf männlichen Prostituierten auf einer Nähmaschine sitzen, jeder mit einem anders gefärbten Taschentuch vor dem Gesicht. Übrigens – was bedeutet das?«

»Ein Taschentuch ist ein kleines Tuch, das man in der Tasche trägt, und wenn man sich, Gott behüte, erkältet, dann –«

»Was ein Taschentuch ist, weiß ich, Herr Podmanitzki. Ich möchte wissen, was diese Szene auf der Nähmaschine bedeuten soll.«

»Haben Sie die Kritik von Avigdor Ben Parrot nicht gelesen? Warten Sie, ich habe sie zufällig bei mir. Da, hören Sie: ›Die Orgie der Taschentücher auf der Nähmaschine weitet sich zu einem Kaleidoskop unseres paradoxen Bewußtseinszustands.‹ Klar?«

»Vollkommen. Aber warum bedecken Sie die Augen?«

»Warum, warum! Diskutieren Sie mit einem französischen Goi, der keine anständige Sprache kann, nicht einmal Russisch. Da muß man nachgeben. Er will ein Taschentuch haben – bekommt er ein Taschentuch. Was mich wirklich ärgert, ist etwas andres. Mundek, wie immer. Meinem ärgsten Feind wünsche ich keinen solchen Requisiteur. Ich habe ihm gesagt, ich habe ihn gebeten, ich habe ihn angefleht, die Taschentücher zu waschen, damit der Kampfergeruch herausgeht. Glauben Sie, er wäscht? Schon bei der zweiten Vorstellung sagt Honigmann mitten auf der Nähmaschine: ›Großer Gott, ich muß niesen!‹ Wir haben es alle gehört. Dann geh du hin und spiel eine tragische Szene...«

In diesem Augenblick trat eine alte, vornehm gekleidete Dame an unseren Tisch, küßte Podmanitzki auf beide Wangen und wisperte:
»Ich danke Ihnen, Herr Podmanitzki. Ich danke Ihnen, ich danke Ihnen.«
Und mit vor Erschütterung bebender Stimme erzählte sie, daß sie den »Wolkenbruch« schon dreimal gesehen habe, einzig und allein wegen der Szene zwischen Podmanitzki und seiner sterbenden Frau, die sich plötzlich im Sarg aufrichtet und ihm gesteht, daß das Kind gar nicht von ihr ist, sondern von einer andern... Noch als die alte Dame sich verabschiedet, schluchzte sie haltlos vor sich hin.
»Eine sympathische, intelligente Person«, bemerkte Podmanitzki. »Aber welche Frau in dem Stück meint sie eigentlich?«
»Die Hinkende. Die von einem Ziegenbock vergewaltigt wird. Ihre Frau.«
»Die ist meine Frau?«
»Das wissen Sie nicht?«
»Nun ja, ich wußte, daß sie irgendeine Verwandte von mir spielt, aber ich hatte keine Ahnung, was für eine. Augenblick... jetzt fällt mir ein, wo der Irrtum liegt.«
»Wo?«
»Am Beginn des zweiten Akts. Da hat sie mir zu sagen: ›Alfonso, du bist wie eine Schwester zu mir!‹ Deshalb.«
»Ich entsinne mich dunkel. Was antworten Sie darauf?«
»Ich antworte: ›Du Dirne!‹ und beiße sie ins Knie. Auf das hinauf soll ich wissen, daß sie meine Frau ist? Und sie... lassen Sie mich nachdenken... ja. Sie sagt, daß sie ja nur zuschauen will, wie sich die Molche begatten. Was, ich bitte Sie, sind Molche?«
»Eine Art Eidechsen.«
»Hab ich mir gleich gedacht. Das ist ja auch einer meiner

stärksten Augenblicke. Dov Schlofer in den ›Nachrichten‹ vertritt die Meinung, daß mir da die perfekte Transparenz eines Nihilisten geglückt ist, der das Göttliche in sich selbst entdeckt. Sie erinnern sich, wie ich am Schluß dieser Szene halb torkelnd und halb aufrecht unter dem Tisch hervorkrieche?«
»Ich erinnere mich. Da waren Sie tatsächlich ganz groß, Herr Podmanitzki! Wie Sie da mit weit aufgerissenen, fragenden Augen in die grausame Unendlichkeit starren und schweigen...«
»Das habe ich nur bei der Premiere gemacht. Ich hatte den Text vergessen und starrte in den Souffleurkasten um Hilfe. Von der zweiten Vorstellung an sagte ich wörtlich das, was ich zu sagen habe: ›Nur die Toten sind lebendig, Rappaport!‹ sage ich und gehe ab. Bei der Samstagnachmittagsvorstellung bekomme ich an dieser Stelle immer Szenenapplaus.«
»Was wollen Sie damit sagen, Herr Podmanitzki?«
»Daß die Leute in die Hände klatschen, weil –«
»Nein, ich meine: mit dem Satz von den Toten.«
»Fragen Sie den Autor. Ich bin für diesen Blödsinn nicht verantwortlich. Zuerst haben wir's für einen Druckfehler gehalten, aber dann hat der Regisseur im Original nachgeschaut, und dort steht's auch. Boulanger hat mich gebeten, den Satz mit einem philosophischen Unterton zu sprechen, vom Fußboden halbhoch hinauf, den Blick starr in den Zuschauerraum gerichtet. Sein Regieeinfall, daß ich während des Hinauskriechens ausspucken soll, hat sehr gut gewirkt. Tamar Blumenfeld schreibt, daß sich hier die Kontaktlosigkeit der menschlichen Seele manifestiert. Das trifft genau, was ich mir die ganze Zeit über Boulanger gedacht habe. Ich kann mit diesem Mann nicht arbeiten. Entschuldigen Sie, es ist 12 Uhr 30.«

Jarden Podmanitzki zog aus der Tasche ein kleines Transistorgerät hervor, stellte es auf den Tisch und lauschte hingebungsvoll der wöchentlichen Theater-Rückschau. Als der Rundfunksprecher ihn lobend erwähnte, füllten sich seine Augen mit Tränen. Man merkte ihm an, daß er den Satz am liebsten auf Band aufgenommen hätte: »Jarden Podmanitzki als hinkender Witwer offenbarte besonders in seinem stummen Spiel den unerschütterlichen Optimismus einer Lebensverneinung, die nichts von sich weiß und eben darum jeder menschlichen Regung, die von außen her auf sie zukommt, ein verinnerlichtes Crescendo auftut...«

Jarden Podmanitzki hat es endlich geschafft.

Dialog unter Fachleuten

»Haben Sie Kly... Klyt... Klytämnes... haben Sie Martha Graham gesehen?«
»Ja.«
»Wie hat sie Ihnen gefallen?«
»Wem? Mir?«
»Ja. Wie hat Ihnen Martha Graham gefallen?«
»Das läßt sich nicht so einfach sagen.«
»Sagen Sie's kompliziert.«
»Es war eine sehr eindrucksvolle Darbietung.«
»Was meinen Sie? Was für eine Art von Darbietung.«
»Ich meine... Sie wissen ja. Der Tanz, und alles das. Haben Sie sie gesehen?«
»Ob ich sie gesehen habe? Dreimal habe ich sie gesehen.«
»Eben. Das finde ich auch. Sie ist einfach phantastisch.«
»Meine Schwester arbeitet bei ihrem Impresario als Sekretärin.«
»Wie recht Sie haben. Wenn man Freikarten bekommen kann, so soll man sie nehmen.«
»Ich hätte die Karten auch bezahlt.«
»Selbstredend. So etwas ist ja ein einmaliges Ereignis.«
»Gar so einmalig... In der letzten Zeit wimmelt es von Truppen dieser Art.«
»Richtig. Da gehen zwölf auf ein Dutzend.«
»Ihre Truppe ist allerdings wirklich etwas Außergewöhnliches.«
»Wem sagen Sie das. Sie ist grandios.«
»Sind Sie wirklich so begeistert von ihr?«
»Bin ich so begeistert? Um die Wahrheit zu sagen...«
»Jedenfalls ist sie eine Persönlichkeit.«

»Ja. Ein Original.«
»Schade, daß sie keine Ahnung vom Tanzen hat.«
»Jetzt haben Sie's genau getroffen. Sie ist überhaupt keine Tänzerin, sie ist einfach...«
»Ein Genie.«
»Einfach ein Genie.«
»Sie braucht, um zu tanzen, gar keinen Tanz mehr. Sie ist über die Impulsivität der Rhythmen längst hinaus.«
»Ein wahres Wunder. Was sie da alles ausdrückt. Nur durch die bloße Bewegung, wie?«
»Tja. Hm. Ihre bloßen Bewegungen habe ich nicht so recht verstanden.«
»Ich auch nicht. Das reinste Abrakadabra.«
»Aber muß man alles verstehen?«
»Nicht unbedingt.«
»Genügt es denn nicht, daß ihr schöpferischer Bewegungsakt bis in die innersten Wurzeln unserer Erlebnisbereitschaft vorstößt?«
»Natürlich genügt das. Sie ist eben eine großartige Künstlerin.«
»Ich würde sie nicht gerade eine Künstlerin nennen.«
»Wenn man bedenkt, daß sie doch schon recht alt ist...«
»Eine Zauberin ist sie, lieber Herr. Eine Zauberin.«
»Jetzt nehmen Sie mir das Wort aus dem Mund. Sie ist großartig.«
»Haben Sie gespürt, wie unwiderstehlich ihre Transzendenz den Beschauer umfängt und einhüllt?«
»Man könnte geradezu sagen: einlullt.«
»Tatsächlich. Ungefähr in der Mitte des Programms bin ich eingeschlafen.«
»Sie auch? Merkwürdig. Wissen Sie, wie sie da eine halbe Stunde lang reglos diesen Agamon hypnotisiert – also diesen Römer –, da fielen mir einfach die Augen zu.

Selbst die größte Widerstandskraft geht einmal zu Ende. Finden Sie nicht?«

»Wie man's nimmt. Ich meinerseits bin aus ganz anderen Gründen eingeschlafen. Die Aufregung, die sich in mir angestaut hatte, war zuviel für mich.«

»Haben die Leute hinter Ihnen auch Bonbons gelutscht?«

»Nein.«

»Also woher die Aufregung?«

»Weil doch in allen Zeitungen stand, daß diese Frau etwas Außergewöhnliches ist, und wenn man sie sieht, so hat man ein Gefühl, als wäre man in einem ... in einem...«

»In einem Heiligtum.«

»Danke. Ja. In einem Heiligtum.«

»Und das ist es eben. Wenn ich in einem Heiligtum sein will, dann gehe ich nicht ins Theater. Im Theater will ich im Theater sein und will keine Heiligtümer sehen, sondern das Leben. Besonders im Ballett.«

»Sehr richtig. Dabei wird im Ballett mit Vorliebe gestorben.«

»Na ja. Aber diese Stille.«

»Phantastisch.«

»Es war kaum zum Aushalten.«

»Ich sage Ihnen: Ich habe gelitten...«

»Offenbar geht's nicht anders.«

»Da kann man nichts machen.«

»Und die Symbole? Jede Bewegung, jedes Zucken, jede Sicherheitsnadel symbolisiert etwas.«

»Symbole sind etwas Beklemmendes.«

»Leider versteht man sie nicht immer.«

»Endlich wagt es jemand, das auszusprechen!«

»Einen Augenblick. Man versteht sie zwar nicht, aber

das ist auch nicht ihre Aufgabe. Ihre Aufgabe ist, das intuitive Ego unserer synkopischen Struktur zu wecken.«
»Ja. Das ist ihre Aufgabe.«
»Zumindest nach Ansicht der Dummköpfe, die in den Zeitungen schreiben.«
»Diese Kretins.«
»Wo doch die Aufgabe der Symbole im Gegenteil darin besteht, uns von der figuralen Abhängigkeit zu befreien, nicht wahr?«
»Natürlich. Sonst wäre es ja sinnlos.«
»Was wäre sonst sinnlos?«
»Dieses Zeugs, von dem Sie vorhin gesprochen haben. Die Synkopen.«
»Was sind Synkopen?«
»Sie haben es ja schon gesagt.«
»Ach ja, ich erinnere mich. Aber wer versteht das schon?«
»Niemand. Ich gewiß nicht.«
»Warum sagen Sie es dann nicht?«
»Weiß der Himmel. Manchmal bringe ich es einfach nicht über mich, das zu sagen, was ich mir denke.«
»Warum? Ich würde glatt zugeben, daß das alles für mich ein Buch mit sieben Siegeln ist.«
»Genau. Sieben Siegel.«
»Aber das ändert nichts daran, daß sie ein Genie ist.«
»Soviel steht fest.«

Anleitungen zur Bühnenlaufbahn

Junger Mann, Sie stehen im Begriff, die ersten Schritte auf jene Bretter zu unternehmen, von denen allgemein behauptet wird, daß sie die Welt bedeuten. Was Sie da vorhaben, ist ein Wahnsinnsakt und sichert Ihnen unsere tiefe Anteilnahme. Wir werden Ihre Laufbahn aufmerksam verfolgen und hoffen, Sie in großen Rollen zu sehen, die Ihrem Talent einigermaßen entsprechen. Da Art und Auswahl dieser Rollen für Ihre Karriere entscheidend sind, möchten wir Ihnen aus dem reichen Born unserer an den Ufern des Mittelmeeres gesammelten Erfahrung einige wertvolle Ratschläge zuteil werden lassen.
Vor allem müssen Sie versuchen, in Durchfällen aufzutreten, die Ihre kostbare Zeit nicht weiter in Anspruch nehmen – was bei Erfolgsstücken sehr leicht geschehen kann. Ganz zu schweigen davon, daß es eine ebenso langweilige wie unwürdige Beschäftigung ist, Abend für Abend im selben Kostüm und auf derselben Bühne denselben Text herunterzuleiern. Dafür sollten Sie sich zu gut sein, junger Mann. Sie sind ja kein Papagei. Legen Sie's darauf an, in erfolglosen Stücken erfolgreiche Rollen zu spielen. Dann werden Sie persönlich von der Presse gelobt, und das Stück wird abgesetzt. Für diesen Zweck sind nebulose moderne Stücke besonders empfehlenswert, die einen frischen Wind auf die Bühne bringen, während im Foyer nach jedem Akt eine neue Serie von Freikarten verteilt werden muß. So sichern Sie sich künstlerische Anerkennung und freie Abende. Eine ideale Lösung.
Für einen jungen Schauspieler ist es andererseits ratsam,

in klassischen Bühnenwerken aufzutreten, deren größtenteils in Versen geschriebene Dialoge durch die meisterhaften Übersetzungskünste zeitgenössischer Bühnenautoren restlos unverständlich werden. Nun gibt es aber in beinahe jedem Drama der klassischen Weltliteratur zwei oder drei kleine Rollen mit Prosatext. Tun Sie alles dazu, eine solche Rolle zu ergattern. Sie werden zu den wenigen Darstellern des Abends gehören, die sich dem Publikum verständlich machen können, die Kritiker werden Ihre Sprechkultur und Ihre klare Diktion preisen, und Sie sind ein gemachter Mann.

Wenn keine Klassiker, dann wenigstens Brecht. Die bläßliche, temperamentlose Interpretation, die Sie Ihrer Rolle angedeihen lassen, wird von den Experten als vorbildliche »Verfremdung« erkannt und gelobt werden. Auch das ist ein zuverlässiger Weg zum Erfolg.

Hingegen sollten Sie sich unbedingt von den Stücken noch lebender Autoren fernhalten, insbesondere von Uraufführungen. Bei solchen Originaldarbietungen laufen Sie Gefahr, für die privaten Versionen der Kritiker gegen den Autor büßen zu müssen. Die beiden sollen sich untereinander ausmachen. Sie selbst haben da nichts verloren.

Soviel zur Problematik der Stücke. Jetzt zu den Rollen. Stanislawski soll einmal gesagt haben: »Es gibt keine kleine Rollen, es gibt nur kleine Schauspieler.« Kann sein. Aber Stanislawski ist tot, und Sie leben. Deshalb sollten Sie sich möglichst große Rollen aussuchen, Rollen mit viel Text, mit noch mehr Text, Rollen, in denen Sie fast unausgesetzt auf der Bühne stehen und reden, während die anderen dazu verurteilt sind, Ihnen hingerissen zu lauschen.

Sie müssen auch lernen, zwischen den Zeilen zu lesen, junger Mann. Bevor Sie sich mit einem Textbuch vertraut machen – das heißt: mit den Szenen, in denen Sie vorkommen –, untersuchen Sie Ihre Rolle auf Umfang und Monolog-Gehalt. Monologe sind erstrebenswert, aber der Gesamtumfang bleibt entscheidend. An einem fortschrittlich ausgerichteten Theater, und es gibt fast nur noch solche, gilt die marxistische Theorie vom Umschlag der Quantität in Qualität. Wenn Sie zwischen einer großen kitschigen und einer kleinen, künstlerisch wertvollen Rolle zu wählen haben, wählen Sie die große kitschige. Sollte eines Tages Sir Laurence Olivier in einer Dramatisierung der »Brüder Karamasow« einen Gerichtsdiener spielen, dann können Sie sich die Sache nochmals überlegen. Bis dahin laute Ihr Motto: »Kleine Rollen gibt es nur für kleine Schauspieler.«

Selbstverständlich müssen Sie die Art des von Ihnen darzustellenden Charakters sorgfältig prüfen und dürfen sich nicht von Äußerlichkeiten hinters Licht führen lassen. Übernehmen Sie niemals – hören Sie, junger Mann: niemals – die Rolle eines jungen, gutaussehenden, ehrlichen, sympathischen und womöglich reichen Mannes, der obendrein – fast schäme ich mich es auszusprechen – auch noch verliebt ist. Eine solche Rolle kommt einem Todesurteil gleich. Im wirklichen Leben ist man entweder jung oder reich oder gut aussehend oder ein Schauspieler, aber man kann unmöglich alles auf einmal sein. Versucht man's trotzdem, dann kommt ein hohler, hölzerner Popanz heraus, der dem Publikum maßlos auf die Nerven geht. Verkörpern Sie alte Menschen, junger Mann, oder häßliche oder primitive. Schönheit ist dilettantisch, Häßlichkeit ist künstlerisch. Alle internationalen Schauspielerpreise gehen seit Jahren an Darsteller von Trunkenbolden, Wahnsinnigen oder sexuell Abseitigen. Das wirkt.

Da wir körperliche Gebrechen erwähnt haben: Sie sollten sich einen kleinen Sprachfehler zulegen, ein leichtes Stottern, ein verquältes Atemholen. Nichts klingt auf der Bühne so unnatürlich wie eine natürliche Ausdrucksweise. Man ist auch besser in Lumpen gekleidet als in einen Anzug nach Maß. Man tut besser, schwach und herabgekommen auszusehen, als vor Gesundheit zu strotzen. Als Blinder haben Sie das Publikum sofort für sich, als Hinkender, Zitternder oder gar Taubstummer spielen Sie das gesamte Ensemble an die Wand. Ein rauschgiftsüchtiger Mörder, der in finsterer Nacht aus dem Gefängnis flieht, um die verwaiste Tochter seines Opfers zu adoptieren, wird sich den Zuschauern für alle Zeiten einprägen. Eine etwa nachfolgende Vergewaltigung der adoptierten Tochter macht ihn zum aussichtsreichen Anwärter auf den Schauspielerpreis der Stadt Tel Aviv, und wenn er sich nach vollzogener Vergewaltigung freiwillig den Behörden stellt, hat er gute Chancen, nach Hollywood engagiert zu werden. Im Falle eines Freispruchs – weil sich herausstellt, daß die adoptierte Waise seit Jahren als Prostituierte tätig ist – sind seiner Karriere überhaupt keine Grenzen mehr gesetzt.
Nehmen Sie sich das zu Herzen, junger Mann. Das Leben gehört den Debilen und Defekten. Sie sind es, denen die allgemeine Zuneigung gilt. Die Starken und Gesunden sorgen für sich selbst. Spielen Sie Diener und keine Herren, einfache Soldaten und keine Offiziere, spielen Sie den hustenden Hausierer und nicht den fetten Millionär, der ihm die Türe weist.
Auch das Bühnenbild ist wichtig. Eine Freitreppe im Hintergrund einer Schloßhalle kann Wunder wirken. Aber Sie müssen sich's so einrichten, daß Sie die Treppe heruntersteigen, nicht hinauf. Eine Stiege zu erklimmen,

bietet keinen majestätischen Anblick und läßt selbst die imposanteste Gestalt eher kümmerlich erscheinen. Aufs Herabsteigen kommt es an. Laufen Sie hinter der Bühne nochmals zur Treppenmündung hinauf, und steigen Sie nochmals herab! Wenn keine Stufen da sind, tut's unter Umständen auch ein Bücherregal oder die breite Rückenlehne eines Fauteuils. Hauptsache, daß Sie Ihre Mitspieler überragen.

Wie immer das Bühnenbild beschaffen sei – sterben Sie auf der Bühne, womöglich eines unnatürlichen Todes. Ein qualvoller Todeskampf an der Rampe sei Ihr Ziel. Er ist das überhaupt Höchste, was das Theater bietet. Niemand wußte das besser als Shakespeare, der seine Helden eben darum in Mörder und Ermordete eingeteilt hat. Man stelle sich nur das Gähnen des Publikums vor, wenn König Richard seine Feinde zu drei Jahren Gefängnis mit Bewährungsfrist und zum Verlust der bürgerlichen Ehrenrechte verurteilt hätte, oder zu einer Geldstrafe von 150 Shekel, zahlbar in monatlichen Raten...

Was schließlich den Text betrifft, junger Mann, so gibt es auch hier ein paar eiserne Grundregeln. Zum Beispiel sollten Sie auf der Bühne keine Fragen stellen, sondern Fragen beantworten. Achten Sie ferner auf die eingeklammerten Regiebemerkungen, die der Autor einer Figur mitgibt. Je reichlicher sie vorhanden sind, desto bedeutender die Rolle. Aber für ihre wirkliche Bedeutung bleibt immer wieder der Umfang des Textes maßgebend. Lassen Sie mich das an einem leicht faßlichen Beispiel demonstrieren.

In der Weltgeschichte und folglich auch in der dramatischen Weltliteratur wimmelt es von hingerichteten Königinnen. Heinrich VIII. von England hat auf diesem Gebiet ebenso Bemerkenswertes geleistet wie späterhin die

Franzosen, und seine Amtskollegin Elisabeth hat mit der Gestalt Maria Stuarts einen besonders ergiebigen Beitrag zum Thema geliefert. Im Durchschnitt spielt sich die letzte Szene vor der Hinrichtung einer Königin ungefähr folgendermaßen ab:

KÖNIGIN:
Nun denn, die Stunde schlägt. Mein Erdendasein
Neigt sich dem Ende zu. Bald wird es Nacht.
Der Himmel sei mir gnädig. Ich will beten.
(Sie sinkt mit gefalteten Händen auf die Knie und bewegt stumm die Lippen. Die anderen umstehen sie erschüttert.)
HOFMARSCHALL:
Habt Ihr noch eine Botschaft, gnäd'ge Frau?
KÖNIGIN (beendet ihr Gebet, erhebt sich langsam):
Wie schön, daß Ihr noch »gnäd'ge Frau« mich nennt!
Mag auch im Angesicht des bleichen Todes
Der ird'sche Titel sich als Tand erweisen,
Es tut doch wohl, ihn einmal noch zu hören.
Habt Dank, Herr Hofmarschall.
HOFMARSCHALL: Und keine Botschaft?
KÖNIGIN:
Nein. Oder doch. Sagt meinem Ehgemahl –
Denn ach, er gilt mir immer noch als solcher,
Obschon er mich jetzt grausam von sich stößt –
Sagt meinem Herrn und König ...
(Die Stimme bricht ihr. Man hört leises Schluchzen der Umstehenden. Unterdessen hat sich die Königin wieder gefaßt und spricht weiter.)
Sagt ihm denn:
Ich weiß mich schuldlos, weiß mich frei von Fehle
Und trete reinen Herzens vor den Schöpfer.
(Sie blickt zum Himmel auf)

Dort oben will ich dann Fürbitte tun
Um seiner Seele willen. Sagt ihm das.
Und sagt ihm, daß ich ihm verziehen habe.
HOFMARSCHALL: Sehr wohl, Madame.
KÖNIGIN (zieht ihren Ring vom Finger, betrachtet ihn lange, reicht ihn dem Hofmarschall):
Und gebt ihm diesen Ring,
Den er dereinst, in wahrlich bessern Tagen,
Mir liebreich an den Finger hat gestreift
Als Unterpfand und Zeichen seiner Huld.
Den gebt ihm, und das sagt ihm.
HOFMARSCHALL: Ja, Madame.
KÖNIGIN:
Es ist getan. Nun komme, was da soll.
Ich geh von euch, doch geh ich ohne Groll.
(Sie übergibt sich den beiden Henkersknechten und geht hocherhobenen Hauptes ab)
Verstehen Sie, was ich meine, junger Mann? Spielen Sie immer die Königin. Den Hofmarschall soll Stanislawski spielen.
Die gleichzeitige Anwesenheit von anderen Ensemblemitgliedern läßt sich – außer bei Monologen – schwerlich umgehen. Je weniger, desto besser. Wenn man Ihnen ein Zweipersonenstück anbietet – greifen Sie zu, ohne es zu lesen.
Vermeiden Sie nach Möglichkeit, zusammen mit Kindern auf der Bühne zu stehen. Kinder sind fast so gefährlich wie Blinde. Und neuerdings müssen Sie sich auch vor der Gesellschaft mangelhaft bekleideter Frauenspersonen hüten; sie lenken ab.
Im übrigen müssen Sie sich darüber klar sein, junger Mann, daß Ihre Karriere nicht nur auf der Bühne entschieden wird, sondern auf vielen Nebenkriegsschauplät-

zen, von Redaktionen und Massenmedien, in Filmbüros und Kaffeehäusern. Auf der Bühne, vergessen Sie das nicht, werden Sie bestenfalls von ein paar hundert müden, mißmutigen, in unbequeme Sitze gepferchten Zuschauern gesehen, die an den Babysitter denken oder an ihre geschäftlichen Sorgen. Aber Ihr Bild in der Illustrierten oder Ihre Erscheinung im Fernsehen prägt sich Millionen Augenpaaren ein, von deren Besitzern es abhängt, ob Sie Erfolg haben werden oder nicht. Tun Sie das Ihrige dazu! Freunden Sie sich mit weiblichen Journalisten an, ungeachtet der Breite ihrer Hüften, und machen Sie männliche Starjournalisten mit jungen Schauspielerinnen bekannt. Lassen Sie jedoch die Klatschkolumnisten nicht in Ihrem Privatleben herumwühlen. Liefern Sie ihnen freiwillig ausgesuchte Leckerbissen über sich selbst. Seien Sie zur Stelle, wenn irgendwo eine Kamera surrt. Seien Sie wendig, männlich und sonnengebräunt. Fragt Sie ein Interviewer, ob Hamlet Ihrer Meinung nach ein Verhältnis mit Ophelia hat, dann antworten Sie: »Wenn ich ihn spiele – ja.«

Den Kritikern gegenüber verhalten Sie sich respektvoll, aber nicht servil. Hält einer von ihnen einen Vortrag über das irische Theater, dann sitzen Sie in der ersten Reihe und machen Notizen. Gelegentlich befragen Sie den einen oder anderen um seine Meinung zu einem möglichst entlegenen Thema; er wird sich wundern, wie weit Ihre Interessen reichen, und wird Sie dementsprechend einstufen.

Heiraten Sie keine Schauspielerin. Heiraten Sie überhaupt nicht. Die Einsamkeit ist das Los des wahren Künstlers.

Und sollte es einmal geschehen, daß Sie in dieser Einsamkeit von tiefer Depression befallen werden, weil das Pu-

blikum Sie ausgepfiffen oder die Kritik Sie verrissen hat, weil die Rolle, die Ihnen zugesagt war, von einem anderen gespielt wird (und noch dazu mit Erfolg), oder sollten Sie aus sonstwelchen Gründen der Verzweiflung nahe sein – dann, junger Mann, bedenken Sie, daß Sie trotz allem den schönsten, aufregendsten, faszinierendsten Beruf haben, den es gibt, daß Sie mit einer einmaligen, einzigartigen Institution verbunden sind, mit dem herrlichsten Irrenhaus der Welt: dem Theater.
Das war's, wovon dieses Buch gehandelt hat.